東京の廃線・未成線全記録 23区編

中村建治

東京区部を縦横に走っていた都電。交通渋滞の元凶として杉並線を皮切りに次々と廃止に踏み切っていく。廃止第1号となった同線のラストランでは沿道に区民が集まり、終点では運転士に感謝を込めた花束が贈られた（1963年11月30日）。撮影：辻阪昭浩

フォト・パブリッシング

Contents

第1章　廃線編

01. 都民の足も交通の元凶とされ撤退へ 6
    都電1系統・銀座線（品川駅前～上野駅前間） 7
    都電13系統・新宿線（新宿駅前～東大久保間） 14
02. 私鉄から市・都電に移行した路面電車 18
    城東電気軌道線（錦糸堀～西荒川間等） 18
    西武軌道線（新宿駅前～荻窪駅前間） 24
    都電を引き継いだ16年の短命線（都営トロリーバス） 31
03. 東京都（市）が時代に応えて運営した貨物線 38
    東京都港湾局・東京湾臨海線（越中島～豊洲石炭埠頭間等） 38
    東京都水道局・淀橋浄水場線（大久保～淀橋浄水場間） 41
04. 王子駅付近から分岐した2つの企業貨物線 44
    旧王子製紙・北王子線（田端信号場～北王子間） 44
    旧日本人造肥料・須賀線（田端信号場～須賀間） 49
05. 戦中戦後の輸送を担った軍用鉄道 51
    陸軍・造兵廠軽便線（造兵廠本部～同廠堀船倉庫間等） 51
    駐留米軍（GHQ）・啓志線（上板橋～グラントハイツ間） 54
06. 地下鉄化で生まれた地上線跡の活用 58
    京王電鉄・京王線（新宿～笹塚間） 58
    東急電鉄・東横線（渋谷～代官山間） 65
    小田急電鉄・小田原線（東北沢～世田谷代田間） 70
07. 鉄道のイメージから離れた今昔鉄道 76
    帝釈人車鉄道（金町～柴又帝釈天間） 76
    上野動物園・モノレール（東園～西園間） 80

第2章　未成線編

01.山手線の外側に敷設の環状鉄道構想 84
東京山手急行電鉄（大井町〜西平井間） 85
メトロセブン・エイトライナー（葛西臨海公園〜赤羽〜田園調布間） 90

02.新橋〜品川間を結ぶ執念の地下鉄構想 93
東京地下鉄道（新橋〜品川間） 93
京浜地下鉄道（新橋〜品川間） 96

03.国鉄新宿駅方面への乗り入れをめざす 100
西武鉄道・新宿線（西武新宿〜国鉄新宿間） 100
東京急行電鉄・新宿線（渋谷〜新宿間） 104

04.東武鉄道の横断・縦断計画線の白紙化 107
東武鉄道・西板線（大師前〜上板橋間） 107
東武鉄道・越中島線（亀戸〜越中島間） 112

05.既存線からの延伸をめざす現代の未成線 116
東京メトロ・有楽町線（豊洲〜住吉間） 116
都営地下鉄・大江戸線（光が丘〜大泉学園町間） 119

第3章　廃線＆未成線編

01.羽田空港の利用客争奪の既存線にJR参戦 122
京急電鉄・空港線（稲荷橋〜初代・羽田空港間等） 123
JR東日本・羽田空港アクセス線（旧大汐線〜羽田空港新駅間等） 130

02.飛行場をめざす蒲田駅と蒲田駅間を結ぶ新旧線 134
駐留米軍・羽田飛行場連絡線（国鉄・蒲田駅〜京急・大鳥居付近間） 134
新蒲蒲線（矢口渡〜東急蒲田〜京急蒲田間） 137

03.既存線から延伸する新線計画も無念に 139
玉川電鉄・砧線と狛江線（二子玉川〜砧本村〜狛江村間） 139
京成電軌・白鬚線と三ノ輪橋延長線（向島〜白鬚〜三ノ輪橋間） 146

04.ライバル鉄道に阻まれた池上電鉄の野望 151
池上電鉄・本線（目黒〜池上〜大森間） 151
池上電鉄・新奥沢線と国分寺線（雪ヶ谷〜新奥沢〜国分寺間） 156
池上電鉄・白金線（五反田〜白金猿町間） 161

05.東京市内への進出を狙う京浜電鉄の紆余曲折 164
京浜電鉄・大森支線（八幡〜大森停車場前間） 164
京浜電鉄・青山線（品川町〜千駄ヶ谷間等） 167

◇資料協力者・参考資料等 171
【東京23区廃線一覧】 172
【東京23区未成線一覧】 180

◇はじめに

　人口や産業が集まる日本の首都・東京から、約150年前に鉄道がデビューします。鉄道は国民からの好評を得て、その後に数多くの路線が開業していきます。また鉄道は採算が取れる事業ということで、多くの計画が立てられブームが起こります。

　計画は苦難を乗り越えて開業に至るものや、完成することなく未成線に終わった路線など様々です。また開業したものの、やむなく廃止に追い込まれて廃線となった路線も少なくありません。

　廃止の理由としては、自動車の台頭等による乗客・貨物数の減少などがあげられます。未成線では、住民の反対や資金繰り、旅客・貨物数の誤算などがあります。とはいえ発展する東京においては現在でも、数多くの新たな鉄道建設の計画が存在し、さらなる鉄道網の充実を追求しています。

　近年ではこれらの廃線・未成線を足でたどる研究・趣味が、学者や鉄道ファンによって盛んに行われています。著者もこれまで、東京の鉄道を取材した「消えた！東京の鉄道」のシリーズの中で、廃線・未成線の本を著してきました。今回は大きいサイズのB5判本を出す機会に恵まれましたので、従来の内容をさらに充実させて出版することにしました。

　一口に東京といっても、都市的要素の高い23区と郊外的な多摩地域とは、自ずから鉄道事業でも特徴が違ってきます。そこで本書では「23区編」と「多摩編」に分けて発行することにしました。各編の構成は、第1章「廃線編」、第2章「未成線編」に加え、第3章に「廃線＆未成線編」を設けました。廃線＆未成線とは、廃線と未成線が混在・一体の路線などを指しています。例えば計画路線のうち一部区間は開業できたもののその後に廃線となり、残りの区間は着工できずに未成に終わってしまう路線などです。

　出版にあたっては、掲載の路線すべてを現地取材し、最近の状況を書き込みました。取材の際に鉄道痕跡等を探すのに苦心した地点には、所在地の地番を載せてあります。読者の皆さんが廃線・未成線に足を運ぶ際の、目安にして頂ければ幸いです。また廃線跡等の歴史を示す解説板が立っているか否かにもこだわって取材しました。

　巻末に「廃線・未成線一覧表」を掲載しています。公文書、文献、古地図、ネットなどで調べたものを転載してみました。しかしまだ各地で廃線・未成線が眠っているに違いありません。漏れている鉄道がありましたら、ご教示願いたく思います。

　出版に当たってはいつもながら、都内の多くの博物館・資料館・図書館・公文書館・鉄道会社・個人の方々などから協力を頂きました。改めてお礼を申し上げます。

2024（令和6）年12月　中村　建治

【凡例】

(1) 本著でいう「廃線」とは、かつて鉄道が走っていた路線を指す（付替・切替線＝線路変更区間・休線、あるいは鉄道法に規定していない鉄道を含む場合もある）。側線のうち、構内側線は原則として除いた。

(2) 解説編（廃線編・未成線編など）では、原則として起点・終点が23区に所在する路線を掲載した。

(3) 鉄道行政用語に、普通鉄道の「免許」、軌道線（路面電車）・鋼索線（モノレール等）の「特許」、工事の「認可」等があるが、「免許」に統一した記載もある。

(4) 路線図のうち未成線については、出願書に添付されている計画地図を参考にしたが、出願書等が見つからなかった路線では仮定路線（ルート・路線名）としているものもある。

(5) 企業が敷設し後に国鉄（省線・JR線）となった専用引込線は、後になって国鉄等の運行・所有となっているが、東京都・市、企業線名として表示したものも多い。

(6) 駅の呼称ついては、法律等により「駅」「停車場」「停留場」「ステーション」などと呼ばれるが、「駅」表記の省略や「駅」に統一した個所もある。

(7) 横組み本のため、和数字を洋数字に変更している個所もある（例：「京浜急行五十年史」→「京浜急行50年史」）

(8) 年号・固有名詞などで諸説ある場合は、公文書・社史等の公的資料の記載を優先して記載した。

(9) 明治・大正期などの鉄道文書は、旧漢字やカタカナ、言い回し等で難解な面があるため、努めて現代表現に直した。

(10) 巻末の「廃線」「未成線」一覧表は、各書籍等に掲載された路線を転載したものである。未成線路線名の多くは仮称である。

(11) 戦後に「GHQ」と呼ばれていた「連合国最高司令部」は「駐留米軍」と表記している。

Chapter.1
廃線編

「廃線跡を歩く」という研究や趣味は、近年ではひときわ人気が高い。

日本において明治以降、様々な鉄道が開業したものの、一方では利用者や貨物の減少、経営破綻、接続路線の廃止などで、失われた路線も多く見受けられる。失われた路線は「廃線跡」として、研究・趣味の対象とされて今日を迎えている。廃線跡の追求では、過去に勢いよく走った鉄道路線の跡地や遺構を現地に訪ねて、足でたどりながら、学び楽しもうとする地域歴史の学問でもある。

首都・東京では高度成長期を中心に地価の高騰が進み、多くの再開発が行われた。特に地価の高い東京中心部の23区ではその傾向が著しい。このため廃線跡もくまなく再開発が行われ、ビルや住宅へと変わり、鉄道の痕跡の多くが失われてしまった。そうした中でもわずかながら公園や遊歩道、ショッピング街などに再利用され、新たな景観や価値を生み出し、人々に親しまれている廃線跡も見受けられる。

とはいえ例外的に線路跡や橋梁など、当時の痕跡がそのまま保存され、たくましく走っていた列車の雰囲気に浸れる場所も少なくない。これらの代表的な廃線跡へ足を運んでみた。

都心部にあって現役時の痕跡を残す「東京都港湾局専用線」の廃線跡。線路や橋梁など、当時の痕跡がそのまま残り貴重な歴史的遺産となっている

Chapter.1 01 都民の足も交通の元凶とされ撤退へ
都電1系統・銀座線&13系統・新宿線

　東京の街で、線路の上を走る鉄道という輸送機関が産声をあげたのは、新橋〜日本橋間で開業した「東京馬車鉄道」に遡る。道路に線路を敷くだけの馬車鉄道は、導入が容易なこともあって徐々に増えていく。だが動力馬の管理や糞尿などが問題となる。

　そこで馬車鉄道が世に出てから20年後、電気動力の「東京電車鉄道」という路面電車が初めて品川・八ツ山〜新橋間に登場する。その後に路面電車は東京各所で立ち上がるが、一方的な運賃値上げなどで市民の不満が高まり暴徒化していく。そこで公共性の高い交通機関での経営を求める動きが高まる中で、東京市が買収し「市電」としてスタートする。

　市電から都電となる公共電車は、戦前・戦後の長期にわたって東京の人々の足として大きな役割を果たしてきた。しかし車社会の台頭によって「交通渋滞の元凶」と批判され、銀座線等を最後に都電は東京の街から姿を消していく。

　都電が東京の街から姿を消して早くも半世紀が過ぎた(荒川線は残る)。その中から花形路線の1系統(通称・銀座線)と、路線の痕跡が残る13系統(通称・新宿線)の今を訪ねてみた。

都電1系統のラストランの夜、銀座の街は廃止を惜しむファンで溢れた。最後の電車は熱狂する人々に見送られ品川駅前に向かって姿を消していった(1967年12月9日)＝撮影：辻阪昭浩

都電1系統・銀座線（品川駅前～上野駅前間）
礎石に僅かに残る花形路線の痕跡

【DATA】廃線・都電1系統
事業者：東京都交通局←東京市電気局←東京鉄道←東京電車鉄道　区間：品川駅前（港区）～上野駅前（台東区）間
距離：10.9km　軌間：1372mm　全通：1903（明治36）年11月25日
廃止：（品川駅前～京橋間）1972（昭和47）年12月10日　全廃：1972（昭和47）年11月12日

History
日本の大繁華街を走った都電のエース

都電1系統の前身は、1882（明治15）年6月に新橋～日本橋間で開業した馬車鉄道の「東京馬車鉄道」で、同年11月に上野・浅草まで延伸し全通させる。1899（明治32）年6月には新橋～品川・八ツ山間の「品川馬車鉄道」を買収して、品川～日本橋～上野・浅草間を走らせた。

同馬車鉄道は1903（明治36）年8月に「東京電車鉄道」と改称して、東京の路面電車として初めて八ツ山～新橋（芝口）間を開業する。同1903（明治36）年11月、新橋～上野間を延伸させて後の「1系統路線」の基盤は確立する。同鉄道は他社と合併し「東京鉄道」となり1911（明治44）年8月、公共性の高い交通機関を求める動き中で東京市（電気局）が買収し「市電」となる。

【写真❷】「感謝横断幕」を付けてラストランの1系統都電が走る（1967年12月9日、銀座4丁目で）＝撮影：田口政典

【写真❶】 1系統の終点・上野駅前停留所付近の都電、首都高速道路が建設中である（1968年6月7日）＝撮影：田口政典

市電は路線が複雑になったため1914（大正3）年から系統番号を付けるが、路線が増えた1947（昭和22）年12月（諸説あり）には改めて系統番号を見直す。新番号は三田車庫に所属する系統から順に、1・2・3と時計回りに付けた。この時に品川駅前〜三田〜上野駅前【写真❶】間の路線を、名誉ある「1系統」と命名する。明治政府が最重要な道路として整備した旧東海道を中心に、主に国道1号の上を走る都電だから1系統にしたともいう。

　品川・新橋・銀座・日本橋・上野など、日本の代表的な繁華街を走る1系統線は人気も高かった。「通称・銀座線」（品川線・金杉線・本通線・上野線の総称）とも呼ばれた。同線は全停留場のうち16停留場で31の系統路線と乗り換えができ、「1系統に全線乗れば、都電全系統の75％が見られる」とされた。「1系統は都電を代表する『幹』であり、銀座通りや日本橋界隈に都電のエースとして君臨している」（諸河久「都電系統案内」）というのも納得ができる。

　だが都電は自動車の台頭の中で、交通渋滞を招く元凶ともされ1963（昭和38）年11月、杉並線（24頁参照）を皮切りに順次廃止されていく。こうして1967（昭和42）年12月、花形路線・1系統の銀座線（品川駅前〜京橋間）は華々しい引退イベントを最後に【写真❷❸】【新聞記事】都心から消えてしまう。

　当日の夜、銀座で都電のラストランを目撃した鉄道ライターの辻阪昭浩さん（1頁他写真提供者）は「とにかく混んでいて、鉄道ファンよりカメラマンが多かった記憶がある。品川駅前行きの電車には乗り切れないで、多くの人が残念そうに見送っていた。半世紀も前のことだが、自分の鉄道人生で最も興奮した場面かもしれない」と話してくれた。

【写真❸】　ラストランの電車に多くの人が乗り込もうとしている（1967年12月9日、銀座4丁目で）＝撮影：辻阪昭浩

【新聞記事】　蛍の光に送られた都電銀座線のラストランを報じる新聞＝出典：「朝日新聞」（1967年12月10日）

廃線跡はいま

ビル壁に埋め込まれた旧外濠電車レールも撤去

　旧品川駅前停留場付近から、1系統の痕跡を求めて銀座・上野方面へ歩く。大正以前の起点は市電と京浜電鉄（現京急電鉄）が相互乗り入れしていた八ツ山橋（現品川・港区）付近だったが1933（昭和8）年4月、京浜電鉄の湘南電鉄との統合を機に市電との相互乗り入れを終了、起点は省線・品川駅前に変更された。

　旧品川駅前停留場では1系統のほかに、飯田橋行きの3系統と四谷三丁目行きの7系統が出ていた。停留場は省線・品川駅前の第1京浜を挟んだ、旧京浜電鉄・高輪駅前にあった。駅前には折り返し点もあったが、痕跡は残っていない。高輪駅はその後に京浜ホテルに替わり、現在はウイング高輪のビルとなっている。期待のリニア新幹線の起点となる品川だけに、大看板の掲出やJR駅舎改築などで勢いが感じられる【写真❶】。

　都電ルートの跡を引き継いで走っている路線が多いという都バスに乗りながら、品川〜新橋〜銀座〜上野間の第1系統をたどってみることにした。

　まずは当地から東側に向けて、第1京浜に沿って走る六本木ヒルズ行きの都バスに乗り込む。2つ目の泉岳寺バス停で早くも下車して、田町駅前バス停から港区のコミュニティーバス（名称は「ちぃばす」）へ乗り継ぎ金杉橋バス停へ。途中の新駅・高輪ゲートウェイ駅付近では再開発工事が進み、槌音が響いていた。日本初の鉄道の線路跡「高輪築堤」が発見されたのはこの付

近である。金杉橋バス停からは都バスの新橋駅行きに乗り替えるが、東海道線や山手線の大ガードをくぐるとすぐに、新橋駅終点に着いてしまう。

新橋では、銀座口前と新橋1丁目交差点に長く残っていた旧都電の架電柱を探索する。だがいつの間にか新たな電柱に変わり、都電の痕跡を偲ぶことができなかった【写真❷】。

新橋を過ぎると第1京浜は通称・銀座通り(「中央通り」とも)となるが、同通りは夜間に観光用バスが走るものの、昼間運行の路線バスは見当たらない。休日には歩行者天国となる通りだ。やむなく徒歩で日本一の繁華街・銀座に入る。お馴染みの銀座四丁目停留場前の時計台前に立つ。都電ラストランのイベントはここで行われ、多くの鉄道ファンが最後の都電の雄姿を見送った【写真❸】。

銀座通りの歩道では、モザイク模様の微妙に色が違う敷石に気づく。敷石の中で黒っぽい御影石は、都電の撤去時に掘り起こした敷石を再利用しているのだという。車道と歩道の境目の段差も当時のままで今に伝えていた【写真❹】。当時にはこの付近に「さよなら銀座線」の垂れ幕が掛かっていたようだ【写真❺】。

服部時計店そばの銀座クロサワビル(中央区銀座6-9-2)の壁面には、「(当)ビル建設の基礎と構造体の補強には、当時の通称外濠電車(旧「東京電気鉄道」のこと)のレール等が使用していた」の表示とともに、路面電車のレールが埋め込まれたモニュメントが飾られていた【モニュメント】。だが今は、ビル改築中ということで拝むことはできなかった。

銀座を過ぎても路線バスはない。左右に有名百貨店や銀行本店などが並ぶ日本橋に入ると、商業都市を実感する。やがて国道の起点・日本橋に至るが、橋を跨ぐ高速道路はいかにも経済都市の負の遺産という感じが否めない【写真❻】。近年に橋の上に鎮座している高速道路を撤去するという計画があるが、早期に実現してもらいたいものだ。

中央通りと愛称名が変わる日本橋バス停からは、土休日運転の観光バスしかなく、ここも徒歩で進む。中仙道とも柳原通地ともいわれる神田駅から万世橋を渡る。ここでも数年前まで旧都電の架線柱が残されていたというが、いまは跡形もない。

にぎやかな秋葉原電気街を抜けて上野広小路を過ぎるあたりから、緑に包まれた上野恩賜公園を左側に見

【写真❶】 1系統の起点があった品川駅前停留場付近。現在はリニアの大きな看板が掲げられている

【写真❷】 新橋駅銀座口にあった架電柱も撤去され、新たな電柱に代わっていた

【写真❸】 ラストラン夜の銀座四丁目停留場付近の銀座線電車(1967年12月9日、銀座4丁目で)=撮影:辻阪昭浩

ながら名駅・上野駅に至る。駅正面の真ん前に設置されていた終点・上野駅前停留場跡は今では、高速道路下の道路等になっており当時の面影を偲ぶことはできない【写真❼】。

数年前に都電1系統を走るというバスツアーが行われたことがあるが、今は品川・新橋・日本橋・上野など、歴史と伝統ある街並みを全線直通で走るバス運行はない。地下鉄銀座線とほぼ同じルートを走っていただけに、競合路線としては運賃以外に勝ち目がなかったのだろう。

華やかな街並みを走っていた1系統を歩いたが、銀座通りの敷石に残るだけで、現役時の都電の痕跡はほとんど残っていなかった。都電随一の花形路線だっただけに、写真入りの解説板くらいは立ててあっても不自然ではないようだ。

ちなみに当時銀座線を走っていた車両は現在、都電荒川車庫の「おもいで広場」に静態保存されている【写真❽】。　　　　　　　　　　　　（2023年5月取材）

【写真❹】　銀座通りの歩道では都電の敷石が再利用されている

【写真❺】　銀座の街角には横断幕が掲げられ銀座線に別れを告げた（1967年12月9日）＝撮影：田口政典

【写真❻】 停留場の名前となった日本橋の上には高速道路が走っているが、いずれ撤去されることになっている

【写真❼】 1系統の終点があった現在の上野駅前停留場付近は、今では高速道路下の道路等になっている

【モニュメント】(壁に「東京電車鉄道」の外濠線のレールが埋め込まれていたビル)
「当黒澤商店ビルは、設計・工事監督ともに黒澤貞次郎(1875-1953)によってなされ、1909年から三期に分けて工事がおこなわれ1912年に完成した。これはわが国最初の鉄筋コンクリート造りの事務所建築とされている。基礎と構造体の補強には当時の通称外濠電車のレール等が使用された(1903年製)」=(旧設置場所:中央区銀座6-9の黒沢ビル一角／設立年:1980年12月／設置者:黒澤不動産)
※ビル改修に伴い撤去され現在は見ることはできない

【写真❽】
アメリカの最新技術を導入して製造された5500形車両で、「銀座」の行先表示板が見える
(都電おもいで広場で)

【廃線ルート】(1系統)
品川駅前〜高輪北町〜泉岳寺前〜田町九丁目〜札ノ辻〜三田〜東京港口〜金杉橋〜大門〜浜松町一丁目〜新橋五丁目〜新橋〜銀座七丁目〜銀座四丁目〜銀座二丁目〜京橋〜通三丁目〜日本橋〜室町一丁目〜室町三丁目〜今川橋〜神田駅前〜須田町〜万世橋〜外神田三丁目〜外神田五丁目〜上野一丁目〜上野広小路〜上野公園〜上野駅南口〜上野駅前

【花形路線「1」の系統番号が誇らしげな車両】 銀座4丁目停留場で待機する5500形・上野駅行き電車。手前には横断し交差する8系統などの線路も見える。日本で最も賑わう銀座でも当時はまだボンネットバスが走っていた（1964年3月11日）
撮影：諸河久

都電13系統・新宿線（新宿駅前〜東大久保間）
都電で唯一残る専用軌道の面影

【DATA】廃線・都電13系統
事業者：東京都交通局←東京市電気局／区間：新宿駅前（新宿区）〜東大久保（新宿区）間　距離：1.0km
軌間：1372mm　開通：1914（大正3）年5月7日　起点変更：1953（昭和28）年6月1日
廃止：（新宿駅前〜東大久保間）1968（昭和43）年2月24日　非営業線廃止：1970（昭和45）年3月27日

History
起点は新宿通りから靖国通りへ移転

消え去る都電の痕跡の中で面影が残るのが、新宿駅前〜水天宮前間を走っていた「都電13系統・通称新宿線」（角筈線・新宿線・御茶ノ水線・和泉橋線の通称）のうちの旧新宿駅前〜旧東大久保間だ。廃止時には靖国通りの新宿駅前から大久保通り・外堀通り・昭和通りなど通り、水天宮前まで走っていた。沿線には野球場や大学、電気街、問屋街などがあり、変化に富んだ車窓を楽しむことができたという。

1914（大正3）年5月の開業時は、新宿駅から少し離れた現新宿通り（愛称で1962年に命名）に面した角筈（後の新宿駅前）停留場が起点だった。角筈停留場からは専用軌道を北進して、現靖国通り（愛称で1962年に命名）に至り、当地からも専用軌道でビル内に侵入していく。間もなく飲み屋街・現新宿ゴールデン街の裏手の北裏通（1920年2月まで設置）、新田裏を北進のうえ、前田甫（後の大久保車庫）前を過ぎてこう配を上り、現都営地下鉄・大江戸線が走る抜弁天通りにあった抜弁天前停留場（後の東大久保）に着き専用軌道（角筈線区間）は終わる。

戦後に1線しか発着線が取れず、十分な広場もない新宿通りにあった角筈停留場は交通の障害になっていた。そこで1948（昭和23）年に道路拡幅をした靖国通り

【写真❶】　明治通りの新田裏付近から右側の専用軌道に入り、大久保車庫前を経て水天宮前停留場をめざす8000形電車（1969年10月20日）＝撮影：森川尚一

上に、都電の起点停留場をまとめることになり、11・12系統を移した。13系統も少し遅れた1953（昭和28）年6月、新宿通り～靖国通り間の縦断ルートを廃止して、起点停留場を靖国通りの上に移転させた【写真❶】。併せて角筈～新田裏間の専用軌道区間は廃止し、花園神社がある明治通り経由（新宿線区間）に付け替えた。新ルートは新宿駅前（旧角筈）～四谷三光町～新田裏～大久保車庫前【写真❷】～東大久保間となった【地図】【写真❸】。

当系統線は1929（昭和4）年9月、終点を既成線の万世橋から水天宮前までの9.3kmを延伸させたが、1970（昭和45）年3月に都電廃止の波に押され全線が廃止された。なお廃止した専用区間の新宿駅前～新田裏間の専用軌道区間は、その後も大久保車庫【写真❹】への引込線（非営業線）として一時期には継続運行されている。

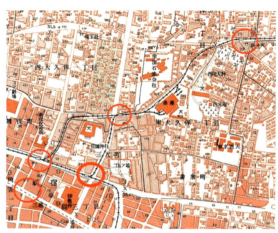

【地図】 起点を新宿通り（下〇印）から北側の靖国通り（中左〇印）に変更し、四谷三光町（中右〇印）から花園神社前の明治通りから新田裏停留場を右折し東大久保停留場（上〇印）に至る（1957年）

【写真❷】 新宿駅前行き（表示は「新宿駅」）の7500形がやってきた。東大久保停車場へ急ぐ人たち（1969年10月20日）＝撮影：森川尚一

【写真❸】 専用軌道の新田裏・大久保車庫を越えて抜弁天通り（現都営大江戸線・東新宿駅付近）にある東大久保停留場に向けて急こう配を上る（1969年10月20日）＝撮影：森川尚一

【写真❹】 大久保車庫で待機する都電。出前のバイク姿が懐かしい（1969年10月20日）＝撮影：森川尚一

廃線跡はいま

専用軌道跡は遊歩公園に整備して残存

　旧13系統の新宿線(新宿駅前～東大久保間)には、廃線跡の雰囲気が強く残っている。そこで訪ねてみた。

　新宿通りから移転後の靖国通りにあった起点の新宿駅前(旧角筈)停留場から、脇道に入る地点【定点観測】に「新宿文化センター」の標識が見える。ここから「四季の路」(新宿区歌舞伎町1-2-1)と名付けられた都電跡の新宿遊歩道公園が旧13系統路線跡だ。

　喧騒の靖国通りから緑に包まれた遊歩道公園に入ると、大都会でありながら別荘地にいるような静かな雰囲気に一変する【写真❶】。夜にはにぎわいを見せるゴールデン街【写真❷】を抜けるように、専用軌道だった廃線跡は斜めに北上する。散策するサラリーマン風の人たちも見受けられる。

【写真❶】　靖国通りから入ってすぐに伸びる廃線跡の遊歩道。いかにも専用軌道が走っていたという雰囲気を漂わせる

【写真❷】　酔客でにぎわう新宿ゴールデン街の裏手を走っていた。開業時には北裏通停留場があった

【定点観測】　30年前の角筈停留場付近で専用軌道に入る現新宿遊歩道公園・四季の路の入口付近。周辺は昔(上写真)も今も(下写真)あまり変わってはいない(1992年5月24日)＝撮影：田口政典

【写真❸】　ルートが変更されて花園神社がある明治通り経由を走ることになる

次いで遊歩道公園を終える新田裏から明治通り沿いに南下、四谷三光町～新宿駅前間の各停留場を歩く【写真❸】。手前の日清食品ビル【写真❹】から専用軌道だった現文化センター通りに東進すると、旧大久保車庫前跡に建つ大きな新宿文化センターが見えてくる【写真❺】。職員に聞くと「敷地内には線路などの、都電の痕跡は残っていない」という。

　文化センターを過ぎて急坂の斜道を上ると【写真❻】、都営地下鉄・大江戸線が走る都道302号線(抜弁天通り)の交差点に着く【写真❼】。ここに東大久保(旧抜弁天)停留場があったが、抜弁天の由来である「抜弁天・厳嶋神社」が迎える。振り返ると最大20‰だったという急こう配を上って来た実感が沸く。ここで文化センター通りと名付けられた専用軌道の区間は終わる。

　それにしても繁華街・大新宿の繁華街に隠れるように残る専用軌道の都電遺産。遊歩公園として整備したことは絶賛だが、都電跡の由来の説明板や記念碑がないにはいかにも勿体ない。説明板などで専用軌道だった都電の歴史を後世に伝えてもらいたいと思う。

(2023年5月取材)

【写真❹】　日清食品ビル手前(旧新田裏停留場付近)の明治通りから専用軌道(現・文化センター通り)で旧大久保車庫前停留場の方向に入る

【写真❺】　旧大久保車庫跡には新宿区立文化センターと都営住宅が建てられた

【写真❻】　旧大久保車庫前停留場から斜めに走る急こう配の専用軌道を抜けると東大久保停留場に出る

【写真❼】　専用軌道の上り坂を越えると、現都営地下鉄・大江戸線が走る東大久保(旧抜弁天)停留場があった交差点に至る

【廃線ルート】(13系統)
新宿駅前～角筈～四谷三光町～新田裏～大久保車庫前～東大久保～河田町～若松町～牛込柳町～山伏町～牛込北町～神楽坂～築土八幡町～飯田橋～小石川橋～水道橋～順天堂病院～御茶ノ水～外神田二丁目～万世橋～秋葉原駅西口～秋葉原駅東口～岩本町～岩本町二丁目～小伝馬町～堀留町～人形町～水天宮前

Chapter.1 02 私鉄から市・都電に移行した路面電車
城東電軌線＆西武軌道線

東京の路面電車といえば、東京市（都）内を網の目のように走った「東京市（都）電」が大半である。しかし市・都電のほかに、私鉄が経営するいくつかの路面電車があった。中には市（都）電に匹敵するような長い歴史を持つ「名門路面電車」も存在する。地元住民の足として定着していた路線も多い。しかし戦前の国家政策によって吸収されたり、経営上から譲渡したりして、徐々に市電へ衣替えしていった電車も存在する。

東京市電に移行した私鉄路線としては、東京の東部を走った「城東電気軌道」、西部の「西武軌道」、北部の「王子電気軌道」、南部の「玉川電気鉄道」がある。このうち王子電気軌道の大半は現都電荒川線として継続運行されており、玉川電気鉄道は砧線の項（139頁参照）で解説しているので、城東電軌と西武軌道について取材した。

西荒川停留場で待機する旧城東電気軌道の都電25系統線車両。当停留所には定期券発売所も設置されていた＝所蔵：江戸川区郷土資料室

城東電気軌道線（錦糸堀～西荒川間等）
3路線を運行した「ガタ電」

【DATA】廃線：城東電気軌道
事業者：東京都交通局←東京市電気局←東京地下鉄道←東京乗合自動車←城東電気軌道
◇小松川本線＝区間：錦糸堀（江東区）～西荒川（江東区）間　距離：3.6km　軌間：1372mm　全通：1926（大正15）年3月1日　市電移行（各線とも）：1942（昭和17）年2月1日　全廃：1972（昭和47）年11月12日
◇一ノ江線＝区間：東荒川（江戸川区）～今井橋（江戸川区）間　距離：3.2km　軌間：1372mm　開通：1925（大正14）年12月31日　廃止：1952（昭和27）年5月20日　トロリーバス移行：1955（昭和30）年6月1日
◇砂町線＝区間：水神森（江東区）～東陽公園前（江東区）間　距離：4.1km　軌間：1372mm　全通：1927（昭和2）年3月8日　廃止：1972（昭和47）年11月12日

History
トロリーバスへ移行の路線も

「城東電気軌道」という路面電車は、長大河川・荒川を挟んで江東区と江戸川区の、会社名通りの城東地区を走っていた。「なぜ設立されたか明らかでないが、この地帯が低地帯で雨が降るとすぐに浸水する。小松川などは陸の孤島といわれていた。この悪条件を克服したい」（原口隆行「日本の路面電車」要旨）と、地元の願いに応えて1910（明治43）年5月に出願する【鉄道文書】【新聞記事】。

同電軌はまず1917（大正6）年12月、「小松川本線」（錦糸堀～小松川間＝1926年3月に西荒川まで延伸）で開業

する。以後路線を延ばし、1925(大正14)年12月に「一ノ江線」(江戸川線とも。東荒川〜今井＝廃止時「今井橋」間)、1927(昭和2)年3月には「砂町線」(水神森〜洲崎間)の3路線を全通させた【路線図❶❷】【時刻表】。

車両は東京市から購入した中古の木造四輪単車が走り、「城東電車」として住民に親しまれた。車両はマッチ箱のようで「ガタ電」とも呼ばれていたが、一方では「名前は上等(城東)、乗り心地は下等」(「風説」)などと皮肉られていたという【写真❶】。

経営は厳しく、1937(昭和12)年3月には「東京乗合自動車」に、さらに同自動車親会社の「東京地下鉄道」(現地下鉄銀座線を経営)の手に渡ってしまう。戦中の1942(昭和17)年2月には、交通事業統制によって東京市に買収され「市電」となり、翌1943(昭和18)年の都制施行によって「都電」と改称する。

戦後の1952(昭和27)年5月には都電区間(26系統・

【鉄道文書】【城東電気軌道敷設特許願】(一ノ江線の出願書)
「今般、私どもが発揮人となり、城東電気軌道株式会社を創立し、軌道条例により別紙図面の如く、東京市本所区柳原町2丁目17番地先を起点とし、東京府南葛飾郡亀戸町、同郡小松川村、同郡松江村を経て、同郡端穂村大字上今井1242番地先に至る電気軌道を敷設し、一般運輸の業を営みたく、ご許可頂きたくお願いいたします」
(出願日：明治43年5月6日／申請者：城東電気軌道株式会社取締役社長・尾高次郎／受理者：内閣総理大臣・原敬、内務大臣・床次竹二郎)＝所蔵：国立公文書館

【新聞記事】 渋沢栄一らが発起して創立したことが書かれている＝出典：「朝日新聞」(1913年8月21日)

【路線図❶】 城東電軌の沿線案内で、荒川を挟んだ3路線が克明に描かれている＝出典：「城東電車沿線案内」(部分・発行年等不明)。所蔵：江戸川区郷土資料室

都電一之江線。東荒川～今井橋間）が廃止となり、1955（昭和30）年6月からは都営初の「トロリーバス」（101系統・上野公園～亀戸～今井橋間）に代わる（31頁参照）。トロリーバスとなる東荒川～今井間の路線は、専用軌道ルートから広い今井街道上を走ることになった。しかし13年後の1968（昭和43）年9月には、路面交通廃止の波の中でトロリーバスも姿を消す。

残った都電区間も、1972（昭和47）年11月には錦糸堀～西荒川間【写真❷】（25・29・38系統の一部で都電小松川線）、同時に水神森～東陽公園前（旧洲崎付近）間（29・38系統の一部で都電砂町線）も全線廃止され【写真❸❹】、旧城東電軌線の路線は半世紀の歴史に幕を閉じる。

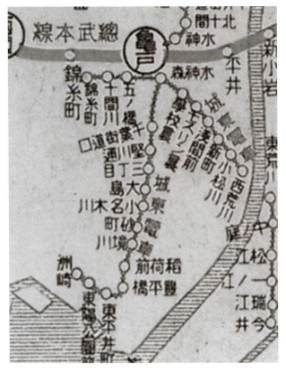

【路線図❷】 荒川を挟んで運行されていた城東電車＝出典：中誠堂「鉄道旅行地図」（1930年）

【時刻表】 早朝5時台から深夜11時過ぎまで運転し、住民の足として活躍している＝出典：「日本旅行協会時刻表」（1945年5月号）

【写真❶】 開業時の城東電軌の電車（東荒川停留場付近）＝提供：江戸川区郷土資料室

【写真❷】 旧城東電軌・小松川本線を走る都電時代の1500形車両（1970年3月27日）＝撮影：森川尚一

【写真❸】 国鉄貨物線・小名木川駅付近を行く錦糸堀行き38系統7000形電車とすれ違う29系統3000形。続行して同じく葛西橋行きの29系統7000形が見える（1972年9月30日）＝撮影：森川尚一

【写真❹】 南砂町三丁目付近を行く6000形電車。旧国鉄・越中島線をアンダークロスする。越中島線は蒸気機関車けん引だったが、同時に撮ることはかなわなかった（1970年3月27日）＝撮影：森川尚一

廃線跡はいま

後年に架橋され乗車したまま荒川越え

　ひとまず「小松川本線」から歩鉄する。現錦糸町駅隣の現パルコの場所には汽車製造会社が鎮座していたが、その目前の現京葉道路上に起点・錦糸堀停留場はあった。

　亀戸駅を過ぎた途中から京葉道路を南側に反れて、錦糸町ハイタウンの方に向かうとやがて亀戸浅間神社（江東区亀戸9-15-7）が見えてくる。境内には城東電軌のレールが数本保存されていた【写真❶】。また地域の人々が線路の敷石費用を奉納したという石碑も立ち、加えて同電軌の説明板もあって、地元や宮司さんの城東電軌への思いが伝わってくる。

　中川【写真❷】を越えてさらに進むとやがて荒川に突き当たるが、川の手前にあった終点・西荒川停留場には定期券売り場もあったという。場所は古地図・古写真でたどると、東西に走る現首都高速下の高台付近（江戸川区小松川3-13付近）にあったと想定される【定点観測❶】。

　荒川を越えた東側には「一之江線」が走っていた。終点・東荒川停留場（江戸川区西小松川町30付近）は、首都高速のそばの水天宮（小野原稲荷神社境内中）に隣接するように所在していた【定点観測❷】。営業所・車庫もあった。当時は荒川を挟んだ東荒川と西荒川の両停留場間は繋がっていなかった。そこで城東電軌では、両駅線を乗り継ぐ乗客へは北側に架かる川幅500mの長大・小松川橋を、バスでピストン輸送していたという。

　「最初の計画では（中略）、錦糸町から今井まで直通するつもりだったが、荒川放水路ができて、その架橋の問題がからみ、やむなく別線として開業したというのがホンネのようである」（高松吉太郎「鉄道ピクトリアル・1986年9月号」）とのこと。現実に両停留場の北側に架かる小松川橋を10分ほど歩いてみると、その長い距離からピストン輸送の必要性がよく分かる。

　一之江線は今井街道の西側をほぼ並行して走る全線専用軌道だったが、線路跡の雰囲気が残る道路を見つけることができなかった。同街道を南下して着いた「一之江境川親水公園」（江戸川区松江7-29-16）には、城

【写真❶】　亀戸浅間神社に保存されている城東電軌時代のレール

【写真❷】　小松川線と一之江線の両線は中川に架かる橋梁を挟んで走るようになった（1968年9月28日）＝提供：江戸川区郷土資料室

【定点観測❶】　小松川線の終点・西荒川停留場（左写真）。旧荒川の堤防の上から撮影しているので、当時の周辺情景がよくわかる（1968年9月15日）＝撮影：花房幸秀。現在では付近にマンションなどが林立する場所になっていた（右上写真）

東電軌の痕跡を残そうとした資料が屋外展示されている。公園手前の入口には「城東電車」「トロリーバス」のプレートが埋め込まれていた。また公園内には「城東電軌とトロリーバス」の車両模型や写真付き案内板、復元ガーター橋もあり、当時の城東電軌をふんだんに味わうことができる【写真❸】。

さらに街道を南下し、都電・一之江停留場を過ぎた直後に小松川線の起終点・今井橋停車場に至る。城東電軌の営業所があり、古地図にはトロリーバス時代の「無軌条車営業所」の表記も見える。現在では都バスのUターン地として、狭いながらの発着所となっている【写真❹】。

【定点観測❷】 城東電軌時代の東荒川停留場（上写真）だが、現在では高速道路に近く騒然としていた＝提供：江戸川区郷土資料室。下写真は水天宮に隣接する現在の旧東荒川停留場付近

【写真❸】 都電時代のレールや動輪などが保存されている一之江境川親水公園

【写真❹】 城東電軌小松川線の起点停留場があった現在の都バス・今井車庫

貨物線高架下に「城東電軌」の記載も

最後は亀戸駅近くの水神森停留場を起点とする「砂町線」に出向く。当線は専用軌道区間が多かったので、当時の痕跡がたっぷりと残る。路線跡は「亀戸緑道公園」となって散策する人々でにぎわう。公園から入ってすぐの「竪川人道橋」では、レールや動輪、車両写真付き案内板などで当時（都電時）をよみがえらせてくれる【モニュメント】。ただ人道橋は老朽化で2011（平成23）年に撤去され、旧橋脚などは写真で紹介されていた。

さらに進み右側にJR越中島貨物線を見ながら並行して南下すると、3階建てのショッピングモール・「Ario北砂」（江東区北砂2-17-1）が見えてくる。2010（平成22）年6月、同線の小名木川駅跡（115頁参照）にできたモールだという。

明治通りに出てから南下し、貨物線跡地を使った「南砂線路公園」（115頁参照）を過ぎて右折すると、廃線跡の「大島遊歩道」が続く【写真❶】。JR越中島貨物線の高架線下（江東区南砂2-3付近）には「城東電軌跨線ガード」のかすれた文字も見え、当時の痕跡を残す【写真❷】。

まっすぐに南下して旧弾正橋を越えて直角に右折・左折して南下すると、右側には旧汽車製造工場があった、現都営住宅や南砂中学校などの学校が集中する地点に至る。そこから左側に急カーブするように進むと交通が激しい永代通りに出る【写真❸】。通りを右折して現東西線・東陽町駅を越えると旧終点・洲崎停留場付近に着く。終点付近はかつての花柳街・戦後の洲崎パラダイス（現江東区東陽1-2付近）などとしてにぎわいを見せていた（85頁参照）。　取材して分かったのは、旧城東電気の痕跡を地域全体で保存しようとする意気込みが感じられたことだ。赤字続きとはいうものの、住民の足として随分と頼りにされていたことが伺われる。（2023年5月取材）

【写真❶】　緑に囲まれた大島遊歩道には線路跡の面影がたっぷりと残る

【写真❷】　JR貨物・越中島線の高架下に残る「城東電軌ガード」の文字

【モニュメント】「堅川専用橋と堅川人道橋の歴史」
「かつてこの場所には、路面電車が走るための『堅川専用橋』が水神橋〜大島間の開通に合わせ、大正10年1月より架設されていた。
　当初の運営は大正2年10月に設立された城東電気軌道㈱で、昭和17年2月に東京市営、同16年7月に都営となった。ところが、昭和20年の大空襲により甚大な被害を受けた。しかし復興に努め、昭和24年には区内全域が開通した。
　『チンチン電車』と呼ばれて親しまれ、便利だった都電も昭和30年代の高度経済成長政策の頃から、自動車交通の急激な発達により道路が渋滞し、輸送力の低下による赤字決算の連続となった。その結果、昭和47年、区内全線が廃止された。
　そして、昭和50年、この橋は歩行者専用橋として改修され『堅川人道橋』と呼ばれるようになり、同54年、橋の南北の軌道敷は緑道公園に生まれ変わった。
　以来、この橋は平成7年の景観整備工事にて都電モチーフに修景され、地域の歴史を伝えるモニュメンタルな橋として地域に親しまれてきたが、老朽化が進んできたこともあり、堅川河川敷公園の大規模改修に合わせ一帯整備されることとなり、平成23年に橋は撤去され、現在の形となっている。
　なお、モニュメントのレールの一部は『25系統』の亀戸九丁目で使われていたものを再使用しており、車輪は当時の写真等を参考にオブジェとしてデザインされたものである」
（設置者：江東区土木部／設置日：2020年）

【写真❸】　大島遊歩道が終わりに近づくと終点・東陽公園前停留場があった永代通りが見えてくる

【廃線ルート】（25・26・29・38系統）
【砂町線】（29・38系統）＝水神森〜堅川通〜大島三丁目〜大島一丁目〜北砂三丁目〜北砂二丁目〜境川〜南砂三丁目〜第四砂町小学校〜南砂三丁目〜南砂二丁目〜東陽町三丁目〜東陽公園前
【小松川線】（25・29・38系統）＝錦糸町〜亀戸一丁目〜亀戸駅前〜水神森〜亀戸六丁目〜亀戸七丁目〜亀戸九丁目〜浅間前〜小松川三丁目〜小松川四丁目〜西荒川
【一之江線】（26系統）＝東荒川〜東小松川〜松江〜西一之江〜一之江〜端江〜今井橋

西武軌道線（新宿駅前～荻窪駅前間）
地下鉄開業等で都電廃止第1号に

【DATA】廃線・西武軌道
事業者：東京都交通局←東京市電気局（受託）←東京地下鉄道（受託）←東京乗合自動車（受託）←西武鉄道←帝国電灯←武蔵水電←西武軌道　区間：新宿駅前（新宿区）～荻窪駅前（杉並区）間　距離：7.4km　軌間：1067mm　全通：1926（大正15）年9月15日　都電移行：1951（昭和26）年4月5日　廃止：1963（昭和38）年11月30日

History
鉄道会社が数回替わり東京市電へ移行

青梅街道の新宿駅前～荻窪（廃止時「荻窪駅前」）間を走っていた「都電杉並線」（愛称。14系統線で荻窪線・高円寺線の総称）の前身鉄道は「西武軌道」といった。大正時代の開業で歴史は古いが、実質的な都電廃止「第1号の路線」だ。

西武軌道の敷設理由は、新宿～八王子間の「甲武鉄道」（現JR中央線）に並行する青梅街道沿線に住む住民の利便性への配慮で、いわば「バイパス鉄道」的な役割を担うことであった。

発起は1907（明治40）年10月起業の「堀之内軌道」。当初の計画では新宿から荻窪間の他に、甲武鉄道・中野駅や厄除け祖師・妙法寺、荻窪から田無・所沢への3連絡線もあったが取り下げて未成線となる。

1910（明治43）年7月に西武軌道と改称し【鉄道文書

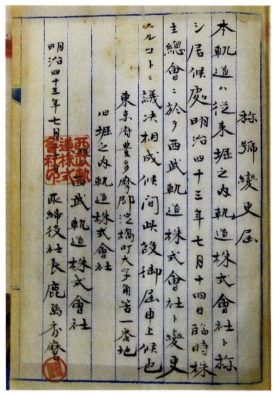

【鉄道文書❶】
【称号変更願】（「堀之内軌道」の「西武軌道」への改称届）
「本軌道は従来堀之内軌道株式会社と称しており候処、明治43年7月14日の臨時株主総会に於いて西武軌道株式会社と変更することに議決相なり候間、この段御届け申し上げます」
（出願日：明治43年7月20日／届出者：東京府豊多摩郡淀橋町大字角筈1番地・旧堀之内軌道株式会社、新西武軌道株式会社取締役社長・鹿島秀麿）＝所蔵：国立公文書館

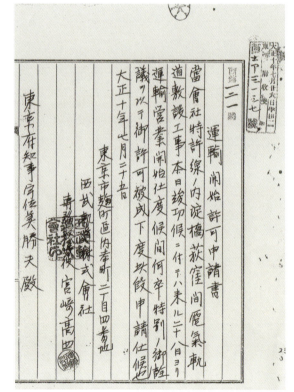

【鉄道文書❷】
【運輸開始許可申請書】【淀橋～荻窪間の運転開始出願書】
「当会社の特許線のうち、淀橋～荻窪間の電気軌道敷設工事が本日竣工いたしました。付いては来る28日より運輸営業を開始いたしたく、なにとぞ特別の御詮議（調査）をもって御許可を受けたく、申請いたします」
（大正10年7月25日・東京市麹町区内幸町2-4・西武軌道株式会社・専務取締役・宮崎高四・東京府知事・宇佐美勝夫殿）
＝所蔵：東京都公文書館

【写真❶】 中野坂上(現中野区本町1丁目)付近を走る旧「西武軌道」の電車。まだ自動車はほとんど走っていないのどかな時代であった(1932年)＝出典：「中野町誌」

❶】、1921(大正10)年8月に念願の淀橋(現中野坂上駅付近)～荻窪間を開業する【鉄道文書❷】【写真❶】。だが経営は不振で2カ月後の同年10月には早くも「武蔵水電」に合併された。同水電は翌1922(大正11)年6月には「帝国電灯」と合併、軌道事業は「武蔵鉄道」に譲渡され、同年8月には「西武鉄道(旧)」と改称した。このように経営会社の名称は2年間で、猫の目のように変わる。

西武鉄道は同年12月に新宿停留場まで路線を延ばし、省線・新宿駅の極近に延伸させた。4年後の1926(大正15)年9月、大ガードを越えた新宿駅前停車場(1944年に新宿駅前へ戻る)まで乗り入れる【路線図】【時刻表】。

1935(昭和10)年12月に「青バス」(後に「東京地下鉄道」)に運行を委託、同バス会社は1942(昭和17)年2月に交通調整法により東京市(電気局)へ運行委託することとなる。しかし当線の軌間は他の市電の1372㎜ではなく、西武鉄道他線や省線と同じ1067㎜だったので他路線と相互乗り入れができなかった。

戦後になると西武鉄道は「交通調整法は無効」として、杉並線の返還を都に求めて裁判沙汰にして紛糾する。後に都へ1億2000万円で譲渡することで合意し、1951(昭和26)年4月に都が買収して「都電・杉並線」(通称、14系統)へ本格移行した【鉄道文書❸】。

ところが路面電車は「交通渋滞の元凶」の風潮の中で、都は都電全廃を決める。そこで杉並線は軌間が他の都電と異なることや、間もなく開業する「営団地下鉄・荻窪線」(現東京メトロ・丸ノ内線)への代替が可能ということで【写真❷】、1963(昭和38)年11月に実質「都電廃止第1号」となってしまう。

運行最終日に運行された花電車は「誰が最初に口ずさんだわけでもないのだが、車内から「蛍の光」の歌が聞こえてきた。歌声は、いつの間にか車内全体に広がり乗客全員の大合唱となった」【新聞記事】)という中で、都電を惜しむ人々に見送られながら終焉を迎えた【写真❸】。

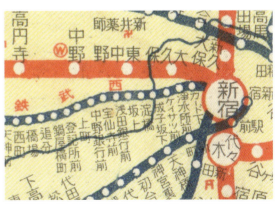

【路線図】 西武軌道開業時の起点・淀橋停留場は新宿駅から遠い所にあった＝出典：「最新鉄道地図」(1930年)

【時刻表】 西武鉄道時代は当線は「新宿線」と呼ばれていた。「非連帯線」とは民鉄鉄道線で、軍部の鉄道連帯が運用する路線ではないことをいう＝出典：「日本旅行文化協会時刻表」（19425年4月号）

【新聞記事】 惜しむような雰囲気で都電杉並線の廃止を報じる新聞＝出典：「毎日新聞」（1963年12月1日）

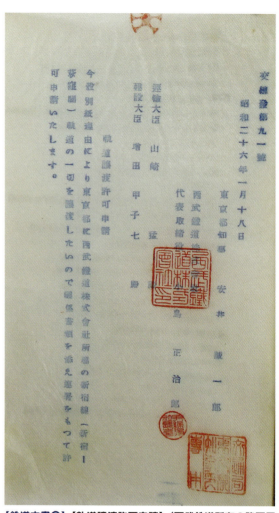

【鉄道文書❸】【軌道譲渡許可申請】（西武鉄道所有の路面電車の東京都への譲渡出願書）
「今般、別紙理由により東京都に西武鉄道株式会社所有の新宿線（新宿～荻窪間）の軌道の一切を譲渡したいので、関係書類を添え願書をもって許可申請いたします」
（出願日：昭和26年1月18日／出願者：東京都知事・安井誠一郎、西武鉄道株式会社代表取締役・小島正治郎／受理者：運輸大臣：山崎猛、建設大臣・増田甲子七）＝所蔵：国立公文書館

【写真❸】 杉並線の最終便は2度と踏むことのない青梅街道を、別れを惜しむ人々が待つ杉並車庫へ向けて走った（1963年11月30日）＝撮影：辻阪昭浩

【写真❷】 新しい地下鉄荻窪線（現丸ノ内線）の開業時の荻窪駅（1962年1月23日）＝撮影：辻阪昭浩

26

廃線跡はいま

起点は大ガードの東へ西へと移転

　現役時代に乗車した記憶が残る「旧都電杉並線」の廃線跡を、青梅街道に沿って新宿から西進しながら荻窪をめざす。

　西武軌道時の起点地・淀橋停留場は、中野坂上の成子坂付近にあった。今でも同名の橋が架かっている【写真❶】。当所から新宿駅まで行くのには10分ほどを要し、やや不便な場所である。1922（大正11）年12月に起点地は、中央線・山手線が通る大ガード近くの角筈停留場まで進む【写真❷】ので、淀橋停留場は仮停留場のような位置づけだったのだろう。4年後の1926（大正15）年9月にはさらに大ガード東側の、現新宿駅東口前である新宿駅前停留場に移転させた【写真❸】。ここまで乗り入れれば駅は目の前なので、さぞ便利であったろうと推測する。しかし新宿駅前停留場は戦時中の1944（昭和19）年5月に、再び大ガードの西側の角筈一丁目（旧角筈）停留場に戻される。

　その新宿駅東口から青梅街道下を走る中野区の丸ノ内線・中野坂上駅に向かう。駅東側の成子坂下にあった映画館付近から、勾配を上る都電に乗って帰宅した記憶がよみがえる。それから20年ほど後には次駅・新中野駅の極近に住んでいたが、マンション管理人のメガネ店主人が「地下鉄駅の設置に当たって『鍋屋横丁駅か、新中野駅か』の激しい『駅名論争』があった」と話していたのを聞いたことがある。

　杉並区に入り、旧都電杉並線営業所があった現都営バス杉並支所（都交通局小滝橋自動車営業所杉並支所）に着く【写真❹】。数年前に地元の「都電100年イベント」で車庫内を取材したことがあるが、既に軌道は撤去され旧都電の痕跡は全く無くなっていた。

　終点・荻窪停留場は当初、荻窪駅の南口にあったが【写真❺】、中央線をまたぐ天沼陸橋ができたのを機に1956（昭和31）年1月、北口に移転し荻窪駅前停留場と改称している【写真❻】。

　痕跡の少ない旧西武軌道・都電杉並線だが、多くの写真が現存しているのが何よりの財産である。

（2023年10月取材）

【写真❹】　杉並区馬橋（現梅里）にあった杉並車庫で車体を休める2500形。現在は都バスの車庫となっているが、都電車庫時代の痕跡は残っていない（1963年11月）＝撮影：辻阪昭浩

【写真❶】 西武軌道開業時の起点だった淀橋停留場付近。橋は停留場名の由来となった神田川に架かる淀橋

【写真❷】 淀橋停車場から延伸して起点・新宿停留場を大ガード西側に設けたが新宿駅からはやや距離があった

【写真❸】 大正期に起点は大ガード越えた地点を右折し現JR新宿駅東口前の新宿駅前停車場に移転した

【写真❺】 終点地があった現在の荻窪停留場付近(荻窪駅南口)で、周辺は数多くのビルに囲まれていた

【写真❻】 荻窪駅南口にあった終点は天沼陸橋ができたため、1956年に北口へ移動し停車場名も「荻窪」から「荻窪駅前」に改称された

【廃線ルート】都電廃止時(14系統)
◇高円寺線＝新宿駅前〜柏木一丁目〜成子坂下〜本町通二丁目〜本町通三丁目〜鍋屋横丁〜本町通六丁目〜高円寺一丁目
◇荻窪線＝高円寺一丁目〜高円寺二丁目〜蚕糸試験場前〜杉並車庫前〜馬橋一丁目〜馬橋二丁目〜阿佐ヶ谷〜杉並区役所前〜成宗〜天沼〜荻窪駅前

【都電杉並線アルバム】（撮影：辻阪昭浩）

起点地の新宿駅前停留場で出発を待つ2020形電車。後ろに山手線・中央線が青梅街道を越えるための大ガードが見える（1962年11月30日）

新宿駅前停留場を出発してタクシー等で混み合う青梅街道を行く2000形（1962年11月30日）

廃止1日前の柏木一丁目〜成子坂下間を行く2000形電車。右側に見えるひときわ大きな新宿会館ビルが人目をひく（1962年11月29日）

29

高円寺にあった旧蚕糸試験場（現蚕糸の森公園）の前を行く2012形電車。並行して走る自動車の形式が当時を思い起こさせてくれる（1960年）

商店の古い建物が残る中野区天神付近を行く2000形電車。地下鉄工事も済んで軌道敷は復旧されている（1962年11月30日）

複線化された青梅街道から杉並車庫に入る2500形電車（1960年8月）

ラストランの杉並線2000電車。急こう配の天沼陸橋を越えると終点・荻窪駅前停留場も近い（1962年11月30日）

都電を引き継いだ16年の短命線（今井～上野公園間等）
都営トロリーバス

【DATA】廃線・トロリーバス　事業者：東京都交通局
◇101系統＝区間：今井（江戸川区）～上野公園（台東区）間　距離：15.5km
　　　　　　　開業：1952（昭和27）年5月20日　廃止：1968（昭和43）年9月30日
◇102系統＝区間：池袋駅前（豊島区）～品川駅前（港区）間　距離：17.3km
　　　　　　　開業：1956（昭和31）年9月21日　全廃：1968（昭和43）年3月31日
◇103系統＝区間：池袋駅前（豊島区）～亀戸駅前（江東区）間　距離：14.9km
　　　　　　　開業：1957（昭和32）年1月21日　廃止：1968（昭和43）年3月31日
◇104系統＝区間：池袋駅前（豊島区）～馬道一丁目（台東区）間　距離：12.9km
　　　　　　　開業：1958（昭和33）年9月18日　廃止：1968（昭和43）年3月31日

History
容易に運行も路線設定が柔軟に欠けて撤退へ

　トロリーバス【写真❶】は、道路に線路を敷設しなければならない路面電車に比べて、上空に架線を敷くだけで運行できる。そのうえバスのように高騰のガソリンへ依存しなくて済み、振動も少ないところから「新時代の交通機関」と期待された【新聞記事❶】。そこで西武鉄道（1949年出願）などの私鉄も含めての導入を試みる。トロリーバスとは、道路上の架線（トロリーワイヤ＝trolley wire）から棹状（さおじょう）の集電装置（トロリーポール＝trolley pole）を用いて集電し動力とすることからきている【写真❷】。

　同バスは外観上ではバスに似ているが、道路上に張られた架線から動力としての電力で走行するので、法令上は「無軌道電車」という鉄道の一種とされる。その証拠に自動車に付けるべきナンバープレートがない。日本における導入は1932（昭和7）年4月に開業した京都市営トロリーバスが最初である。

　東京におけるトロリーバスは、東京市が構想した1922（大正11）年に遡る。ルートは青山六丁目～明治神宮正面間であったが、構想翌年に発生した関東大震災で中止となる。最初の運行は、戦後に入った1952（昭和27）年5月開業の「101系統」（今井～亀戸～上野公園間）に始まる【写真❸】【きっぷ】。続いて1956（昭和31）年9月に池袋駅前～品川駅前の「102系統」、翌1957（昭和32）年1月に池袋駅前～亀戸駅前の「103系統」、翌1958（昭和33）年9月には池袋駅前～浅草駅前間の「104系統」と、連年のように池袋駅を起点として、都電に代わるトロリーバスは開業されていく。

　しかし新時代の交通機関として期待されたトロリーバスは、「バスに比べて収容能力は大きいものの、架線を敷くため路線の設定が柔軟性に富み、電気を供給する設備を新設・維持する必要があったところから…」（東京交通局「都営交通100年のあゆみ」）とともに、徐々にモータリゼーションの進化もあって運営が難しくなる。

　そこで当時の都知事・美濃部亮吉は「都電、トロリーバスは乗客1人を運ぶのに6円、1日2千万円の赤字を出し続けている。もはや大衆輸送機関としての使命を果たせなくなっている」として、トロリーバス等の廃止の方向を表明する。

　こうして導入から10年が経った1968（昭和43）年3月に102系統と103系統、104系統を廃止する。そして半年後の同年9月に、101系統の今井～上野駅前【定点観測】間を最後にトロリーバスは16年間の短い運行で都内から姿を消した【新聞記事❷】。

【写真❶】　国内で唯一走っていた「富山黒部アルペンルート」のトロリーバスも2024年11月に廃止された（2012年5月）

【新聞記事】 乗り心地満点で「都電の向こうを張るか」と期待されて登場した。出典：「読売新聞」(1950年2月28日)

【写真❷】 西武鉄道が出願書に添付したトロリーバスの設計図。所蔵：国立公文書館

【写真❸】 開業直後のトロリーバスで車両はピカピカだ（1952年5月20日）＝所蔵：江戸川区郷土資料室

【きっぷ】 「無軌条電車」の表現での開業記念きっぷ（1952年）＝出典：「東京都交通局40年史」

【新聞記事】 予想外に短い16年間の運行だったと報じられた＝出典：「読売新聞」(1958年9月28日)

【定点観測】 上野・不忍池付近を走るラストランの101系統トロリーバス（1969年9月28日＝左写真）＝撮影：田口政典。上写真は終点・上野公園停留場があった現在地。今では都バスの終点停留所になっている

廃線跡はいま

公園には粘土で復元のトロリーバス

　実は筆者は上京時に、新宿・伊勢丹前を通過する102系統トロリーバスを一瞬だけ見ている。しかし残念ながら乗車はしていない。今回は都営初のトロリーバスで4ルートのうち、最も長い歴史を持つ「101系統」（今井〜亀戸駅〜上野公園間）のルートをたどってみた。

　101系統・トロリーの今井〜亀戸駅間はかつて「城東電気軌道」が走り、亀戸駅〜上野公園間は都電の石原線・吾妻橋線などが運行していた。

　まずは現在の都バス・今井停留場がある旧今井停留場【定点観測】から出発する。トロリーバス運行時代には「無軌条車営業所」【地図】として、トロリーの正式名「無軌条」を冠に付けていた。跡地は現在マンションとなっているが、わずかなスペースを確保して都バスのロータリー的な役割を果たしている。

　今井街道に沿って北上してすぐの、都営地下鉄・一之江駅は都電・トロリーの停車場の跡地に建つ駅だ【写真❶】。広い敷地に建てられているので納得がいく。一之江駅から先の「一之江境川親水公園」（江戸川区松江7-29-16）は、トロリーの痕跡を残している貴重な場所である。入り口にはトロリーバスと都電の車両を、粘土細工で復元したような車両が迎えてくれる【写真❷】。少し川辺に沿って進むと「城東電車とトロリーバス」と題した、写真入りの解説板が立つ【モニュメント】。

　当地からは路線バスで、旧トロリー路線に沿って亀戸駅方面に向かう。途中から道路幅の広い京葉道路に入り、城東電軌時代の乗客はわざわざ歩いて渡っていたという江戸川大橋を越えると亀戸駅が近い。

　亀戸駅に着くと、ちょうど旧トロリーバスとほぼ同じルートの亀戸駅前〜上野公園間を走る都バス「上26

【定点観測】　起点停留場があった今井車庫で、当時は東京都交通局無軌条車営業所があった（1968年9月頃）＝所蔵：江戸川区郷土資料室。無軌条車と呼ばれたトロリーバスの営業所があった場所は現在（右上写真）、今井バス停となり迂回するための地点になっていた。

線」があるというので飛び乗る。途中の亀戸天神前停留場【写真❸】を過ぎると、とうきょうスカイツリーの副駅名が付く京成電鉄・押上駅が見えてくる【写真❹】。交差点を左折して浅草通りに入ると、目の前に見上げるようなツリーが顔を出す。

ツリーを背に隅田川を渡り、浅草も近い言問通り・不忍通りなどを抜けると、間もなく終点・上野公園停留場があった地点（台東区上野2-11付近）に着く。旧国鉄（現JR）上野駅より、むしろ京成上野駅に近い場所だ。

国鉄・上野駅前には、1（品川駅前行き）・21（水天宮前行き）・24（須田町行き）系統などの都電が乗り入れ、スペースに余裕がなかったのだろうか。

ルートにはスカイツリーや亀戸天神などの数多い見どころがあり、今なら観光を兼ねて珍しいトロリーへ乗る客が多いのかもしれない。都電では荒川線を残したように、トロリーバスも101系統くらいは現役で走らせていてもよかったのではないかと実感した。

（2023年7月取材）

【写真❶】　トロリーバスの施設跡に建てられた都営地下鉄新宿線・一之江駅

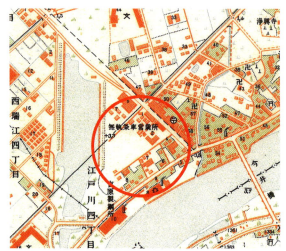

【地図】　「無軌条車営業所」の表記（○印）が見える現今井車庫（1957年頃）

【写真❷】　一之江境川親水公園入口の看板柱の中には、城東電軌とトロリーバスの車体のミニチュアが納められている

【モニュメント】「城東電車とトロリーバス」
「城東電車は大正2年に創立し、江戸川線は大正14に東江戸川～今井間で開通しました。車両が1両で「マッチ箱電車」と呼ばれたり、発車合図のベルの音から「チンチン電車」と呼ばれ、昭和27年まで運行していました。
　城東電車廃止の翌日より、無軌条電車（トロリーバス）が走り、昭和43年までの約17年間運行されていました。トロリーバスはレールのない電車で、屋根についた集電装置で架線から電力を得て走っていました」
（設立場所：江戸川区一之江6-18-1・一之江境川親水公園／設立年：1996（平成8）年4月／設立者：江戸川区）

【写真❸】　トロリーバスは亀戸天神などの名所旧跡沿線を走った（路線バス車窓から）

【写真❹】　亀戸駅を出て押上駅などを経由して上野公園停留場に向かう

【101系統ルート】
今井～瑞江～一之江三丁目～一之江～西一之江～西一之江一丁目～松江～東小松川～小橋～小松川通～亀戸九丁目～亀戸七丁目～亀戸六丁目～水神森～亀戸駅前～亀戸四丁目～亀戸天神前～太平町四丁目～太平町三丁目～横川橋～横川橋四丁目～押上～業平橋～言問橋～隅田公園～馬道一丁目～浅草観音～芝崎町～入谷町～中入谷～坂本二丁目～鶯谷駅前～上野桜木町～谷中町～宮永町～池之端茅町～上野公園

35

【トロリーバスアルバム】（所蔵：江戸川区郷土資料室）

初めての都営トロリーバスの開業
祝賀会で祝賀ムードが漂う
（1952年5月20日）

自動車に付くべきでナンバープ
レートがないのでれっきとした
鉄道である
（1954年5月）

約600mという長大・小松川橋を
渡る（1954年頃）

終点・上野公園停留場付近を走る今井行きのトロリーバス。「トロリーバスのりば」の看板も見える（1972年9月頃）

集電装置は「+」と「-」の2本のトロリーからなっていた（1968年9月28日）

101系統・上野公園行きのトロリーバスのラストラン（1968年9月28日）

トロリー廃止直後の代替バス（今井車庫　1968年10月3日）

Chapter.1 03 東京都(市)が時代に応えて運営した貨物線
港湾局東京湾臨海線&水道局淀橋浄水場線

輸送需要の高まりに応えて東京都(東京市)は、行政としての責任から必要と思われる鉄道を敷設していく。主たる鉄道は人々を運ぶ、旅客目的の路面電車(都電)や地下鉄、モノレールなどである。しかし都民の生活に直結する上水や食糧などの確保に当たっては、貨物専用の鉄道も建設していった。

最初は関東大震災時で不足する生活物資確保のため、港湾局が芝浦臨港線など数路線を東京湾沿岸に敷設する。一方、飲料水確保では水道局が、浄水場引込線(41頁参照)や羽村山口軽便鉄道(多摩版掲載予定)などの貨物線も建設した。

これらの路線はトラック輸送の台頭や、代替施設の建設などによって徐々に撤退されていく。しかし運送された廃線跡は、いまなお当時のまま残る路線も少なくない。ここでは都心部に敷いた2つの都・市営貨物線の廃線跡について記述する。

都港湾局が敷設した晴海線の橋梁は線路も残り、いまでも機関車が走ってきそうな雰囲気だ(2015年11月)

東京都港湾局・東京湾臨海線(越中島~豊洲石炭埠頭間等)
都心に残る現役時の線路や橋脚

【DATA】廃線・都港湾局専用線(東京湾臨港線)
事業者:東京都港湾局
◇深川線=区間:越中島(江東区)~豊洲石炭埠頭(江東区)間　距離:8.0km　軌間:1067mm
　　　　　開通:1953(昭和28)年7月20日　廃止:1986(昭和61)年1月13日
◇晴海線=区間:深川線分岐(江東区)~晴海埠頭(中央区)間　距離:10.4km　軌間:1067mm
　　　　　開通:1957(昭和32)年12月17日　廃止:1989(平成元)年2月10日
◇豊洲物揚場線=区間:深川線分岐(江東区)~豊洲物揚場(江東区)間　距離:1.5km
　　　　　開通:1959(昭和34)年3月30日　廃止:1985(昭和60)年1月16日

History
最盛期には3路線が臨港を走る

高度成長時代を迎えて、東京湾を埋め立てて造った埠頭への貨物量が増えていった。そこで東京湾周辺では東京都港湾局によって、専用臨港線が複数敷設されていく【地図】。1953(昭和28)年7月には、国鉄(現JR)「越中島貨物支線」(総武線・亀戸~越中島駅間=112頁参照)の越中島駅から豊洲石炭埠頭まで延伸させた「深川線」を開業する。

その後も貨物が増え、埠頭の業者から新線の建設が求められる。そこで港湾局では1957(昭和32)年12月、深川線から分岐させて晴海埠頭までの「晴海線」【写真

❶】【写真❷】を敷設した。さらに2年後の1959（昭和34）年3月には、深川線分岐の「豊洲物揚場線」を追加する。路線が増えると物流輸送だけでなく、沿線に点在した倉庫などとも結んだ輸送も拡充していく。一時は晴海埠頭【写真❸】から分岐して月島、築地市場を経由し汐留駅に入り、東海道線に繋がる「月島線」の計画もあったが未成線となっている。

陸揚げされた貨物の内容は、セメント・水産物・麦・砂糖・材木・砂利などであった。しかし時代が移り、トラック輸送の台頭や工場の地方移転などで貨物量が減ってくる。そこで豊洲物揚場線が1985（昭和60）年1月に、次いで1986（昭和61）年1月に深川線が消えていく。

最後の晴海線は1989（平成元）年2月、「冷たい雨が降りしきる寒空の下、関係者や鉄道ファンなどが詰めかけた」（宮脇俊三「鉄道廃線跡を歩くⅦ」）という中で幕を閉じたという。

【地図】　3路線の貨物線がハサミ状に走っている
出典：(1981年)

【写真❶】　晴海橋梁を走っていた頃のディーゼル機関車
提供：東京都港湾振興協会

【写真❷】　晴海線の開通を祝うセレモニー（1957年12月）
提供：東京都港湾振興協会

【写真❸】　最盛期の臨港鉄道引込線の晴海埠頭
（1967年頃）
提供：東京都港湾振興協会

39

廃線跡はいま
遊歩道としてよみがえる晴海橋梁

　都心部では唯一、現役時の痕跡がそのまま残り、今にも貨物列車が走って来そうな緊迫した雰囲気に浸ることができる廃線跡だ。

　JR京葉線・汐見橋駅で下車し、暁橋・塩枝橋を渡りJR小名木川貨物線の越中島貨物駅に向かう。跨線橋から同駅を臨むが、現在でも亀戸駅方面から不定期ながら貨物列車が運行されているという。駅の反対側を振り向くと、越中島駅に繋がっていた深川線の廃線跡が顔を出す。かつては数本の留置線が敷設されていたというが、今では1本だけが残っているだけだ。

　さらなる廃線を探しながら西側に向けて歩くと、草むらの中（江東区2-1付近）に線路が少しだけ顔を出す廃線跡を発見する【写真❶】。西側の運河を越えて進むとかつて化学工業があったマンション脇（江東区塩浜1-5-5付近）に、ホームも残されている廃線跡が見えてくる【写真❷】。7年前の取材時には、現地生活が長いという同世代の男性から「昔この辺は野原ばかりで、ハトを捕まえては遊んだものです。高層マンションが増えて、雰囲気がすっかり変わりました」という、環境の変化の話を伺ったことがある。豊洲運河の河底には、しっかりと固定されている2つの旧橋脚が今でも残る【写真❸】。

　当廃線跡の最大のシンボルである旧晴海橋梁（中央区晴海〜江東区豊洲間）に向かう。線路がしっかりと残り、現役時そのままの姿で保っているので、今にも機関車が走ってくるような迫力を持つ橋梁だった。ところが今取材時には工事柵が施され、全体を見ることができない。南側に回って橋梁全体をカメラに収める【定点観測】。橋梁脇に立つ工事板【モニュメント】には「〜旧晴海鉄道橋を遊歩道として生まれ変わらせます〜」についての説明が書かれていた。都心で線路が残る廃線跡を遊歩道として後世に残す、東京都の配慮に嬉しくなる。　　　　　　　（2023年6月取材）

【写真❶】　草むらの中でわずかに顔を出している線路を発見する

【写真❷】　マンション脇の原っぱの中にしっかりと残る引込線とホーム

【写真❸】　豊洲運河には当時の橋脚が現役時のまま残っている

【定点観測】　高層マンションを背にする以前の晴海橋梁（2015年11月＝上写真）。現在では遊歩道にするための工事中となっている（下写真）

【モニュメント】　〜旧晴海鉄道橋を遊歩道として生まれ変わらせます〜

　＜鉄道橋の概況＞旧晴海鉄道橋は、東京湾における貨物輸送のために整備した「臨港鉄道東京都専用線晴海線」の一部です。昭和32年に晴海線が開通し、高度経済成長の中、主に、小麦やロール紙など数多くの貨物を運んでいました。
　しかし、鉄道輸送からトラック輸送への転換などもあり、平成元年にその役割を終えました。
本橋は、鉄道橋として日本初のローゼ橋及び連続PC桁で整備された歴史的鉄道遺構です。
　＜歩道橋化へ向けて＞豊洲、晴海では、水辺空間の整備が進み、この水辺空間を繋ぐ架け橋として、歴史的鉄道遺構である本橋を歩道橋として生まれ変わらせます。有識者等の意見も踏まえながら、本橋の歴史的な価値を残しつつ、レールを歩道部に埋めて活用し、またバリアフリーにも配慮にも配慮した魅力的な遊歩道を整備します。
（設置場所：江東区豊洲2-5／設置日：2021年2月／設置者：東京都港湾局）

東京都水道局・淀橋浄水場線（大久保〜淀橋浄水場間）
引込線跡の大半は道路に活用

【DATA】廃線・都水道局淀橋浄水場線
事業者：東京都水道局←東京市水道課←東京府水道改良事務所
区間：大久保（新宿区）〜淀橋浄水場（新宿区）間　**距離**：2.5km　**軌間**：1067mm
開通：1898（明治31）年12月1日　**廃止**：1965（昭和40）年3月31日

History
中央線から分岐して浄水場への引込線

東京の人々の飲料水は玉川上水や神田川から引いていたが、明治時代に入り水質汚染が問題化する。そこで水質改良のために、浄水場を設置することが求められた。浄水場には蒸気ポンプを動かす大量の石炭が必要で、石炭輸送のため極近に鉄道が敷かれている場所でなければならなかった。そこで山手線や中央線が近い新宿に白羽の矢が立つ【地図】。起工式は1892年（明治25年）9月、上野駅及び新橋駅から仕立てた特別列車による約3000名の来賓を迎えて盛大に行われた。

工事では工場現場に引込線が敷設された鍋トロ（鍋のようなトロッコ）が活躍【写真❶】する。鍋トロの活躍もあって6年後の1898（明治31）年12月に浄水場は竣工する。

浄水場が開設すると同時に専用引込線を敷設し、主にろ過に使う砂利や砂や送水ポンプを動かすための燃料、浄水場内の施設の建設や維持管理に必要な資材や機材輸送に使った【写真❷】。その後に引込線運行の危機に襲われる。「ところが甲武鉄道で電気列車運転が始まり、中間分岐点は危険につき、市専用貨車の運送を謝絶してきたが、これは場内材料や工事諸材、掘さく残土に不可欠なものであり。会社と交渉、大久保駅まで路線延長することにした。そこで明治38年度分予算として4296円を計上、また逓信省の承認をえて、敷地を買収、線路工事を実施して明治39年3月に竣工、その後の列車運転は甲武鉄道へ委託し、水道工事等に役

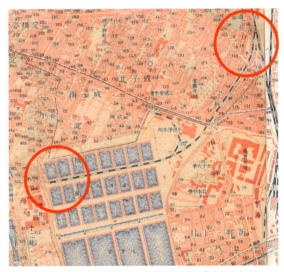

【地図】　右側の中央線・大久保駅付近（右○印）から斜めに走る青梅街道を横切る淀橋浄水場専用貨物線が終点地（左○印）に向けて南西に延びている（1919年10月）

【写真❶】　工事で活躍する鍋トロへの積み込みと運搬（1932年3月26日）　提供：東京都水道歴史館

【写真❷】　左側に小さい線路と機関車が見える（1925年4月）　提供：東京都水道歴史館

立てたのである」(「淀橋浄水場史」)として乗り越えた。1914(大正3)年5月には複線化する。

　いっぽう浄水場付近が徐々に市街地化されてくると、用地活用が議論されるようになる。1932(昭和7)年3月に東村山浄水場が開場すると、一旦は浄水機能の移転を決める。ところが戦時の悪化で移転は戦後に持ち越され、1960(昭和35)年頃から東村山浄水場へと徐々に移行していく。移転に伴い1965(昭和40)年3月に淀橋浄水場【写真❸】は正式に廃止されるが、跡地は「新宿副都心」として再開発されることになる。跡地には東京都庁を始め、京王プラザホテル、住友ビル、三井ビルなどの超高層ビルが密集する今日の大都会に変貌した。

　浄水場廃止に伴い浄水場への専用引込線も廃止となる。廃止後の線路跡は主に道路に転用されたが、土地有効活用の観点から、廃線跡の痕跡はほとんど残っていない。

【写真❸】　廃止直前の空から見た淀橋浄水場で、中央を浄水場線が走る。(1964年頃) 提供:東京都水道歴史館

廃線跡はいま

大江戸線ルート西進の新宿中央公園手前が終点

　新宿駅西口から大ガードを越えて、浄水場引込線の起点となる中央線との分岐点を探す。古地図上では中央線の新宿駅〜大久保駅の中間あたりというので探索する(後に大久保駅からの分岐となる)。どうやら中央線の線路が西側に向きを変え、その上を走る高架・山手線と分かれる付近に分岐点(新宿区西新宿7-2付近)があったようだ【写真❶】。ただ分岐点から南下する路線跡は、ビル化されて痕跡は伺えない。

　当地から南進した常円寺の1本東側の道路が引込線跡で、コンビニ・ファミリーマートと喫茶・ベローチェの間の道路(新宿区西新宿7-10-1付近)を過ぎて青梅街道に出ていた【写真❷】。引込線は青梅街道上に架かる現在の「新都心歩道橋下交差点」を横断するが【写真❸】、当時は踏切で越えていた。

　青梅街道からの線路は現損保ジャパンビルとセンタービルを斜めに縦断、緩やかに歪曲しながら現中央通りを西進した【写真❹】。中央通りからは都営地下鉄・大江戸線と同じルートで、都庁前駅を過ぎて現新宿中央公園に突き当たる地点が終点であった【写真❺】。

　高層ビル群の間を抜けるように歩くと、34万1743㎡という浄水場がいかに広大だったかを再認識させられる。東京市民の身近な上水を預かっていた歴史の重みからか、浄水場の痕跡等がいくつか残る【写真❻❼】。しかし浄水場の運営を支えた引込線の痕跡は、現地からは見えてこなかった。　　　　(2023年10月取材)

【写真❶】　中央線との分岐地点で手前に線路は伸びていた。線路では中央線の緩行線(総武線相互乗り入れ線)が走っている

【写真❷】　引込線は手前の青梅街道に出てから踏切を横断して浄水場へ乗り入れた

【写真❸】 青梅街道と交差する地点には現在らしく「新都心歩道橋下」の交差点名が付く

【写真❹】 青梅街道から現都営地下鉄・大江戸線が走る中央通りを西進していた

【写真❺】 左側中央通りを西進してきた引込線は右側の現中央公園手前で終点となる

【写真❻】 中央公園の中には浄水場時代の歴史を残すために六角堂が保存され案内板が立っている

【写真❼】 浄水場跡に経つ新宿住友ビル北西部には浄水場で使われていた蝶型弁が残る

43

Chapter.1 04 王子駅付近から分岐した2つの企業貨物線
北王子線&須賀線

　かつて東京には駅と工場を結ぶ企業による貨物線が各地に敷設されていた。短小路線ながら輸送手段のない戦前には、企業にとって不可欠な輸送機関として活躍した。しかし高度成長期になって公害などが問題視され、工場は地方に移転していく。そこで必要性が乏しくなった貨物線は廃止への道をたどる。

　王子駅付近（田端信号場）にも2つの企業貨物線が発着していた。王子製紙の「北王子線」と旧大日本肥料の「須賀線」である。両線は企業の資材や製品の輸送に使われる貨物線として長く活躍した。しかし戦時には両線とも軍事用として買収され鉄道省（国有鉄道）の路線となる。

　もっとも企業敷地内の鉄道であっても原則として、国有鉄道（旧省線・国鉄など）の線路に接続している場合は、国有鉄道の側線と見なされた。戦後には軍事用から国鉄の貨物線として役割を果たしたが、他の地域を走る貨物線と同様に次々と廃止されていく。

　特に北王子線は2014（平成26）年まで運行され、東京で最後に廃線となった貨物線として知られる。このため現在でも線路や踏切跡などを見ることができ、都心では珍しく現役時の雰囲気を味わえる廃線跡である。

北王子線を走っていたDE10形機関車（2014年3月）　提供：北区立中央図書館

旧王子製紙・北王子線（田端信号場〜北王子間）
線路や踏切跡が残る最新廃止線

【DATA】廃線・北王子線（旧王子製紙貨物線）
事業者：JR東日本←日本国有鉄道←鉄道省←王子製紙
区間：田端信号場（北区）〜北王子（北区）間　距離：4.0km　軌間：1067mm　開業：1926（大正15）年7月22日
省線買収：1927（昭和2）年12月20日　廃止：2014（平成26）年7月1日

History
用紙需要の減少で10年前に廃線へ

　東京で最後まで残った貨物線で、最も近年に廃線となった鉄道だ。日本製紙（旧王子製紙）の用紙輸送線として敷設され、一般に「北王子線」と呼ばれる。

　ルートは「田端信号場駅」（国鉄民営化の1961年に「田端操駅」から改称）を起点として、日本製紙王子工場内にあった「北王子駅」（1931年に「下十条駅」から改称）までの路線である【地図】。

　旧王子製紙が当地に工場を設立したのは1875（明治8）年12月と古い。近くに隅田川が流れ、用水の確保の容易だったことから当地が選ばれたとされる。明治時代に作られた「鉄道唱歌〜奥州・磐城編」（作詞：大和田建樹）では、東北線車窓からの「見よや王子の製紙場、

はや窓とかく来りけり…」と唄われたほど、知られた製紙工場だった。

工場への引込線は1926（大正15）年7月、王子製紙が用紙原材・製品の輸送用に開通させた。だが付近に陸軍造兵廠豊島貯弾場が設置されたことに伴い、弾薬輸送の必要性が生じる。そこで1927（昭和2）年12月、須賀線とともに国（鉄道省）に買収されて「東北本線貨物支線」として再出発した。

製紙に加工する原材料は、同製紙・勿来工場（福島）などから有蓋貨車で王子工場へ運び、製品化され各地に輸送された。最盛期の輸送量は年間22万2000トンもあったという。とはいえ戦時の輸送には大分苦心したようだ【王子製紙社史】。

しかし用紙需要の変化などもあって輸送量は、2011（平成23）年度には5万3000トンと当時の4分の1程度まで落ち込んだ。このため、廃止間近の年の運行頻度は1日3往復程度に減便された。単線・非電化（ディーゼル）路線をDE10（以前はDD13も）がコンテナをけん引して走った。

輸送受託していたJR貨物（旧国鉄）では、廃止に至った事情を「…仙石線石巻港駅・東北線岩沼駅から北王子駅接続の日本製紙（株）専用線に納入する紙製品の輸送のため、列車を運行していました。しかし今般、お客様である日本製紙（株）様から、平成26年3月限りで北王子駅専用線での貨物取扱いを終了する意向が示されたことから、同線における貨物列車の運行を終了することにいたしました」（JR貨物広報資料）として、2014（平成26）年3月で終了、同年7月に廃止された【写真❶】。

現役運行時に仕事で北王子駅を見る機会があったという北区立中央図書館の黒川徳男さんは「実際に駅構内に入って、改めて広大さに驚かされました。駅名表示板や時刻表も掲示されていて、駅の様相をなしていたのには興味深かったです。当貨物線が我が区から去るにあたっては、歴史的にも惜しい気がしました」と当時を振り返る。

北王子線から分岐しての「須賀貨物線」も走っていたが、1971（昭和46）年1月に北王子線と同時に廃止されている。（47頁に北王子線アルバム）

【地図】　東北本線・王子駅に隣接した田端信号場から分岐する北王子線（左○印）と須賀線（右○印）が表記されている（1965年）

【王子製紙社史から】「輸送面では、それでなくても不足している貨車が占領軍に使用され、社船、艀、曳舟まで弾薬放棄用として徴発されたことがある（中略）。パルプ用木材を貨車で輸送しようとしても、鉄道にはロープの備蓄がなく動かせぬという。自分たちでロープを手にして積込地に送り込み、専用車、臨時列車を仕立てるということさえやった」（「王子製紙社史～合併各社編」）

【写真❶】　ラストランでのDE10形機関車（2014年3月）
提供：北区立中央図書館

45

廃線跡はいま
踏切など失われていく貨物線の痕跡

　王子駅から東北線に沿って北進すると間もなく、旧田端信号場駅（北区王子2-3付近）の地点に至る。上部には新幹線が走り、同線の高架下にくぐるように分岐線があった痕跡が残る空間が顔を出す【写真❶】。

　少し北進すると道路わきには数年前までは4つの踏切があり、今にも警笛音が鳴り出しそうな警報機も残っていた。旧第1宮江町踏切は最後まで雰囲気が残り、警報灯や信号標識があったが今回の取材時には撤去されていた【定点観測】。「線路内に物を投げ入れ又柵に物を掛けないでください」という、JR貨物の注意書きも同様で、付近の線路も大半が撤去された【写真❷】。貨物線が走っていた痕跡が少しずつ失われていっている。

　旧須賀貨物線との分岐地点には跡地を利用した王子四丁目公園が整備されている。同公園を進むと製紙工場跡へ新たに建てられた「ザ・ガーデンズ東京王子」という巨大マンションに至る。

　かつてはマンションに入る道路上にも線路が見えていたがこちらも撤去されていた。それでも西側道路【写真❸】からマンションの広場に入る遊歩道には当時のレールが埋め込まれていて、貨物線が走っていた歴史を後世に残そうしていた【写真❹】。（2023年4月取材）

【写真❶】　王子駅北側で東北線・京浜東北線と分かれる地点だが、いまでも使用に耐えそうな線路が走っている

【定点観測】　第1宮江町踏切跡で、6年前の時（左写真）には今にも警笛音が聞こえてきそうな雰囲気が残っていた（2017年6月）。今回の取材では警報機や線路も撤去されていた（右写真）

【写真❷】　線路に面した網塀（境界塀）には、現役時の注意書きの看板が掲出されたまま残っていたが今はない（2017年6月）

【写真❸】
北王子線が走っていた付近はマンション専用の歩道になっている

【写真❹】
マンションの広場へ続く歩道にはレールが埋め込まれて当時の雰囲気を残していた

【北王子線アルバム】（撮影：北区立中央図書館）

ホームに停車する車両には「紙輸送列車」のヘッドマークが見える（2014年2月21日）

田端信号所～北王子の運行時は入換扱いのため、監視員が乗車して安全確認を行っていた（2014年2月21日）

駅には長いホームが設置されてロール紙などを運んだ（2014年2月21日）

運行終了の数カ月前のヘッドマークは「紙輸送列車」を付けていた（2014年2月21日）

駅構内には駅名表示板と時刻表が掲げられていた(2014年3月12日)

ラストランのヘッドマークには「さよなら」の表示も見える(2014年3月12日)

運行を終えてレールは順次撤去された(2022年2月12日)

旧日本人造肥料・須賀線(田端信号場〜須賀間)
終点駅跡には広大な団地が建つ

【DATA】廃線・須賀線(旧大日本肥料貨物線)
事業者：日本国有鉄道←鉄道省←大日本人造肥料
区間：田端信号場(北区)〜須賀(北区)間　距離：2.5km　軌間：1067mm　開通：1926(大正15)年9月23日
省線買収：1927(昭和2)年12月20日　廃止：1971(昭和46)年3月1日

History
企業専用貨物線を国有鉄道が買収

「須賀線」は国鉄・東北本線の田端信号場駅〜須賀駅間を、貨物支線として運行していた路線。「大日本人造肥料」(現日産化学工業)の専用鉄道として1926(大正15)年9月、田端操駅(後の「田端信号場駅」)で分岐し同社工場までの運行を開始した【鉄道文書】。後に沿線に陸軍の火薬工場(貯炭場)があったため、架線とパンタグラフの摩擦によって生じるスパーク(火花)が火災の原因になることを恐れて、AB10形という蓄電池機関車が走った【写真❶】。

その後、沿線に陸軍造兵廠豊島貯弾場が設置されたことで、1927(昭和2)年12月に国有化され北王子線(44頁参照)とともに鉄道省東北本線貨物支線として開業する。この時に「須賀線」と命名した。

太平洋戦争後も工場の進出により一旦、貨物輸送量は増加するが、1969(昭和44)年以降に起こった公害問題などで同年、日産化学(旧大日本肥料)の工場が千葉県に移転し、貨物輸送の必要性が薄れたため廃止された。最終列車は1971(昭和46)年1月だが、正式な廃止日は同年3月である。

戦後の一時期に都電の混雑から北区では「須賀線を活用して王子駅〜須賀駅間に電車が乗り入れるよう国鉄に要望したことがある」(「北区の部屋だより」)という。

ちなみに須賀線で走っていたEB10型機関車は、府中市・郷土の村公園内の交通公園に生態保存されている【写真❷】。

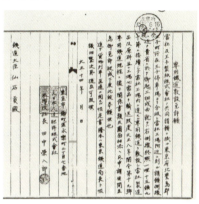

【鉄道文書】【専用鉄道敷設免許願】(王子駅分岐の大日本人造肥料㈱専用線出願書)

「当社および王子製紙株式会社の共同請願に掛かる東京府北豊島郡王子町所在の王子停車場より分岐し、当社工場付近に至る請願側線は近く貴省において御起工するとの由。就いては右側線終点1哩(マイル)15鎖(チェーン)10節(リンク)(※1リンクは約20cm)に接続して、当社工場内に達する専用鉄道を敷設し、当社製造品および原料並びに工場必需品を輸送いたしたく、大正8年閣令第19号専用軌道規程により関係書類および図面を相添えおよび申請候間、至急御免許を受けたくこの段お願いいたします。
追って貨物列車の直通に関する協定書、謄本は東京鉄道局長との協議が相整い次第に提出いたします」
(大正14年、東京市麹町区永楽町2-7、大日本人造肥料株式会社・取締役社長・田中栄八郎、鉄道大臣・仙石貢殿)＝所蔵：東京都公文書館※参考＝①1哩(約1.6km)、1鎖(20m)、1説(約20cm)
②王子製紙線(北王子線)も同じ出願文章

【写真❷】
須賀線を走っていた機関車が府中市・郷土の森公園内の交通遊園に保存されている(2023年6月撮影)

【写真❶】北本通りを横切る須賀線機関車(撮影時期不明)
所蔵：北区立中央図書館(提供：昇堅堂)

49

廃線跡はいま

軍事施設跡は学校やスーパーで活用

　須賀線は旧北王子線の途中の、現王子四丁目公園（北区王子4-1-5）付近から分岐し、緩やかに右にカーブし東進していた【写真❶】。同公園は三角形をしており、須賀線の跡地に設置した公園【写真❷】であることが分かる。

　分岐道路を進み、旧都電赤羽線（開業時は「王子電気軌道赤羽線」）が走る北本通りを横断して、紀州通りと呼ばれる道路に入る【写真❸】。間もなく右側に陸軍貯弾場があったスーパー・サミット【写真❹】と、隣の旧陸軍火薬製造工場跡に建てた東京成徳大学高等学校【写真❺】が見えてくる。軍事施設は戦後に民間へ払い下げられて有効活用されていた。

　さらに20分ほど歩くと須賀駅があった工場跡に至る。広大な敷地跡には5000戸が居住する豊島五丁目団地（北区豊島4-18一帯）や北区立豊島公園になっていた【写真❻】。その先は隅田川だが、資材は須賀線開業の以前には同川を利用して船運で輸送していたという。

（2023年6月取材）

【写真❶】　右側の北王子線踏切跡から右側に分岐し須賀駅に向かっていた

【写真❷】　須賀線の廃線跡に建てられた王子四丁目公園

【写真❸】北本通りから須賀線が走っていた現紀州通りに入る

【写真❹】　途中にスーパー・サミットがあるが、ここには陸軍貯弾場があった

【写真❺】　旧陸軍火薬製造工場跡に建つ東京聖徳大学附属高校

【写真❻】　終点・須賀駅の跡地は広大な豊島五丁目団地や北区立豊島公園になっていた

Chapter.1 05 戦中戦後の輸送を担った軍用鉄道
陸軍・造兵廠軽便線＆米軍・啓志線

いずれの国も戦争を経験しながら今日を迎えている。今でも戦禍の絶えない国も存在する。平和を享受する日本においても江戸時代から1世紀ほど、他国を相手に戦ってきた「戦争の歴史」を持つ。鉄道導入にあたって明治初期には、「鉄道なんかより、軍備増強こそが日本の生きる道」という反対の声も強かった。しかし「大砲などの軍備増強だけで戦争に勝てるのではない。軍隊や大砲などを現地に輸送できなければ戦えない」として鉄道導入が決定される。

とはいえ軍事政策は続き、軍用の車両や設備はその後も拡充されていった。東京においても各鉄道は軍事優先となり、戦争に勝つための装備として敷かれていく。しかし第2次世界大戦では、鉄道の施設などは爆撃によって大きな被害を受けてしまう。残された鉄道は駐留米軍（GHQ）の手に渡り、敗戦国・日本の姿を象徴した。これらの象徴鉄道を取り上げてみた。

板橋区にある加賀公園内は陸軍の軽便鉄道が走った。その廃線跡の雰囲気はしっかりと残る

陸軍・造兵廠軽便線（造兵廠本部～同廠堀船倉庫間等）
兵廠が増えるとともに路線も増加

【DATA】廃線・陸軍造兵廠軽便線
事業者：陸軍
区間：造兵廠本部（板橋区）～同廠堀船倉庫（北区）間など　距離：約10.0km　軌間：750mm
開通：1906（明治39）年9月頃　廃止：1945（昭和20）年頃

History
馬車鉄道で開始し電気軌道へ

板橋区・北区の現JR東北線と赤羽線を横断して東西に延びる地域では、戦時が使う武器や弾薬などの設計・製造・修理を行う軍事施設の「造兵廠」が数多く設置された。草分けは1876（明治9）年、旧加賀藩前田屋敷跡に設置した火薬製造所の「砲兵本廠板橋属廠」（後の「東京第二陸軍砲兵廠」）で、戦時拡大に伴い施設は順次増えていく。そこで燃料や製造部品、人員の輸送用などのため、各施設間を結ぶ貨物線が必要となり鉄道路線を敷設した。路線は1906（明治39）年9月頃（諸説）に馬車鉄道で開始し、徐々にディーゼルを経て電気軌道【写真❶】へ切り替えていった。

ルートは「東京第一陸軍造兵廠」（北区十条台1-5の現自衛隊十条駐屯地付近）、「東京第一陸軍造兵廠滝野川工場」（北区滝野川2の現滝野川もみじ小学校付近）、「東京第二陸軍造兵廠」（板橋区加賀1-8の現加賀公園付近）、「東京第二陸軍王子工場」（北区王子6-1の現東京成徳高付近）、「東京第二陸軍造兵廠堀船工場」（北区堀船3-1の現堀船緑地付近）などで【地図】、各施設間

を連絡して走った【写真❷】。しかし施設増につれ分岐線も増え、実態は把握しきれていないという。

　周辺路における最初の車両はアメリカ・ボールドウイン社製のオープンデッキ式で、路面電車のような車両だったようだ。沿線住民からは「ちんちん電車」「だるま電車」【写真❸】と呼ばれていたという。

　長く使われた車両の最後は、「太平洋戦争終結の1945（昭和20）年という説がある一方で、当時の関係者の証言によれば、度重なる火薬製造時の爆発事故によって、空襲が激しくなる約1〜2年前には、殆ど運行されなかったという証言もある」（岡本憲之「失われた狭い線路の記録」）とされ、他の軍事列車と同様に廃止時期は特定しにくいようだ。

【写真❶】　ドイツ製の凸型電気機関車が走り、ダルマ電車などと呼ばれていた。
出典：陸軍造兵廠「造兵彙報特別号・運搬設備」

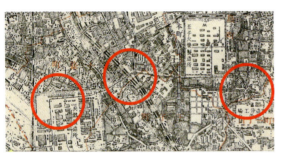

【地図】　造兵廠（右○印）や兵器庫（左○印）が東北線（中○印）を横切って東西に伸びている＝出典：「東京西北部」（1932年）

【写真❸】　高架線を走る造兵廠の軽便線
出典：ちんちん山公園内説明板

【写真❷】　旧陸軍・造兵廠軽便線の跡（撮影場所・時期等は不明）＝所蔵；北区立中央図書館（撮影：渡辺肇）

廃線跡はいま

重厚な軍事施設がそのまま残り感動

　まずは東京第二陸軍造兵廠があった板橋区・加賀公園（板橋区加賀1-8）に向かう。すぐに見つかった公園では「電気軌道（トロッコ）線路敷跡」の説明板が迎えてくれる

【写真❶】　戦後にGHQが茶色から純白に塗り替えたという旧東京第一陸軍造兵廠。現在は北区立文化センターとなっている

【写真❷】　旧造兵廠の建物を利用した、重厚な北区立中央図書館

【写真❸】　ちんちん山公園内にある鉄道などに関する詳細な説明版

【モニュメント】。案内板位置から振り返ると、廃線跡としてはっきり分かる地形が目に入る【51頁写真参照】。

　東進しながら北区内に入ると、現自衛隊十条駐屯地南側の北区中央公園（北区十条台1-2-1）の中に、気品あふれた純白の建物を見つける。東京陸軍第一造兵廠の建物で【写真❶】、時々テレビなどの撮影に使われるという。同地から北上すると旧東京第一陸軍造兵廠棟（銃砲製造所）を利用した、重厚なレンガ造りの区立中央図書館（北区十条台1－2）が見えてくる【写真❷】。

　さらに東進して東北線側に進み、築堤が残る造兵廠線跡の高架下にある「ちんちん山児童遊園」（北区岸町2-1付近）に着く。ちんちん山とは、軍用鉄道がチンチンと鐘を鳴らしながら走っていたことが由来という。

　公園内には「産業考古学散策路」という、造兵廠内の

【モニュメント】【電気軌道（トロッコ）線路敷跡】
「区立加賀公園のこの場所から、隣接する野口研究所の構内にかけ、道路のように見えているのは、戦前、この一帯（現在の加賀一・二丁目）にあった板橋火薬製造所内を通る電気軌道（トロッコ）の線路敷跡です。
軌道は、北区十条の銃砲製造所や王子にあった分工場とも結ばれており、製造所内外の物資や人の運搬に大きな役割を果たしていました。
　現在、埼京線にかかる十条台橋の南側の線路脇にあるコンクリートの土台は、明治38年（1905）に軌道敷設時に建設された跨線橋跡です。その後、明治40年度には、製造所内の火薬研究所（現：加賀公園・野口研究所付近）や本部（現：東板橋体育館付近）、原料倉庫（現：金沢小学校付近）を結ぶために軌道が延伸しています。以降も軌道網の整備は進められ、大正12年（1923）の構内図によれば、ほとんどの建物が軌道によって結ばれており、さらには清水町から北区西が丘にかけてあった兵器支廠（後の補給廠）にも延びていました。
　なお、板橋火薬製造所は昭和15年（1940）に東京陸軍第二造兵廠（二造）に改組されています。また。この軌道は幅が750mmの珍しいもので、そこを走る電気機関車は。その車体の形状から「だるま電車」とも、走りながら鐘を鳴らしたことから「チンチン電車」とも呼ばれていました」
（設立場所：板橋区加賀1-8・加賀公園内／設立年：1995年度／板橋区）

軽便線についての説明板が設置してあり【写真❸】、写真・地図入りで当時の概要がつかめる。傍らには旧砲兵工廠時代のマークが付いた、半円状のトンネル入り口（トンネルポータル＝【定点観測】）が残されていた。生まれも現地という住民の方は「今は高架となった都道だが、そこにあった築堤の造兵廠線の線路跡が遊び場で、東北線の列車を上から見るのが楽しみだった」と、懐かしむ声を以前に聞いたことがある。

「これら施設全体の面積は（中略）、東京ディズニーランドの約4倍の面積に相当する。これだけの広大な軍需工場地帯でありながら、空襲の被害は軽微だった。明らかにアメリカ軍は、占領後の施設の活用を意図していたことがうかがえる」（竹内正浩「地図と愉しむ東京歴史散歩」）という。それにしても軍事施設の多くが、当時のままの姿で残っているのには感動させられる。

（2023年6月取材）

【定点観測】　廃線後の南橋トンネル（左写真）で高架下の入口部分（トンネルポータル）が見える＝所蔵：北区立中央図書館（撮影：北区新聞社）。ちんちん山公園には旧軌道高架下の入口部分の一部が設置されていた（右写真）

駐留米軍（GHQ）・啓志線（上板橋〜グラントハイツ間）
戦後に米軍住宅居住者の送迎線に

【DATA】廃線・啓志線
設置者：在留米軍（GHQ、運行：東武鉄道）←陸軍
区間：上板橋（板橋区）〜グラントハイツ（練馬区）間　**距離**：6.3km　**軌間**：1067mm
全通（貨物）：1946（昭和21）年3月25日　**全通（旅客）**：1947（昭和22）年12月6日
廃止（旅客）：1948（昭和23）年2月26日　**全廃（貨物）**：1959（昭和34）年7月22日

History
東武鉄道が取得も未成線に

「啓志線」は、戦後に駐留米軍（GHQ）用住宅・グラントハイツ（現光が丘パークタウン）の居住者・関係者や貨物輸送のために敷設した鉄道をいう。同ハイツは、旧陸軍・成増（なります）飛行場跡地に建設した1200世帯の住宅である。

鉄道は1943（昭和18）年に陸軍の貨物線として、東武東上線・上板橋駅〜陸軍第一造兵廠構内（後の「練馬倉庫駅」。現陸上自衛隊練馬駐屯地）間を結んでいた路線が前身鉄道だ。

終戦直後の1946（昭和21）年3月には、啓志駅（後の「グラントハイツ駅」＝【写真❶】）まで延伸させてGHQの専用線として開通する【写真❷❸】【地図】。建設は国鉄

【写真❶】　終点のグラントハイツ駅跡で、ホームが長く伸びている（1981年3月）＝提供：練馬区

【写真❷】 啓志線の路線が畑の中を走っていたのが確認できる（1955年）＝提供：練馬区

が行い、運行は東武鉄道が受託した。

路線名の「啓志線」は、グラントハイツ建設の米軍工事総責任者であるヒュー・ケーシー中尉（1898〜1981年）の名前を漢字に充てたものという。

旅客輸送は1947（昭和22）年12月からで、国鉄から借り入れたガソリンカーで池袋駅〜啓志駅間を、ほぼ30分ごと（最盛期）にノンストップで直通運転していた。米軍としては横浜の物資輸送本部から山手線経由で当地まで直通させており、将来は当駅〜東京駅間を直通運転させる計画も持っていたという。だが翌1948（昭和23）年2月に運行は中止となる。ＧＨＱが撤退した1957（昭和32）年8月には貨物輸送も中止するが、1959（昭和34）年7月に全線廃止となった。

廃止と同時に東武鉄道が旅客営業を目途に買収、免許も取得したが、グラントハイツ跡地の利用方法など

が具体化していなかったため、復活線はならずに未成に終わった。

【写真❸】 畑の中を走る啓志線機関車を見て子供がはしゃいでいる（1956年頃）＝提供：練馬区

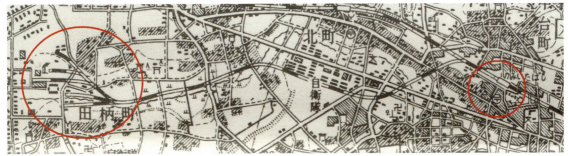

【地図】 東上線上板橋駅（右○印）から分岐し終点・啓志駅付近（左○印）に至る路線（1955年）

廃線跡はいま

区民施設では旧線レールを保存

　東上線・上板橋駅南口【写真❶】から下り線沿いに行くと、分岐地点【写真❷】を離れて斜めに走る道路に出る【写真❸】。いかにも廃線跡という斜めの道路だが、当時の地図と重ねてみるとやや北側を走っていたようだ。道路の右側の消火器裏で、「東」の文字が刻まれた東武鉄道の境界石と出会う。

　激しく車が行き交う新川越街道を渡ると、練馬区提供の写真に残る踏切らしき地点（練馬区錦2-21付近）に至る【定点観測】。その先の環状8号線を越えると自衛隊駐屯基地（旧陸軍造兵廠）【写真❹】に突き当たるが、当造兵廠を突き抜けて線路は走っていた。

　広い駐屯地を半周して田柄川緑道という、暗渠跡の遊歩道に出る【写真❺】。線路は遊歩道の少し北側を走っていたが、今は住宅に変わってしまい廃線跡の面影はない。豊島園通りを越えると熊手のような複数（東武鉄道百年史では5つに分岐）に分岐して延びていた啓志駅付近に至る。現在は秋の陽公園（練馬区光が丘2-5-2)になっている【写真❻】。

　北町地区区民館（練馬区北町2-26-1）に、啓志線のレールが保存されているというので訪ねる。1階に啓志線の解説とともに、すぐ見えるような場所に保存されていた【写真❼】。少し行くと住宅棟が立ち並ぶ光が丘駅に至る。それにしても旧GHQが使っていた土地の広さに圧倒される。
　　　　　　　　　　　　　　　（2023年4月取材）

【写真❶】　啓志線は現上板橋駅の南口付近から延びていた

【写真❷】　上板橋駅先の東上線と啓志線の分岐点付近で小さな駐車場となっている

【写真❸】　上板橋駅からすぐの場所に、斜めに走る廃線跡の道路が見えてくる

【定点観測】
啓志線は廃止された直後の錦町踏切跡（上写真＝1955年）＝提供：練馬区。川越街道を越えると旧錦町踏切跡と思われる現在の場所に至る

【写真❹】 線路は自衛隊駐屯地の東門のやや北側付近から基地内に乗り入れていた

【写真❺】 線路跡は田柄川緑道という遊歩道と一般車道に分離されている

【写真❻】 グラントハイツ跡地の一部は秋の陽公園になっているが、この付近に駅や積み下ろしの場所があった

【写真❼】
駐屯地近くの区立施設(練馬区北町地区区民館)には啓志線のレールが展示されている

57

Chapter.1 06 地下化で生まれた地上線跡の活用
京王線&東横線&小田原線

　世界有数の人口密度を持つ東京は、輸送手段としての鉄道が網の目のように敷設されている。しかし便利さと併せて地上を走る鉄道は多くの問題も抱える。

　問題点として、①交通量の増加等に伴い交通渋滞が発生すること　②地上の建物と近接しているために騒音・振動をもたらす　③景観をさえぎる、などがいわれる。これらを解決するため鉄道会社は、行政が進める都市整備事業と共に、連続立体交差事業として線路の地下化・高架化(付け替え等)を進めている。

　線路の地下化等によって踏切が無くなり、交通渋滞が緩和され、騒音・振動の減少などと併せて鉄道と道路の安全性が向上するなどの効果が出ている。いっぽう鉄道によって隔てられていた街が一体化するなど、まちづくりの視点からも効果が注目される。

　地下化に伴い鉄道が走っていた線路跡の景観は一変し、その跡地(廃線跡)の再利用には様々な知恵が絞られている。近年に地下化された3路線の今を訪ねてみた。

地下化された東急東横線では所々に現役時の写真とともに、当時の鉄道遺産をオブジェとして残している(写真は八幡橋の橋柱跡)

京王電鉄・京王線(新宿〜笹塚間)
甲州街道上の混雑で地下化運行へ

【DATA】廃線(付替)・京王電鉄京王線
事業者：京王電鉄←京王帝都電鉄←京王電気軌道　区間：新宿(新宿区)〜笹塚(渋谷区)間　距離：3.6km
軌間：1372mm　開通：(笹塚〜調布間)1913(大正2)年4月15日
廃線(付替・地下化)=新宿〜新町付近間：1963(昭和38)年4月1日
＊新町〜初台付近：1964(昭和39)年6月7日
＊初台付近〜笹塚間：1983(昭和58)年7月10日(上り線)・17日(下り線)

History
併用軌道への苦情で専用軌道化へ

　京王電鉄線は前身を「京王電気軌道」といい1913(大正2)年4月、笹塚〜調布間で産声をあげる。1915(大正4)年5月には起点駅・新宿追分へ乗り入れ**【京王社史】**、翌1916(大正5)年10月に新宿追分〜府中間で全通した**【鉄道文書】【地図】**。

　1926(大正15)年12月には府中〜東八王子(現京王八王子)間を持つ「玉南電気鉄道」を吸収合併、改軌した上で新宿追分〜府中〜東八王子間38.3kmを直通させる**【時刻表】**。区間のうち新宿〜旧新町(渋谷区代々木2-13付近)付近間と旧代々幡(現初台〜幡ヶ谷間)付近は開業時から、甲州街道上を併用軌道で走っていた**【写真❶❷】**。しかし1936(昭和11)年6月、旧代々幡付近の数mは暗渠化

された玉川上水上を走る専用軌道に改修している。

だが戦時激しい1945(昭和20)年5月の空襲で天神橋変電所が被災し、省線をまたぐ「省線新宿駅前」(現JR新宿駅南口)の陸橋の急こう配を上れなくなってしまう。そこで起点を同年7月、新宿追分から移転していた四谷新宿駅(現新宿区新宿3-1-13)を現在の西口(現新宿区西新宿1-1-4)に移転する。とはいえ新宿～新町付近間は相変わらず、甲州街道上を併用軌道で走っていた。

ところが高度成長期の交通量の増加によって甲州街道は混雑を極め、併用軌道への見直しの声が高まっていく。そこで国(建設省)は京王帝都電鉄(旧京王電軌)に働き掛け、「併用軌道を廃止し、甲州街道の併用軌道線及び旧玉川上水路上線を地下化して運行することにする。総工費9億円のうち3億円を京王、6億円を国が負担」ということで話しがまとまる。併せてオリンピックを控えていたこともあって、1963(昭和38)年4月まで、2期に分けて甲州街道区間の新宿～初台1.7km間を地下化した。

また1978(昭和53)年10月の京王新線開業を機に、1983(昭和58)年7月までには暗渠化の玉川上水上を走る初台付近～笹塚(旧幡ヶ谷先)間1.9kmを上下線に分けて地下化している。

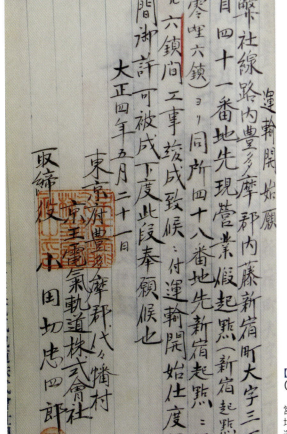

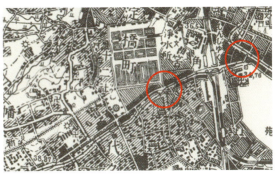

【京王社史】【大正はじめ頃の沿線風景】
「私は土曜日の夜、よく省線から京王へ乗り換えのため"停車場前駅"(新宿駅南口)で新宿追分発の電車を待つのだが、夜も8時をまわると多摩川原(現京王多摩川駅)行はすでに終車、笹塚行も半減して追分発の電車も15分に1本、それを待つお客も数人で、起点からの乗客は車内に10人せいぜい。改正橋停車場(初台)で私がひとり降りると、この付近も北側の甲州街道寄りは人家の灯火もチラホラ洩れるが、南側は真の闇、ただ黒一色で電車停車場と昼間は読める電柱に赤い電灯の光が一つ、闇にボンヤリとにじんでいた。新宿にもっとも近いこの辺でこのようだったから、他は推して知るべきでしょう……」
出典:「京王帝都電鉄三十年史」

【地図】 新宿追分(右〇印)から新町付近(左〇印)までは甲州街道上を併用軌道で走った(1935年)

【鉄道文書】【運輸開始届】
(新宿追分～省線新宿停車場前間の全通届)
「弊社線路内の豊多摩郡内藤新宿町大字3丁目41番地先の現営業仮起点(新宿起点より零マイル6チエーン)より、同所48番地先・新宿起点に至る6チエーン間の工事竣工いたし候に付き、運輸開始したく許可致したくこの段願います」
(出願日:大正4年5月21日/出願者:東京府豊多摩郡代々幡村・京王電気軌道取締役・小田切忠四郎)　所蔵:国立公文書館

【時刻表】 軌道線時代の各停車場名が記載されている
(1940年10月「日本旅行協会時刻表」)

【写真❶】 京王新宿駅（右側）を出て甲州街道の併用軌道に入る2000系電車。工事の関係者が写っているので、地下化直前の写真のようだ（1963年頃） 提供：京王電鉄

【写真❷】 地上線時代の京王新宿～旧新町停車場間で3連の2200系電車が走る。1963年までに地下化が行われ手前の線路は撤去される（1953年2月） 提供：京王電鉄

廃線跡はいま
玉川上水上に残る廃線跡の面影

　新宿〜笹塚間の地下化された地上線の跡地を、下り方向に向けて歩いた。

　まずはJR新宿駅南口から京王電車が併用軌道で走っていた甲州街道を進む。駅西口の目前の急こう配の跨線陸橋には「停車場前」（後に省線新宿駅前）という停車場があった。跨線陸橋を下り振り返って眺めると、戦時中に変電所の故障で上れなくなった陸橋の急こう配に納得する【写真❶】。

　交通が激しい甲州街道を西進すると、文化服装学院時代に比べて見違えるほど大きくなった文化学園が見えてくる【写真❷】。地下化以前は学園から200mほど新宿駅寄りの新町停車場付近から、併用軌道を離れ専用軌道に入っていた。専用軌道は玉川上水敷きに線路が敷かれ整備され【写真❸】、今では緑道となって地元の人々や付近のサラリーマンの散歩コースになっている。

　緑道左側には戦時中に被爆した変電所（現京王電鉄天神橋変電所）があるが【写真❹】、半世紀以上前の昭和30年代に立てたという境界柵が残っていた【写真❺】。

　初台駅の手前には設置してある通気口で耳をそばだてると、かすかに電車音が聞こえてくる【写真❻】。初台駅を過ぎると玉川上水上の遊歩道は、西原1丁目公園や幡ヶ谷駅前公園【写真❼】と呼称されている。歩くための遊歩道から、くつろぐことを目的とする公園に替わっている。

　幡ヶ谷駅を過ぎるとすぐに電車が地下から地上に出てくる地点に出会う。だが地下化地点を撮影する適当な場所がなく、だいぶ先の跨線橋からのぞくようにトリミングを前提にしてシャッターを切る【写真❽】。やがて高架線下に造られた「京王クラウン街」という商店街を抜けると笹塚駅に着く。

　地下化の事情を知ってから今の新宿の街を歩いていると、まさか京王線が地上を走っていたことを想像することは難しい。取材しての感じは、鉄道廃線跡の再利用スペースである知ってもらう意味でも、沿道の緑道・公園内に「玉川上水の歴史」とか「京王線地下化事情」の解説板を立てたら、地元の歴史を知ってもらう意味でも良いのではないかと実感した。（2023年6月取材）

【写真❶】JR新宿駅南口前に架かる陸橋で、戦中には電車が上れなかった。現在でも陸橋は急こう配のままで架かる

【写真❷】併用軌道で運行した甲州街道から文化学園の手前（旧新町停車場付近）から専用軌道に入っていた。地下化された軌道跡は緑道（遊歩道）となり散策の場となっている

【写真❸】緑道と名の付く廃線跡はその名の通り緑に包まれていた

【写真❹】 戦時に被災した現京王電鉄天神橋変電所

【写真❺】 昭和30年代に設置されたという天神橋変電所付近の境界柵は今も残る

【写真❻】 沿道にある通気口からはかすかに電車の音が聞こえてくる

【写真❼】 廃線跡は区立幡ヶ谷駅前公園としてしっかり管理されていた

【写真❽】
幡ヶ谷駅を過ぎた付近から電車は上り方面へ入っていく

【京王線地上線アルバム】（撮影：花房幸秀）

地上線時代の笹塚駅の下り方向を臨む。右手に荷物用ホームが見える（1973年10月）

地上線時代の初台駅〜幡ヶ谷駅間を走る新宿行き2000系普通電車（1978年10月23日）

地下化に向けて一部が仮設になった幡ヶ谷駅本屋。ホームまでは階段で5段だった（1978年10月23日）

初台駅～幡ヶ谷駅間の地上線を走る多摩動物公園行きの6000系急行電車（1982年1月）

地下化工事の中を行く新宿行き6000系急行電車。玉川上水が左側の覆工板の下にのぞく（1982年1月）

地下切り替え当日の朝、旧幡ヶ谷1号踏切から笹塚方向を臨む。旧線の架線は既に撤去されている（1971年6月17日）

地下切替後の坑口履工前の珍しい写真。奥のトンネルが新宿から続く当初に地下化された出口。京王八王子行き6000系特急電車（1983年9月8日）

64

東急電鉄・東横線（渋谷〜代官山間）
山手線をまたいで越えた地上線

【DATA】廃線（付替）・東急電鉄東横線
事業者：東京急行電鉄←東京横浜電鉄
区間：渋谷（渋谷区）〜代官山（渋谷区）間　距離：1.5km　軌間：1067mm
開通：1927（昭和2）年8月28日　廃止（付替・地下化）：2013（平成25）年3月16日

History
高架だった路線が一夜で地下化

　東横線は当時の「東京横浜電鉄」（現東急電鉄）が、1927（昭和2）年8月に渋谷【写真❶】〜丸子多摩川（現多摩川）駅間を開業した路線。そのうち都心部の渋谷〜代官山【写真❷❸】間は、省線・山手線をまたぐ高架線で建設された。途中の明治通り沿いには廃駅となった並木橋駅も設置されていた【地図】。

　それから約90年近くが経った2013（平成25）年3月、同区間は東京メトロ副都心線との相互乗り入れや渋谷駅及び周辺地区の再開発のために地下化（付替）されることになる。これに伴い渋谷の街の上部を走りながら、トラス橋で山手線をまたいでいた路線は廃止される【69頁写真】。

　注目された東横線と副都心線との付替え工事は、終電から始発までのわずか3時間半の深夜に行われた。この地下化工事は総勢1200人を動員して行われ「世紀の大工事」として注目された。地下化に併せて新渋谷駅は、渋谷ヒカリエの地下5階に移り、副都心線を経由してみなとみらい線や東武東上線、西武有楽町線・池袋線等に乗り入れの路線も開始した【写真❹】。

【写真❶】　地上線時代の東横線の表玄関渋谷駅（1970年）　提供：東急（株）

【写真❸】 東横線の渋谷〜代官山間の高架線を行く8090系電車（1986年11月25日）　提供：東急（株）

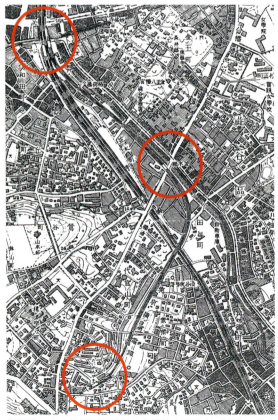

【地図】 東京横浜電鉄時代の東横線の渋谷（上○印）〜代官山（下○印）間付近。両駅の中間付近には並木橋駅（中○印）という駅があった＝（1937年）

【写真❷】 代官山駅から渋谷駅方面を臨む地上線（1977年11月9日）　撮影：田口政典

【写真❹】 地上線から乗り入れた最終日の東横線・渋谷駅（2013年3月15日）

廃線跡はいま

遊歩道では説明板を各所に設置

　渋谷駅から地下化された代官山駅方向に歩く。起点・渋谷駅構内のショッピングモール内の「渋谷ストリーム」と名付けられた、東横線が乗り入れていた2階の通路には、レールが埋め込まれて廃線跡の雰囲気を再現する。併せて旧渋谷駅のシンボルだった懐かしいカマボコ屋根も、オブジェとして復元されていた【写真❶】。

　駅を出て渋谷川沿いに沿った跡地は「渋谷リバーストリート」と改称され、ベンチなどが置かれた遊歩道に替わりサラリーマンなどがくつろぐ【写真❷】。

　旧並木橋駅があった付近（渋谷区東1-3-15）では「旧東横線の高架橋の支柱を一部残し、鉄鋼やレールを組み合わせたオブジェを遺構として設置した」の解説・写真が付けて、柱番号入りで2本の支柱がしっかりと保存されていた【写真❸】。こうしたモニュメントの解説板【モニュメント】が、ポイント箇所ごとに設置されていて有難い。

　さらに西進して進むと緩やかにカーブした廃線跡にできた商業エリア「SHIBUYA　BURIDGE」には、おしゃれな店が並んでいた【写真❹】。途中には昔の丸形駅時計が掛かり、当時のホームを思い起こさせる。活気がある廃線跡に造られた街並みを見ていると、再開発の「渋谷代官山Rプロジェクト」は成功だったように見えてくる。

　山手線に架かる地点には以前、延長30mのトラス橋が架かっていた。その橋脚があった築堤跡ともいえる地点に「代官山」が顔を出す【写真❺】。同地の階段を上ると緑に包まれた、全長220mほどのショッピングロード「ログロード代官山」（渋谷区代官山13-1）が目に飛び込んでくる【写真❻】。

　ロードの片側壁に掲出されている看板には「ここは、かつて東横線の電車が走っていた線路跡地です。気持ちの良い風、空、緑を感じながら、思い思いの貴重な時間をお過ごしください。化粧室は各店舗にご用意しております。店舗スタッフに気軽にお声がけください」と、当地の由来が英文と併記して書かれていた。こうした温もりある説明があると、ロードの前身は「地上を走っていた東急東横線」ということが、若者にも理解されよう。

　代官山駅ではホームから地下化したトンネル【写真❼】を確認してから、廃線跡に開くレストランでランチを楽しみながら、再び線路跡をたどり渋谷駅方向へ戻ることにした。全体として当時の高架路線を現代に生かす発想が随所に現れていて、好感が持てる線路跡であった。

（2023年6月取材）

【写真❶】　旧渋谷駅のシンボルのカマボコ屋根はオブジェとして復元されている

【写真❷】　廃線跡は「渋谷リバーストリート」という遊歩道に整備されていた

【写真❸】　遊歩道の一部には解説付きの高架線橋脚を保存している

旧東横線橋脚　Former Toyoko Line Pier

旧東横線の高架橋の支柱を一部残し、鉄鋼やレールを組み合わせたオブジェを遺構として設置した。オブジェや遊歩道上に記された番号は、渋谷駅から数えた高架橋の柱の管理番号を示している。

With some of the former Toyoko Line viaduct support pillars left up, various objects made from a combination of iron and steel with rails are set up, representing the remains of the line. The numbers written on the objects and the promenade are the pillar management numbers of the elevated bridge, counted from Shibuya Station.

【モニュメント】【旧東横線橋脚】
「旧東横線高架橋の支柱を一部残し、鉄鋼やレールを組み合わせたオブジェを遺構として設置したオブジェや遊歩道上に記された番号は、渋谷駅から数えた高架橋の柱の管理番号を示している」
(設置：東横電鉄／設置場所：渋谷区東1-3-15)

【写真❹】 緩やかにカーブしていた高架線に沿って商店街は建設された

【写真❺】 旧高架線の痕跡が残る代官山駅側の小高い築堤跡

【写真⑥】 地上の廃線跡には「ログロード」という、おしゃれなショッピングロードができていた

【写真⑦】 高架線廃止により代官山駅から地下にもぐることになった東横線

【山手線を越えて走る東横線】 渋谷駅を出発して明治通りに沿って高架を走ってきた8両編成の東横線電車は、緩やかに右折しながら延長30mのトラス橋で山手線をまたいで代官山駅方面に向かう。写真の8000系電車は東急車両製造の軽量ステンレス製で、主に東横・大井町線を30年近く走った。同社としては初の20m・両開き4ドア車で、引退後は伊豆急行線などに活用された　提供：東急㈱

小田急電鉄・小田原線(東北沢〜世田谷代田間)
観光へも視点の新発想で再開発

【DATA】廃線（付替）・小田急電鉄小田原線
事業者：小田急電鉄←小田原急行鉄道
区間：東北沢（渋谷区）〜世田谷代田（世田谷区）間　距離：1.7km　軌間：1067mm
開通：1927（昭和2）年4月1日　廃止（付替・地下化）：2019（平成31）年3月16日

History
踏切が撤去され渋滞も解消

「小田原急行鉄道」（現小田急電鉄小田原線）は1927（昭和2）年4月、新宿〜小田原間（現小田原線）の全線82.5kmを工期1年半という短期間で開業した鉄道だ。2年後の1929（昭和4）年4月には相模大野〜片瀬江ノ島間（江ノ島線）も開業する【写真❶】。

小田急電鉄では近年、混雑緩和や所要時間短縮などの輸送改善を図るため、代々木上原〜梅が丘間（2.8km）で東京都の連続立体交差事業（地下化・高架化）に合わせて複々線化事業に取り組んできた。そして着工から30年を掛けて2019（平成31）年3月、この事業を完成させた【写真❷】。

この事業区間のうち東北沢〜世田谷代田間1.6kmは地下化として取り組んだ。とりわけ若者に人気の当エリアの路線跡については、行政や地域住民とともに「BE YOU.シモキタらしく.ジブンらしく」をコンセプトに街づくりとして進めることになる。

地下化で生まれる線路上部空間の活用については従来にない、商業・業務・住居系の施設が配置することになった。こうして路線跡は魅力ある空間としての「下北線路街」として完成させた。地下化によって東北沢、下北沢、世田谷代田3駅が地下駅となり、当区間の9踏切は撤去され交通渋滞は解消する。

【写真❶】　完成した江ノ島線を視察する幹部（1920年代）
出典：「小田急五十年史」

【写真❷】　東北沢〜下北沢間の地上線を走る小田急線電車（2005年）　提供：小田急電鉄

廃線跡はいま
旧街道の雰囲気も施した線路跡

　まずは地下化の最東端・東北沢駅に至る。新装された駅の東口側にはベンチが据え付けられ【写真❶】、眼下には地下から出てくるロマンスカーなどの電車を確認することができる【写真❷】。

　整備された緑道【写真❸】を進むと2019（平成31）年3月、改札口が小田急と井の頭線に分離された新設の下北沢駅【写真❹】が近づいてくる。駅前の線路跡は整備中で、柵に囲まれた工事中の看板が立つ【写真❺】。

　下北沢駅を過ぎると、新しい発想で整備された廃線跡が本格的に始まる。ギャラリーなどを備えた、緑豊かな「シモキタ雨庭広場」（世田谷区代沢5-34-11）などが待ち構える【写真❻】。

　広場を過ぎた付近から、旧街道の宿場町の街並みを再現したようなたたずまいが伸びる。20分ほどで人気テレビドラマ「silent」（フジテレビ）で知られる世田谷代田駅が見えてくる。駅の手前では温泉旅館の「由縁別邸・代田」（世田谷区代田2-31-26）などが迎える。箱根から運ぶ温泉で、露天風呂付の大浴場を楽しめるという。施設内には日本料理店「割烹月かげ」【写真❼】も並び、観光温泉地を訪れているような雰囲気を味わせてくれる【写真❽】。

　世田谷代田駅を越えたところには、街と人をつなぐ地域コミュニティーの拠点となる「世田谷代田キャンパス」があった。1階には地元の東京農業大学のアンテナショップ「農の蔵」がありにぎわっていた【写真❾】。地下化されたエリアからは外れるが、梅ヶ丘駅で地下に入っていく小田急線の車両を確認する【写真❿】。

　緑が施された線路跡の遊歩道には個性豊かな店舗や施設があり、従来にはない廃線跡を堪能することができた。

　廃線跡の活用はこれまでは公園や遊歩道が大半だった。しかし当地の路線跡地では温泉旅館を設置するなど、地元以外の観光客にも目を向けた新たな発想で再生されている。3時間ほど歩いて楽しんだ、線路跡・下北沢エリアの成功を期待しながら取材を終えた。

（2023年6月取材）

【写真❶】　東北沢駅前の地下線の上に整備された休憩スポット

【写真❷】　休憩スポットでは地下から出てくる電車を見ることができる

【写真❸】　下北沢駅〜東北沢駅間の一部分はまだ開発中のようだ

【写真❹】 下北沢駅の周辺はいつもながら若者の姿が目立つ

【写真❺】 下北沢駅前ではシャッターで仕切って廃線跡を活用しての再開発工事が進む

【写真❻】 世田谷代田駅〜下北沢駅間に整備されたシモキタ雨庭広場は落ち着いた雰囲気でくつろげる

【写真❼】 線路上の空間を活用した沿道にはしゃれた割烹も開業し、隣接して「温泉旅館・由縁別邸・代田」も開業した

【写真❽】 線路跡の延長線上にリニューアルしてオープンの世田谷代田駅

【写真❾】 世田谷代田〜梅が丘間には東京農業大学のアンテナショップ「農の蔵」が入る世田谷代田キャンパスがある

【写真❿】 梅ヶ丘駅のホームからは地下にもぐる電車が見える

【地上線時代のローレル賞電車】　市街地として開ける代田橋駅から小田原方面へ向って地上線を走る小田急9000系電車。
営団千代田線への乗り入れ対応車として登場、ローレル賞を受賞して2006年に定期運行から引退した（2005年）
提供：小田急電鉄

Chapter.1 07
鉄道のイメージから離れた今昔鉄道
帝釈人車鉄道 & 上野動物園モノレール

荷車や駕籠などで人や荷物を運んでいた時代に、人々はさらに優れた輸送・移動方法はないかと模索していた。従来の輸送手段は速度が遅く、長距離には適していなかった。そこで思いつくのが、地上に線路を敷いて輸送するという、新しい「鉄道」という手段である。

鉄道輸送は車輪とレールの接触面が少なく、容易に移動できるという長所も持っていた。この方法は1825年のイギリス・ダーリントン鉄道が最初とされ、その後に各国へ広がっていく。

日本では1872（明治5）年10月、新橋～横浜間で蒸気機関車による鉄道が敷設される。一方ではもっと簡単な方法はないかとして、各地で人や馬がけん引する線路を使った鉄道輸送が導入される。東京では人車鉄道として帝釈人車鉄道が、馬車鉄道としては路面電車として発展していく東京馬車鉄道を始め、千住馬車鉄道、中武馬車鉄道（多摩版掲載）など多くが起業された。その後に地上を走る鉄道として、トロリーバス（無軌条鉄道＝31頁参照）などが登場する。

しかし東京中心部では、地上を走る鉄道の用地の確保が難しくなってくる。そこで地上以外の場所に鉄道を建設する必要に迫られてくる。地面の下を走る「地下鉄」（93頁参照）や空中の「モノレール」などである。

ここでは東京で初めてデビューした、人車鉄道とモノレールについて取材した。

東京初のモノレール（懸垂電車）としての「上野懸垂電車鉄道」の出願書に添付された車両設計図
所蔵：国立公文書館

帝釈人車鉄道（金町～柴又帝釈天間）
徒歩20分でも混んだ人力の鉄道

【DATA】廃線・帝釈人車鉄道
事業者：京成電気軌道←帝釈人車軌道←帝釈人車鉄道
区間：金町（葛飾区）～柴又帝釈天（葛飾区）間　**距離**：1.5km　**軌間**：610mm
開通：1899（明治32）年12月17日　**廃止**：1913（大正2）年10月21日

▍History
窮屈な乗り心地の車両を2人の人夫が押した

「柴又帝釈天」といわれる経栄山題経寺は、江戸の昔から多くの参詣客でにぎわっていた。明治時代に入ると同寺への参拝は、1894（明治27）年に敷設された「総武鉄道」（現JR総武線）の小岩駅から徒歩でのルートが主流となる。ところが2年後の1896（明治29）年、「日本鉄道」が土浦線（現JR常磐線）を敷くと、身近な金町駅からの参詣客が多くなっていく。

そこで金町駅からの参詣客を狙って人が車両をけん

引する「帝釈人車鉄道」(1907年に「帝釈人車軌道」に改称)」が1899(明治32)年12月、金町～柴又帝釈天間【地図】で開業する【新聞記事】【鉄道文書❶】。東海道の「豆相人車鉄道」(小田原～熱海間。1895年開業)を模して設立したという(「葛飾区史」)。

客車は軌間610㎜、1両6人乗りと10人乗りがあり、通常は押夫が4人で押した【写真❶】。にぎわう庚申の日には押夫120人ほどが臨時に雇われ2人で押したという。1両当たりのスペースも約50～80平方cmしかなく、かなり窮屈だったようだ。線路は全線複線で、柴又駅・金町駅はループ線で折り返していた。距離1.5km、徒歩で20分弱も歩けばたどり着く距離だが経営も好調で、一時は「千葉方面に延伸する柴又～小岩間の計画もあった」(岡本憲之「全国軽便鉄道」)ようだ。

その後に設立された「京成電気軌道」(現京成電鉄)が、人車軌道線と同じ路線を計画していたため1912年(明治45)年4月、人車軌道が持つ特許を譲り受ける。譲渡に当たっては「人車軌道側も時代の趨勢を見極めて存続の不利を知り、買収に応じましたので交渉は順調に進み……」(「京成電鉄55年史」)という。

京成電軌では電車運行していた曲金(現京成高砂)～柴又間の路線を翌1913(大正2)年10月、金町(現京成金町)まで人車鉄道のレールを改軌して延伸した。金町駅で省線と連絡できるようになったので、敷設と同時に人車鉄道は開業から14年間で廃止された【鉄道文書❷】。

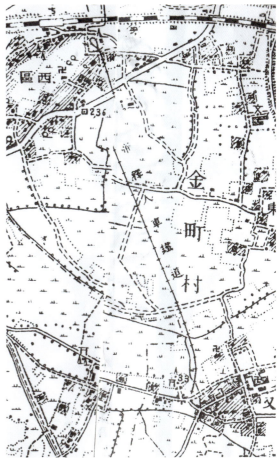

【地図】 金町停留所ではループ状の路線を敷設して迂回した　出典:「千住」(1906年)

【新聞記事】 開業を待つ人車鉄道を報じる新聞記事。「停車場」に「ステーション」のルビが振られている＝出典:「朝日新聞」(1899年12月15日)

【写真❶】 人車軌道線から帝釈天方向を臨む。まだ建物も少ない＝出典:「葛飾区史」

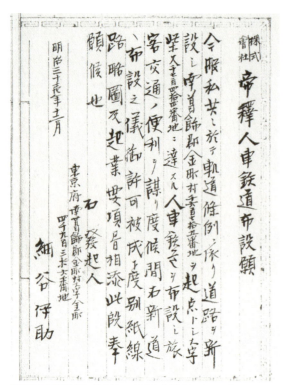

【鉄道文書❶】【株式会社・帝釈人車鉄道の布設願】
「今般、私共に於て軌道条例に依り道路を新設し、南葛飾郡金町村1675番地を起点とし、大字柴又1744番地に達する人車鉄道を敷設し、旅客交通の便利を謀りたく候間、右新道の敷設の儀御許可賜りたく、別紙の線路略図及び企業要項を相添えこの段願い奉りたく候なり」
（出願日：明治31年12月／出願者：東京府南葛飾郡金町村字金町4936番地・細谷伊助）＝所蔵：国立公文書館

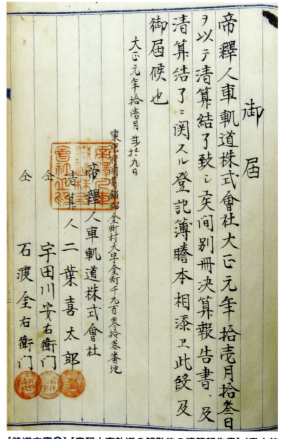

【鉄道文書❷】【帝釈人車軌道の解散後の清算報告書】（廃止前年の届書）
「帝釈人車軌道株式会社は大正元年11月13日を以て清算結了し候、別冊決算報告書および清算結了に関する登記簿謄本を相添えここにお届けいたします」
（届出日：大正元年11月29日／届出者：東京府南葛飾郡金町村大字金町1933番地・清算人・二葉喜太郎他）＝所蔵：国立公文書館

廃線跡はいま
残念ながら消えた「人車鉄道の碑」

　京成・柴又駅で下車してまず、寅さんの妹・さくら像も増えた駅前から実物大の復元人車軌道が展示してあるという「寅さん記念館」に足を運ぶ。駅前にあった「人車鉄道の碑」【モニュメント】は、駅前広場の拡張工事で2年ほど前に撤去したという。人車鉄道の歴史的な周知のうえで、撤去されたのは残念な気がした。

　館内には復元車両【写真❶】の他にジオラマ【写真❷】もあって、人車鉄道が具体的にイメージできる。映画「男はつらいよ」で寅さんが訪れた、全国のローカル線の名シーンも上映され、上映のたびに足を運んだ「寅さん映画」への懐かしさが込みあげてくる。

　会館を出てから人車軌道の木彫り彫刻を見るために、帝釈天の題経寺に向かう。なかなか見当たらなかったので人力車の車夫に教えてもらって、境内の渡り廊下に掲げられた彫刻を見つける。明治30年頃の山車彫の名人・加藤正春の作といわれ、120年も経っているが輪郭もはっきりと残る【写真❸】。

【写真❶】 寅さん記念館に展示してある人車鉄道の模型。狭く窮屈に感じる

柴又駅に戻り旧人車鉄道の京成金町線に沿って、柴又街道を常磐線・金町駅に向けて歩く【写真❹】。1945（昭和20）年2月に全線を軌道から、一般鉄道に変更した路線だ。右手に26万500㎡という広大な金町浄水場が見ながら進むうちに、かつて聞いた「複線を単線に敷き直せない理由が、浄水場の導管が障害になっているため」というエピソードを思い出す。

　柴又駅【写真❺】から20分ほど歩いて水戸街道をまたぐ踏切を越えると、もう京成金町駅【写真❻】に着いてしまう。足が丈夫な当時の参詣客でも徒歩での参詣をやめて、珍しさも手伝ってか、ついつい人車鉄道に乗ってしまったのだろう。

（2023年7月取材）

【モニュメント】【人車鉄道等の碑】
「明治三二年、葛飾に人車鉄道という珍しい交通機関が誕生した。常磐線金町駅前から柴又・帝釈天までの約一・四kmを、ハッピ姿の押夫が定員六名の人車が汗をふきふき押すという、のんびりした乗り物であった。庚申の日には、一日一万三千余人を乗せた記録が残っている」
（設立場所：葛飾区柴又4-8付近（柴又駅前）／設立：1989（平成元）年7月／設立者：葛飾区・柴又神明会）＝現在は撤去。2016年12月撮影

【写真❷】　寅さん記念館では人車鉄道のジオラマで当時を復元している

【写真❸】　1世紀以上が経つ帝釈天の渡り廊下に掲げられた人車鉄道の木彫り額

【写真❹】　旧人車鉄道のルートを走る現京成金町線

【写真❺】　人車鉄道の終点だった現柴又駅方面を臨む

【写真❻】　今では建て替えられて立派になった現京成金町駅

【廃線ルート】　金町〜柴又帝釈天

上野動物園・モノレール（東園〜西園間）
日本初の常設モノレールで開業

【DATA】廃線・東京都懸垂電車（上野動物園モノレール）
事業者：東京都交通局
区間：東園（台東区）〜西園（台東区）　**形式：**懸垂型　**距離：**0.3km
開業：1957（昭和32）年12月17日　**休止：**2019（令和元）年10月31日　**廃止：**2023（令和5）年12月27日

History

東京のモノレール構想は次々と失敗に終わる

　珍しい鉄道として、大正から昭和初期に掛けて「モノレール」（モノレールには、ゴンドラを吊り下げる「懸垂式」、レールをまたぐ「跨座式」、地上を走る「地上式」がある）の構想が相次ぐ。モノレールは用地買収が困難な都市部を中心に計画化された。

　わが国における最初のモノレールの開業は、1928（昭和3）年11月に大阪で行われた交通電気博覧会で運行されたのが最初といわれる。東京での最初のモノレール構想は1924（大正13）年2月、上野公園で行われる大正博覧会の入場客向けに、期間を区切った運行として出願した「高架単軌鉄道」である。ルートは上野公園〜浅草六区間だったが「上空から家をのぞかれる」とする住民の反対を受けて取り下げている。

　また1928（昭和3）年11月には「上野懸垂電車鉄道」が、「動物園その他参観者の交通利便を計り、学生児童等の科学的懸垂列車の研究資料に供したいので…」として出願している【写真❶】。ルートは、上野停車場（駅）付近〜上野公園前広場〜清水堂下〜東京自治会館前〜東照宮前〜動物園前間で、5年間の限定期間の運行計画であった【地図】。しかし東京府は「出願者の資産にも問題がある」としたうえで、「公園の美観を損傷する恐れがあるので許可しないのが適当」として却下を国へ上申、政府は却下する。

　その後も1929（昭和4）年5月の「豊島懸垂電車」（新宿駅西側〜豊島園間10.0km）が、1923（大正12）年3月には「東京単軌鉄道」（深川区相川町〜北千住駅間、1931（昭和6）年3月には「羽田航空電鉄」（蒲田駅〜羽田飛行場間）、同時期に「日本エアウェイ開発」（大手町〜三鷹・五井・横浜間）、「日本電波塔」（浜松町〜東京タワー間）などが出願するがいずれも未成に終わる。

れっきとした鉄道事業法の「鉄道」として登場

　しかし戦後の高度成長期を迎えると、東京の道路の混雑が始まる。そこで東京都交通局は、渋滞の影響を受けやすい都電や都バスに代わる交通機関として、長距離は地下鉄、短距離区間はモノレールと位置づけ、将来を見据えた交通のあり方の検討を始める。導入条件として、高速性・安全性・静音性・デザイン性・軽量性などが求められた。

　その条件に合う実験線として、上野動物園の中にモノレール「上野懸垂線」を建設することになる。同線は公道をまたぐ区間もあるため、園内だけを走る遊園施設とではなく、地方鉄道法（現鉄道事業法）の「鉄道」（懸垂式鉄道）として、1957（昭和32）年12月に日本最初の常設モノレールとして登場する【きっぷ】【定点観測】。

　方式は海外で普及していた懸垂型を採用した。当線は珍しさもあり、上野動物園のシンボルとして人気となっていく。有料（大人150円）であったが、休止前年の

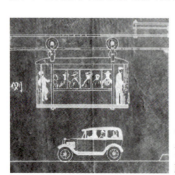

【写真❶】
まだ人々に知られてない懸垂電車（モノレール）のため自動車のイラストも書かれている
所蔵：国立公文書館

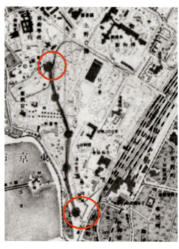

【地図】
「上野懸垂電車鉄道」の出願書に添付された路線図で、上野駅の西側から動物園に向けて延びている
所蔵：国立公文書館

2018(平成30)年度でも年間100万人超が利用し黒字経営であったという。

運行中は車体の狭さや美観などを改善するため、車両を次々と更新していった。しかし車両の更新費用や製作期間に長期(老朽化)を要するなどの課題に突き当たり、2019(令和元)年10月に休止することになる。東京都は既に鉄道事業の廃止届を国土交通省に提出しているが、正式な廃止は2023(令和5)年12月となった。

廃止の背景として「一時は新しい交通機関として脚光を浴び、様々な方式が考案されてきたモノレール、技術的には成熟期を迎えた感があることは否めない。その間、鉄道技術はさらなる向上を遂げ、ＡＧＴ(新交通システム)の発達などにより、『モノレール』＝『新しい交通機関』といった考え方は一般的ではなくなっている」(和田亮二「消散・軌道風景」)と分析するように、時代の流れの中での交通機関としては限界とされたようだ。

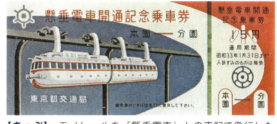

【きっぷ】 モノレールを「懸垂電車」との表記で発行した開業時のきっぷ 出典：「東京都交通局40年史」

【定点観測】 上野精養軒の前を走る都電20系統線路の上を上野動物園モノレールが走る(1971年3月14日＝左写真)＝撮影：森川尚一。道路の上をまたいで走っていたモノレールの線路は今でもそのまま残っていた(右写真)

廃線跡はいま
現役時のゴンドラは動物園内に保存

上野動物園にモノレールが休止してから、早くも4年が経とうとしている。そこで休止後のモノレールの現状を取材するため久しぶりに上野動物園を訪れてみた。園内ガイド板にはまだ当時の東西両園駅を結ぶモノレールの表示が残っていた【写真❶】。

入園すると真っ先に、チケット売り場があった起点駅・東園駅跡に向かう。やや色あせていたが、駅舎も看板も当時のままで健在であった【定点観測❶】。ただ建物の真ん前で屋台のような車が置いてあり興覚めもする。駅舎の中をのぞくとゴンドラ(40形車両)がしっかりと静態保存してあった【写真❷】。少し感動する。

安心して西園に向けて歩く。歩いても10分ほどだが、当時は大半の入園者は1分半ほどの有料モノレールを使って移動した。現在ではコミュニティバス型式のシャトルバスが運行していたが【写真❸】、モノレールから見下ろす「鳥瞰風景」を楽しめないのは少し気の毒な気もする。

珍しい懸垂式のレール跡を見上げながら【定点観測❷】、西園駅舎跡に至る。西園も当時のまま残っていた。近くには双子パンダの観覧地があるとのことで、長蛇の親子連れなどが並んでいる。しばらく動物見物を楽しみながら、両駅を結んでいた高架橋の現況を確認の

ため、「鉄道」（懸垂式鉄道）の根拠となった園外へ出る。車両は動いていないが、線路が入る高架橋もそっくり残っていて現役時を思い起こす。

都の発表によるとモノレールの代替として、2026年には「新たな乗り物」をデビューさせるという。どのような車が登場するか。楽しみである。

（2023年6月取材）

【写真❶】　動物園内のガイド版には今でも東園〜西園間の運行ルートが残る　出典：園内ガイド板

【定点観測❶】　かつて親子連れなどで人気があったモノレールの乗り場（左写真＝2016年5月）は、販売車の陰に隠れながら現在でも撤去されないで残っていた（右写真）

【写真❷】　ゴンドラは旧東園駅舎の中に大切そうに保存されていた

【写真❸】　モノレールに替わる園内移動用に今はシャトルバスが運行している

【定点観測❷】　人気の園内移動用のモノレールを見上げたが、以前（右写真＝2016年5月）と同じ支柱は撤去されないでいた（左写真）

82

Chapter.2
未成線編

　最近になって「未成線」という鉄道用語が、鉄道ファンの間で定着してきた感がある。いうまでもなく未成線は「未完成の鉄道路線」の略語をいい、計画・構想を立てたものの財源等で着工に至らなかった路線や、着工したものの途中で中断・凍結された路線などのことである。一説によると出願の7～8割が却下され、免許・特許を取得しても資金不足等によって、7～8割が未完成に終わるといわれる。

　鉄道計画は東京都心の23区内では、都市の発展の機運を受けて数限りなく企図された（巻末資料参照）。とりわけ土地に余裕があった戦前は、地上鉄道を中心に計画され敷設していった。しかし地価高騰が著しい昨今では、地下鉄・モノレールなどに活路を見出すようになってきている。そのため相当な資金が必要とされ未成のままで凍結されている鉄道計画も少なくない。

　ところで昨今「未成線歩き」が増えてきたとはいえ、「廃線跡歩き」に比べて人気があるとは言い難い。未成線歩きのルートは出願書や専門書などによって、一定程度は想定できる。特に地方では建設途中での中断で、放置されたトンネルや橋梁などが残り、未成線の痕跡を確認できる路線も見られる。しかし地価の高い東京では、未成線跡までも再開発が進み、目で確認できる痕跡のほとんどが失われている。そんなところが廃線歩きに比べて感動が薄く、人気に乏しい理由なのだろう。

　とはいえ未成線歩きをしていると、「なぜここに鉄道を敷こうとしたか」「鉄道が走っていたらどのような都市に発展していたのだろう」「どのような車両が走り、どんな鉄道景色になっていたのか」などの興味が湧いてくる。これらの謎を追求していくと、地域や鉄道の歴史が浮き彫りにされて未成線への関心が深まってくる。そうした点が未成線歩きをしての実感である。

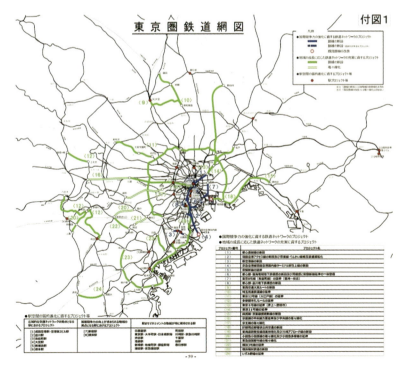

発展する東京都心部では数多くの鉄道計画が立てられ、交通の利便性を求めている＝出典：「交通政策審議会答申第198号（2016年）付図・東京圏鉄道網図」

Chapter.2 01 東京山手急行＆メトロセブン・エイトライナー

山手線の外側に敷設の環状鉄道構想

　東京で環状線を最初に敷設したのはいうまでもなく「省線（現JR・山手線）」である。1872（明治5）年10月に日本初の鉄道である新橋〜品川間（現東海道線）が開通してから徐々に繋がり、1925（大正14）年11月に神田〜上野間の東北線が結ばれて環状運転が開始される。

　省線の環状運転（現山手線）構想が持ち上がると、私鉄各社では山手線の外側に新たな環状線（半環状を含む）を敷設する動きが活発化する。

　大正時代には「東京電気鉄道」が省線・大井町駅〜西平井（洲崎）間で、「東京循環鉄道」は高輪南町（品川駅）〜上野公園（上野公園）間線で計画した。加えて関東大震災で人口が郊外に移動すると「東京外円鉄道」が大森〜西平井間のルートで、さらに「大東京鉄道」が金町〜荻窪〜鶴見間を2期で敷設を出願する。まさに大正時代には環状線計画のラッシュが続いた。

　これらの環状線計画は、都市部における用地買収などもあり、資金不足などによって未成線に終わってしまう。こうした中で同時代、建設着手にまで進めた大井町〜西平井間の「東京山手急行」は、東京の未成線の代表として知られる。

　ところが近年になって山手線外側の環状線計画が、東京23区の一部の自治体によって持ちあがってくる。路線は2つの別々の計画ながら、途中で繋げるという実質一本の鉄道である。環状7号線と8号線沿線を地下鉄で建設しようという壮大な「メトロセブン」「エイトライナー」計画である。

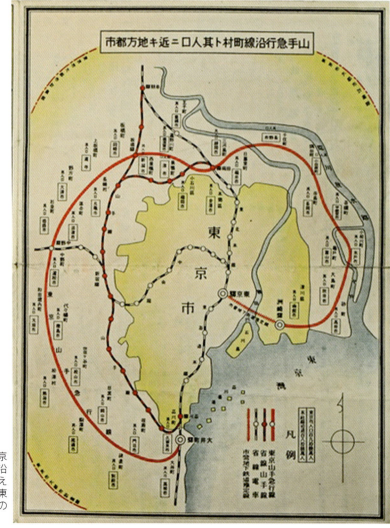

東京で最大の未成線といわれる「東京山手急行」。出資金の募集資料には、沿線の人口の多さを大規模の都市に例えて「成功は間違いない」と訴える（東京山手急行の出資募集パンフレットの部分）＝所蔵：杉並区立郷土博物館

東京山手急行電鉄（大井町〜西平井間）
着工した路線の痕跡が残る駅も

【DATA】未成線・東京山手急行電鉄
事業者(第1期)：帝都電鉄←渋谷急行電気鉄道←東京郊外鉄道←東京山手急行電鉄
区間：大井町(品川区)〜西平井(江東区)　距離：42.1km　軌間：1435mm・1067mm(3線軌条)
免許：1927(昭和2)年4月19日　路線変更：1929(昭和4)年5月(駒込〜西平井間失効：1936年1月23日)
(第2期)区間(ルート変更)：大井町(品川区)〜駒込(豊島区)〜西平井(江東区)　距離：50.6km
軌間：1067mm　路線変更免許：1929(昭和4)年5月　路線縮小：(大井町〜駒込〜西平井間→大井町〜駒込間)
1936(昭和11)年1月23日　失効：1940(昭和15)年4月27日

History
建設費を捻出できず理想鉄道は未成に

　環状路線でも代表的な未成線は「東京山手急行電鉄」である。関東大震災で郊外に移った人口を目当てにしての敷設計画であった。山手線周辺の市部・郡部をほぼ一周する環状線の計画で、現実に敷設工事にも着手している。カラー刷りの出資者向けの計画路線図(89頁参照)など、残存資料も多く、東京では押しも押されもしないトップレベルの未成線だ。

　当初の計画は1926(大正15)年4月に出願した「東京電気鉄道」で、大井町〜西平井(字洲崎)間の計画であった。起点の大井町【写真❶】は旧宿場としてにぎわい、終点・洲崎は遊郭街(戦後は「洲崎パラダイス」と呼ばれる)として繁栄していた。しかし関東大震災直後のため却下される。後に東京電気鉄道を改組した「東京山手急行電鉄」が1927(昭和2)年4月、東京電鉄の構想を引き継ぐ【新聞記事】。引き継いだ山手急行は「第2山手線」と大宣伝をして出資者を募った【鉄道文書❶❷】。途中の省線6、私鉄14社19路線をまたぐ路線で、終点・洲崎から東京駅までは市営地下鉄の計画線に乗り継ぐ構想であった。

　同計画では全線を複線とし、道路と線路を立体交差で結んで、踏切がない安全性の高い路線とした【写真❷】。高架・掘割にしたのは、廃土を使って低湿地を埋め立て、人口の少ない沿線に住宅地を分譲して採算性を高める狙いもあった。しかし高架・掘割を中心とする計画のため建設費が割高だけでなく、折からの金融恐慌による不況に見舞われ資金繰りに見通しがつかなくなる。

　その後に「小田原急行鉄道」(現小田急電鉄)の傘下へ入ることで、資金の目途が付き建設に着手する。1929(昭和4)年5月には、大井町〜駒込間のルートをやや外側に広げ、距離を10kmほど増やして50.6kmにしている。だがこの時点で費用の掛かる掘割での建設は取り止める。片や不景気風は世界恐慌でやまず1931(昭和6)年、渋谷〜吉祥寺間の建設をめざす「東京郊外鉄道」と合併する。

　その東京郊外鉄道は「帝都電鉄」と改称して、山手急行の構想を引き継ぐ【路線図】。だが戦争の激化などもあり、帝都電鉄は環状線に着手するほどの経営上の余裕はなかった。やむなく1936(昭和11)年1月には西平井〜駒込間を断念し、残る大井町〜駒込間だけに縮小し免許を確保する【鉄道文書❸】。一時は部分工事に入るものの、戦時体制に入っての資材不足や他の事業に失敗するなど、ますます建設が困難な状況に陥る。その後も状況は変わらず結局、1940(昭和15)年4月に失効し未成線となってしまう。

【写真❶】山手急行の起点駅となる計画だった昭和後期の大井町西口駅舎(1976年7月24日)＝撮影：田口政典

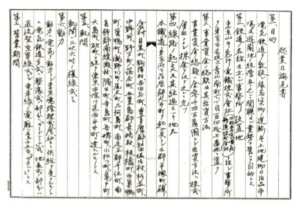

山手急行創立

中川小十郎、太田一平氏等の発起にかかる東京山手急行電鉄は本月中株式割当を終り七月早々一株につき五圓の第一回払込金を徴収同月中創立総会を開くはずであるが同社の計畫は大要次の通りで完成後は東京を中心とする客貨共に右環状線によって連絡されるく放射線三十一電鉄はことごと成の放射線三十一電鉄はことごと

一、起點大井町終點洲崎で復線
一、資本金三千四百萬圓
一、經過地點大井、和田堀、戶塚、王子、西新井、寺島、小松川、砂町、洲崎
駒澤、松澤、和田堀、戶塚、王子、板橋、田端、千住、寺島、小松川、

【新聞記事】 環状・山手急行電鉄の創立を伝える当時の新聞＝出典：「朝日新聞」（1927年4月20日）

【鉄道文書❶】 目論見書（写）で、こうした項目を記述して出願した

「第1、目的　電気鉄道を敷設し、旅客・貨物の運輸ならびに土地・建物・日用品、市場および遊園地の経営ならびにこれと関係する業務を営むを目的とする

第2、鉄道の名称および主たる事務所の設置地　東京山手急行電鉄株式会社（旧称・東京電気鉄道株式会社）と称し、事務所を東京市赤坂区青山南町6丁目147番地に置く

第3、事業資金の総額およびその出資方法　事業資金の総額は金3400万円とし、出資方法は株式会社とし、株金をもってこれを免除する

第4、線路の起点およびその経過すべき地名（下段「計画ルート」に記載）

第5、軌間　期間は3呎（フイート）6吋（インチ）の複線式とする

第6、動力　動力は電気を動力とし東京電灯株式会社より供給を受けるものとする。電気鉄道方式は塹濠式の部分は「サードレール」式とし、地表式の部分は直流架空単線式とし、電車線の電圧は1500ボルトとする（以下略）＝所蔵：国立公文書館

【写真❷】 掘割を走るため踏切を設置しないなど、近代的な路線のイメージを押し出し出資者を募った。絵図は当時有名な金子常光に書かせている＝所蔵：杉並区立郷土博物館

【鉄道文書❷】【趣意書】（出資者募集のパンフレットに記載された「趣意書」には、勧誘するための美辞麗句が並ぶ）

「近年、東京市の近郊が急激に発展したる結果、官線山手線の乗客急増している。朝夕の如きはその雑踏むしろ凄惨にして、何人も第二山手線の出現が急務であることを痛感しない者はいない。本電鉄（東京山手急行電鉄）は、主としてその使命を果たそうとするために計画したものである。加えて江東方面は縦の電鉄の少数を有するのみにして、山手線に相当する横の連絡線は無く悩めるので、その溢れるような乗客の流れもまた本電鉄に殺到することは必然である。

今や東京市の人口199万余に過ぎ、接続5郡の人口はざっと211万余に達している。しかも年を追うごとに激増の趨勢を示しつつあり、本電鉄沿線の人口だけでも優に180余万達している。圏内には無数の工場あり、学校あり、連隊あり、花柳街あり、名勝あり、競技場あり、水陸の連絡地点あり。加えて本電鉄と交差する培養路線（接続線）が31余の多くに上っている。思うに郊外電鉄の中で、その環境に雄大であることは確かに空前のことであり、開業後すでに10余年を過ぎた優良線というも、なおよぶものは少ないようである。

従って本電鉄は過去の記録を破り、開業早々より空前の業績を挙げることができると信じている。今般、本鉄道敷設の免許を得たので、ここに計画を発表し大方諸彦（優れた諸君）の御賛同をお願いする次第です」

86

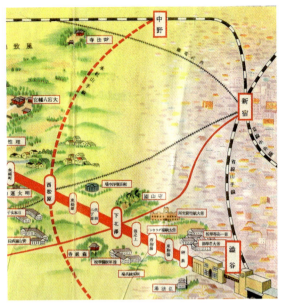

【路線図】「本社山手線」（点線部分）と記載した計画線を載せている帝都電鉄時代のパンフレット＝帝都電鉄「秋の井之頭へ」（部分。発行年等不明）

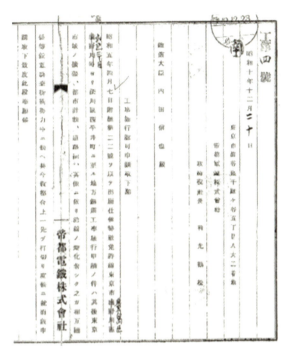

【鉄道文書❸】【工事施行認可申請取下願】
（駒込～西平井路線の一時中止願書）
「昭和5年4月7日付総第22号を以って出願しました、弊社免許線の東京市豊島区駒込2丁目（※駒込駅）より深川区西平井（※洲崎）に至る地方鉄道工事施行申請の件は、その後の東京市域の拡張、都市計画、道路網、その他により沿線の変化は著しく、相互関係等について鋭意、調査・折衝を努力中ですが、今般都合によりひとまず打ち切りたく、当該申請を取り下げたくよろしくお願いいたします」
（出願日：昭和10年12月20日／東京市渋谷区千駄ヶ谷5丁目862番地・帝都電鉄株式会社取締役社長・利光鶴松）＝提供：東京都公文書館

未成線跡はいま
明大前駅に残る未成線の線路スペース

　6年前には大井町駅から路線バスで、東京山手急行の計画ルートを極力忠実に乗り継ぎ洲崎まで、12時間30分を掛けて踏破したことがある。当急行線は計画段階で終わった未成線ではなく、実際に工事に着手しているので一部にその痕跡が残る。

　まずは起点駅となる予定だった大井町駅に向かう。現在はJR京浜東北（東海道本）線と東急大井町線、東京臨海高速鉄道（りんかい線）が乗り入れている大きな駅である。山手急行線は北側をめざしているので駅を設置したとすれば、現大井町駅西口であろう【写真❶】。大井町を起点駅に決めたのは、旧東海道・大井宿としての人口が多かったからのようだ。

　次いで未成線・山手急行の有名な痕跡跡に赴く。場所は母校がある京王線・明大前駅（当時西松原駅）である。半世紀前に通学していた当時も鉄道好きだったが認識不足で、キャンパス裏側にそうした痕跡があるとは知らなかった。すっかりあか抜けた学生通りを過ぎて校舎裏へ向かう。玉川上水水道橋（杉並区和泉2-10-3）を越えると、井の頭線と並行して掘割りの中に、山手急行が敷設予定した2線分のスペースが手前に見えてくる。未成線の解説本でよく見かける光景である【写真❷】。この付近の立体交差は、旧山手急行線の工事も並行して行っていた帝都電鉄が、橋梁建設費を負担して造ったものだ。

　一方現小田急・梅ヶ丘駅は、現在では相対式ホームだが、開業時は島式だった。同駅は東京山手急行線との交差する地点にあり、乗換駅になる前提で計画された。そして山手急行線は当駅の上を通ることにして、駅を上下線で共用し、乗り換え用の階段を設置するため島式ホームで造られたという。

　最後に終点予定地だった西平井（洲崎）を取材するため、地下鉄・東西線の木場駅から永代通りに沿って東陽町駅に向かう。途中で東陽3丁目（旧弁天町）の交差点に出るが、この付近は娼妓約2000人がいた「洲崎

パラダイス」(旧洲崎弁天町)といわれる花柳街入口(江東区東陽3-11付近)に当たる【定点観測】。洲崎は吉原とともに遊郭としてにぎわった繁華街であった。山手急行が遊郭の当地を終点としたのも、それほど多くの乗客が見込めたからである。さらに「沿線には洲崎をはじめ玉ノ井、神明、千住、板橋などの花街を通過する」として「花柳電車」とも名乗り資金募集をしている。当時の風俗的な理由からも興味深い。

いっぽう都心・日本橋方面からの市電や総武線・亀戸駅方面からの城東電軌線(18頁参照)も当地に乗り入れており、当地・洲崎を起終点とした理由がはっきりしてくる。

洲崎橋跡地や大門通りなど、旧花街の古びた雰囲気が今もわずかに残る【写真❸】。当線が開通していたならば、都内各地から集まってきた酔客などで、一層の活気を見せたであろう。計画に終わったとはいえ、踏切をなくすなどの画期的な構想で立案した発起者には頭が下がる。

(2023年5月取材)

【写真❶】 一新して大きくなった現在の大井町駅西口駅舎

【写真❷】 明大前(免許時・松原)駅の構内には、東京山手急行線用の2線分の予定用地(手前)が今でも残っている

【定点観測】 終点・洲崎は「花柳街」として知られていた。街の入口にあった「洲崎パラダイス」の大門を入るとにぎわいが待っていた(左写真)=出典:日活映画「洲崎パラダイス・赤信号」。洲崎パラダイスと呼ばれた現在の終点・洲崎付近(上写真)

【写真❸】 遊郭などがありにぎわっていた現洲崎橋跡付近。わずかながらその雰囲気が残っていた

【計画ルート】
起点・東京府下荏原郡大井町、同郡平塚村、碑衾村、目黒町、駒沢村、世田谷町、豊多摩郡和田堀内村、杉並町、中野町、野方町、落合町、北豊島郡長崎村、板橋町、西巣鴨町、滝野川町、尾久町、三河島町、南足立郡千住町、南葛飾郡南綾瀬村、隅田町、寺島町、吾妻町、小松川町、亀戸町、大島町、砂町、終点・東京市深川区西平井町(宇洲崎)=出典:出願書(第1期)

【現23区周辺を環状で走る計画路線図】株式募集の資料に添付された東京山手急行電鉄の、東京をほぼ一周する計画路線図。起点は大井町で中野・王子・千住などを経由し、終点の洲崎町に至る。終点・洲崎からは市営地下鉄の予定線で東京駅に連絡する便利さも強調している＝所蔵：杉並区立郷土博物館

89

メトロセブン・エイトライナー（葛西臨海公園～赤羽～田園調布間）
区部外周の地下鉄構想に課題も

【DATA】未成線・メトロセブン
事業者：江戸川区等　区間：葛西臨海公園（江戸川区）～赤羽（北区）　距離：28.8km
未成線・エイトライナー
事業者：世田谷区等　区間：赤羽（北区）～田園調布（大田区）　距離：30.9km

History
赤羽駅を境に乗り継ぐ長大地下鉄構想

現在では都心から放射線に伸びる鉄道はあるものの、周辺区を縦断して結ぶ鉄道路線がないため移動に不便な状態にある。そこで都心から約10km圏の周辺区を地下鉄の環状線で結ぼうとする、2路線の鉄道計画が存在する。

一つは、JR京葉線・葛西臨海公園駅【写真❶】を起点に、地下鉄東西線・葛西駅からJR総武線・亀戸駅を通過し、東武鉄道・西新井駅などを経てJR東北線・赤羽駅【写真❷】に至るルートで【路線図】、環状7号線沿いを走るところから「メトロセブン」（環七シャトルバス・環七高速鉄道）という。1994（平成6）年11月に「環七高速鉄道（メトロセブン）促進協議会」を立ち上げ検討に入っている。

目的は「区内の南北（環状）交通の利便性向上をめざし、環状7号線に沿って、関係3区を地下鉄や地上系システム等で結ぶ環状高速鉄道構想です」（メトロセブン促進協議会）とし、南北交通の改善をめざす。発起しているのは東京区部の東部に位置する江戸川区、葛飾区、足立区である。

もう一つは、赤羽から西武池袋・新宿線などを越えてJR中央線・荻窪駅に出て、京王井の頭・京王線などを経て、東急田園都市線・二子玉川駅から東急東横線・田園調布駅に至る路線【路線図】である。環状8号線に沿って走るところから「エイトライナー」と名づけられた。JR山手線と南武線・武蔵野線の中間には環状鉄道がなく、不便解消からの構想で、発起しているのは環状8号線沿いの大田・世田谷・杉並区など6区である。「放射線状に延びる路線が多い区部の鉄道網による区民の移動の改善を図ることと、環状7・8号線の渋滞を解消することが狙い」（エイトライナー促進協議会）という。

両線は中央部・赤羽駅で接続させ、一体的な環状運

【写真❶】　メトロセブンの起点駅のJR京葉線・葛西臨海公園駅

【写真❷】　メトロセブンとエイトライナーの連絡駅となる赤羽駅

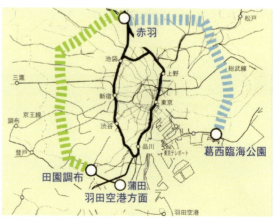

【路線図】　赤羽を中間とするエイトライナーとメトロセブンのルート＝出典「エイトライナー資料」

転を念頭に検討している。実質的には同一線の鉄道だ。エイトライナー終点駅・田園調布駅から羽田空港までの延長を視野に入れている計画だが、国では「田園調布駅〜羽田間は、未成の「新蒲蒲線」(137頁参照)に繋がる東急多摩川線の活用を求めている」(2000年1月の交通政策審議会答申)。

ただ2016(平成28)年4月の同審議会では「事業性に課題があるため、関係自治体において、事業計画について十分な検討が行われることを期待するとしたうえで、高額な事業費が課題となることが考えられることから、需要等も見極めつつ中量軌道等の導入や整備効果の高い区間の優先整備などの整備方策について、検討が行われることを期待する」として、冷静な事業検討を求めている。

未成線跡はいま
終点・田園調布駅から羽田空港への乗り継ぎにも含み

　メトロセブンとエイトライナーの計画ルートである環状7号線と8号線を踏破するのは、距離も長く路線バスの連絡もよくないので友人の車で一周することにした。あいにくの雨で、写真がはっきりしないのが残念だ。

　まずはメトロセブンの起点・葛西臨海公園駅前の同公園【写真❶】付近からスタートする。ここを起点駅にしたのは、「(参加区である)江戸川区の最南端の駅だから」(江戸川区)とのこと。

　駅前の湾岸道路から右折して、計画線の環状7号線(都道318号線)に入る。東京メトロ東西線・葛西駅や都営地下鉄新宿線・一ノ江駅の両地下駅を通り、JR総武線では小岩〜新小岩間に新駅を設置する計画だ。江戸川区から葛飾区に入り京成電鉄・青砥駅、JR常磐線・亀有駅【写真❷】に乗り入れる。環状7号線は足立区に入り大きく西に向きを変え、東京メトロ千代田線終点の北綾瀬駅を過ぎ【写真❸】、つくばエクスプレス線・六町駅付近を越え、東武伊勢崎線・西新井駅を過ぎると北区のJR東北線・赤羽駅が見えてくる。

　環状7号線による当区間の縦断は結構渋滞していて車でも1時間ほど掛かった。広い道路とはいうものの結構混み合っていて、バス便で乗り継ぐには相当の時間を要するようだ。確かに南北に鉄道があれば時間的にも便利に違いない。

　赤羽駅からはエイトライナー計画ルートの環状8号線(都道311号線)に入り南下した。西武新宿線越えでは高い排気孔が見えてくる。経由駅の中央線・荻窪駅へは緩やかに一旦左折して、駅立ち寄り後に環8へ戻る【写真❹】。小田急電鉄小田原線の高架【写真❺】などを過ぎて、深い緑の街路樹を抜けると終点の東急・田園調布駅に至る【写真❻】。

　「環状8号線の縦断は相当時間が掛かる」と、事前に運転する友人から釘を刺されていたが案の定だった。結局車での縦断も3時間近くを要してしまい、環状7号線の縦断以上に渋滞がひどく感じた。

　今回の取材で感じたことは、あれば便利な鉄道だがどの程度の需要があるかは予測が付かない。加えて地下に掘削するとなると相当の財源を必要とする。「事業費は1兆円前後と試算されたが、都議会でまともな議論すらされていない」(森口誠之「未成線の謎」)というように難題も多く、かなりのハードルを越えなければ開業には至らない路線のようだ。

(2023年7月取材)

【写真❶】　メトロセブンの起点とされる葛西臨海公園(公園駅前で写す)

【写真❷】 通過地点となる常磐線・亀有駅付近でも環状7号線の車は多い

【写真❸】 北上した環状7号線は西に向きを変え東京メトロ・北綾瀬駅付近から西進する

【写真❹】 中央線・荻窪駅へは環状8号線を一旦左折して駅に立ち寄るとされる

【写真❺】 小田急線では祖師ヶ谷大蔵駅～千歳船橋駅の中間付近を下る

【写真❻】 エイトライナーの終点・田園調布駅でここから羽田空港行きも視野に入れる

【計画ルート】
◆メトロセブン＝葛西臨海公園（JR京葉線）～葛西（メトロ東西線）～一之江（都営新宿線）～（JR総武線新駅）～青砥（京成本線・押上線）～亀有（JR常磐線）～北綾瀬（メトロ千代田線）～六町（つくばエクスプレス）～西新井（東武伊勢崎線・大師線）～赤羽（JR東北線・赤羽線）
◆エイトライナー＝赤羽（JR東北線・赤羽線）～志村三丁目（都営三田線）～上板橋（東武東上線）～東武練馬（東武東上線）～平和台（メトロ有楽町線）～練馬春日町（都営大江戸線）～練馬高野台（西武池袋線）～井荻（西武新宿線）～荻窪（JR中央線）～高井戸（京王井の頭線）～八幡山（京王線）～千歳船橋（小田急線）～二子玉川（東急田園都市線・大井町線）～上野毛（東急大井町線）～田園調布（東急東横線・目黒線）

92

Chapter.2 02 新橋〜品川間を結ぶ執念の地下鉄構想
東京地下鉄道＆京浜地下鉄道

日本初の地下鉄である「東京地下鉄道」は、浅草〜新橋〜品川間に敷設する計画で起業する。関東大震災のため路線を短縮し、ひとまず浅草駅〜上野駅間で開業した。それからも資金繰りに苦労しながら、徐々に路線を延ばし新橋駅まで敷設する。

新橋駅まで開業した時、渋谷から路線を延ばしていた「東京高速鉄道」から、東京地下鉄道・新橋駅と繋げての相互乗り入れを迫られる。だが東京地下鉄道は「当初の計画に従って品川まで延伸させる。渋谷方面との連絡は不要」として断る。片や東京高速鉄道は「利用者の利益を考えれば新橋駅での直通が望ましい」として、渋谷〜新橋〜浅草間の運行を求めてくる。

そこで東京地下鉄道は都心進出を社是としていた「京浜電鉄」と接触する。同社は免許を京浜に譲渡することを条件に、水面下で「京浜地下鉄道」を立ち上げ、新橋〜品川間の計画路線を建設しようする。

京浜地下鉄道という極秘計画に立腹した東京高速鉄道は、両社の株を買い占める作戦に出て東京地下鉄道と京浜電鉄の株を入手し目的を達成する。こうして東京地下鉄道や京浜地下鉄道等が目論んだ、新橋〜品川間の「地下鉄計画」は未成に終わってしまう。

日本初の地下鉄・東京地下鉄道が新橋まで乗り入れると、渋谷から延伸してきた東京高速鉄道に相互乗り入れを迫られる。両社の攻防は「地下鉄戦争」と呼ばれるが決着を見て渋谷〜新橋〜浅草間の直通運転が開始される

東京地下鉄道（新橋〜品川間）
秘策実現のため免許を新会社へ譲渡

【DATA】未成線・東京軽便地下鉄道
事業者：東京地下鉄道←東京軽便地下鉄道　未成区間：新橋（港区）〜品川（港区）　距離：4.9km
軌間：1435mm　出願：1917（大正6）年7月18日　免許：1919（大正8）年11月17日
京浜地下鉄道へ免許譲渡：1941（昭和16）年7月15日

History
新橋延伸時に相互乗り入れの申し入れ

「地下鉄の父」と呼ばれる早川徳次が1914（大正3）年にロンドンを視察した時、乗り物の路上での整然とした走行に驚く。聞くと「地下に鉄道が敷設されている」を知り、早川は「東京に地下鉄を敷く」を決意する。当

時の東京の市電は積み残し・渋滞・遅延などを繰り返し、「♪東京名物・満員電車」と皮肉る流行歌も生まれるほど散々な乗り物だった【写真❶】。
　「地下に鉄道なんて聞いたことがない。彼はほら吹きだ」と罵られながらも、早川は資金集めや路線選定などに奔走する。苦心の末に「東京軽便地下鉄道」（1920年8月に「東京地下鉄道」と改称）を設立し1919（大正8）年11月、浅草公園広小路〜新橋〜高輪南町（現品川駅付近）間の免許を取得する【鉄道文書】。
　ところが1923（大正12）年9月の関東大震災で、浅草〜品川間11.1kmの計画線をやむなく浅草〜上野間2.2kmに短縮して再び挑戦した。かつてない地下の難工事で困難に突き当たるものの、1927（昭和2）年12月晦日に開業へ漕ぎつける【写真❷❸】【新聞記事】。
　自信を得た早川はその後に順次延伸させ、1934（昭和9）年6月には新橋駅まで乗り入れた。免許を持つ残り区間は新橋〜品川間だけとなり、全線運行の可能性も出てくる。新橋延伸が実現できたので、ちょうちん行列を催して祝賀した。

　祝賀もつかの間、五島慶太が率いる渋谷を起点とする「東京高速鉄道」が延伸、新橋駅まで迫り早川に「渋谷〜新橋〜浅草間の相互乗り入れ」を申し出る。しかし早川は「強盗慶太と揶揄される五島に地下鉄を乗っ取られる」と警戒し申し入れを拒む。早川としては取得している免許の新橋〜品川間の延伸線を開業したいからだ。だが五島は「両線が一本に繋がっていることが利用者にとって最善」として、直通を繰り返して談判して来る。
　早川は東京高速鉄道の新橋駅への乗り入れを阻むため、取得していた新橋〜品川間の免許ルートの初志貫徹を貫く。五島へは田村町付近経由で東京駅方面へ乗り入れを促し、新橋駅への乗り入れを拒む。しかし五島はあくまで新橋駅を主張し、東京地下鉄道・新橋駅と隣り合わせの場所に自社線の新橋駅【写真❹】を設置してしまう。
　切羽詰まった早川は奥の手として、「京浜地下鉄道」の設立という秘策を生み出し実現に動く。（96頁につづく）（「未成線跡はいま」は下段「京浜地下鉄道」に併載）

【写真❶】　「東京名物満員電車」といわれるほど当時の市電の混雑は激しく、高速鉄道（地下鉄）への期待も高かった（絵葉書）

【鉄道文書】【免許状（写）】（東京地下軽便鉄道の浅草～品川間の免許）

「右申請に係る東京府東京市芝区高輪南町（現品川駅付近）より同府同市浅草区公園広小路に至る、および同府下谷区車坂町より同府北豊島郡南千住町に至る地下鉄道を敷設し、旅客の業を営むことを免許す。ただし左記条件を順守すべし。

地方鉄道法第13条（工事施行）に依る認可申請は大正11年6月30日までにこれを提出すべし」

（免許日：大正8年11月17日／出願者：東京軽便鉄道株式会社発起人・早川徳次／交付者：内閣総理大臣・原敬）＝所蔵：国立公文書館

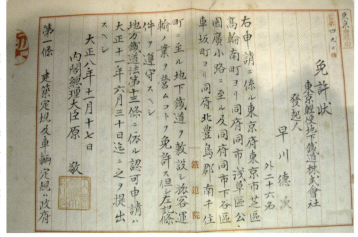

【写真❷】「東京唯一の地下鉄道」と銘打つ開業予告のポスター

【写真❸】 浅草～上野間を走った最初の地下鉄「東京地下鉄道」の車両（絵葉書）

【新聞記事】 地下鉄の開業を報じる「中外商業新報」（現日本経済新聞）

【写真❹】 渋谷からの東京高速鉄道は自社の新橋駅を設置し、東京地下鉄道に相互乗り入れを迫る。乗り入れ実現で京浜地下鉄道構想は暗礁に乗り上げるが、同駅は「幻の新橋駅」として今でも現新橋駅の一角に静かに眠る＝（2007年の公開時に撮影）

京浜地下鉄道（新橋〜品川間）
秘策も株を買い占めされ無念の撤退

【DATA】未成線・京浜地下鉄道
事業者：京浜地下鉄道／**区間**：新橋（港区）〜品川（港区）間　**距離**：5.3km　**軌間**：1435mm　**出願**：1936（昭和11）年12月24日　**免許譲受（東京地下鉄道から）**：1941（昭和16）年7月15日　**解散**：1941（昭和16）年9月1日

History
東京地下鉄道の発想で急きょの成立

　東京高速鉄道・五島慶太の攻勢は続く。結局は五島の株買い占めという切り崩しに遭って1936（昭和11）年5月、早川は新橋駅での直通協定にサインしてしまう。

　だが東京地下鉄道・早川徳次は、「新橋駅の終端部の工事は東京地下鉄道で行う」という内容の協定だったので工事を先延ばしする。さらに高速鉄道の乗り入れを阻むため、新橋駅手前の田村町経由で品川【**写真❶**】までルートに変更して、五島にはそこから東京駅へ乗り入れる路線変更などを申し入れて抵抗する。

　「京浜電気鉄道」（現京急電鉄）は大正時代に高輪〜大手町間の地下鉄計画を立てているが、東京市の計画があり却下されている。そこで早川は都心乗り入れが悲願であった京浜電鉄に、新橋〜品川間の新線敷設で接触する。両社は以前にも、五反田支線や新橋〜品川間地下鉄などの建設を協議していた仲だ。

　ここで京浜電鉄は、渡りに船とばかり早川の秘策に乗る。早川には「新橋〜品川間の建設は資金不足等のため、すぐにこれを施行せざる事情あり。しかれども本業は帝都における交通界の現状及び高速度交通機関として欠くべからざる施設なるをもってこの際、急速実施を要すべき品川〜新橋間に限りその免許権を京浜地下鉄道の発起人に譲渡し、竣工の上は東京地下鉄道の営業線と完全なる直通連絡運転をなす…」（譲渡許可申請書）として、自社が持つ新橋〜品川間の免許を京浜地下鉄道に譲り、品川までの延伸を新地下鉄会社に託すのだ。

【**写真❶**】　右の京浜電気鉄道・品川駅に乗り入れる計画だった。左は省線・品川駅（1935年頃）＝出典：「日本風俗地理体系（大東京）」

浅草～品川～浦賀を結ぶ長大路線も目論む

　こうして1937（昭和12）年6月、新橋～品川間の「京浜地下鉄道」を新たに設立する。五島へ対抗した密約である。免許を譲られた京浜地下鉄道は【鉄道文書❶】、新橋～品川間からさらに京浜電鉄傘下の湘南電鉄線へ直通させる構想を立てる【新聞記事】。「軌間は1435mmに統一されるが、東京地下鉄道の集電方式は第3軌条式、他は架線式なので方式が異なる。車両の大きさは、小さい東京地下鉄道に合わせ、架線集電用のパンタグラフと第3軌条用コレクターシューを持つ車両が設計された」（川島令三「全国未成線徹底検証」）。そして完成のうえは、浅草～新橋～品川～日ノ出町～浦賀（日ノ出町～浦賀間は「湘南電鉄」の区間）66.6kmを直通運転する構想を立てる【地図】。構想は順調に進むかに見えた。

　同地下鉄道の設立で早川は、五島との直通協定書の

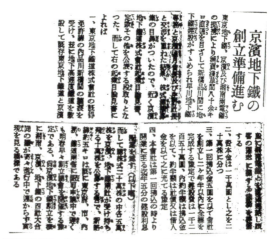

【新聞記事】　「遠からず実現を見る模様」と、楽観的に報じる新聞＝「朝日新聞」（1936年10月27日）

【地図】　京浜地下鉄道の出願書に添付された路線図で、新橋～品川間に太線を記載し、東京地下鉄道の延伸線を示している＝出典：「京急急行80年史」

【鉄道文書❶】【地下鉄道敷設免許権一部譲渡許可申請書】（東京地下鉄道が持つ新橋～品川間の免許を京浜地下鉄道に譲渡する許可申請書）

「大正8年11月17日付、監第490号をもって東京地下鉄道株式会社に対し、地下鉄道敷設経営に関し御免許（※浅草～品川間免許）を頂きましたが今般、今般別紙理由により左記区間に於ける免許権を京浜地下鉄道株式会社発起人に譲渡いたしたく、御許可くださいますよう、関係書類を添え連署とともに申請いたします」
（出願日：昭和11年12月24日／出願者：東京市神田区須田町1丁目16番地・東京地下鉄道株式会社・取締役社長・根津嘉一郎、同発起人代表・早川徳次／受理者：鉄道大臣・前田米蔵）＝提供：国立公文書館

見直しを主張し対立する。早川は鉄道省や内務省を訪ねて自身の構想を根回しする。中に入った鉄道省なども困惑して「京浜地下鉄道等の建設は影響が大きいので、関係者ともそれぞれ慎重に協議を進めること」【鉄道文書❷】とする依命勧告を出す。

早川の密約や根回しに五島は激怒し「強盗慶太」の血が騒ぐ。2年後の1939(昭和14)年3月、五島は京浜電鉄の株を強硬に買い占め、加えて同年8月には本丸・東京地下鉄道の株の大半も入手する。こうして翌9月には渋谷〜新橋〜浅草間の相互乗り入れを実現させてしまう【93頁・新聞記事参照】。両社の株が東京高速鉄道の手に移ったことで、早川らの京浜地下鉄の野望は夢物語に終わる。

その後の1941(昭和16)年7月には陸上交通事業法によって、東京地下鉄道・東京高速鉄道・京浜地下鉄道とも「帝都高速度交通営団」(営団地下鉄で現東京メトロ)に統合される。

もし京浜地下鉄道計画が実現していたら、現メトロ銀座線の新橋駅〜渋谷駅は、新橋駅〜品川駅間になっていたかもしれないのだ。

【鉄道文書❷】【依命通達】(免許の譲渡は許可するが、建設に当たっては円満に行うよう」と、釘を刺す鉄道省の通達文書)

「昭和11年12月24日付地甲第333の4号で申請の鉄道敷設権の譲渡の件、左記の事項を実施するものとして、別紙のとおり認める。

元来地下鉄道のような、帝都における高速交通機関は個々に分立すべきものではなく、むしろその統制上は単一を原則とすべきである。しかし事業の促進上やむを得ず、特に承認を得た当件については了知する。よって両社間においてはもちろん、他の帝都高速交通機関との連絡、横断などに関しては、当事者間において円満な協定を済ませ、将来の帝都における高速交通機関の統制上、遺憾のないよう期待し依命して申し上げる。

なお貴社設立趣意等によれば、貴社線は省線・品川駅付近において京浜電気鉄道の路線と直結して直通運輸をなす計画のように見受けられる。したがって右設計はその影響するところすこぶる大きいので、関係者ともそれぞれ慎重に協議を進める必要がある。

今回は前記の事由によってとりあえず、敷設権の譲渡のみ許可し、設計問題に関しては将来、別途に審議するので、本譲渡許可とは全く関係ないものとして処理することとして、条件を併せて了知されたい」。記1、………(略)」
(通達日:昭和12年8月12日/通達者:鉄道省監督局長/宛先者:東京地下鉄道株式会社取締役社長)=所蔵:東京都公文書館

未成線跡はいま
観光地要素が残るルートで品川乗り入れを目論む

起点駅・新橋駅【写真❶】から品川(高輪南町)に向けて東京地下鉄道【路線図】と、同鉄道から譲渡された京浜地下鉄道の同ルートの未成線をたどる。

地下鉄を敷設するルートは、早川が街頭に立ち手にした大豆等で、既に通行者・車などの交通量等を算出している。この調査に基づく東京地下鉄道の免許は「新橋駅〜御成門〜芝園橋〜札の辻〜泉岳寺〜品川」(「東京地下鉄道史」)である。本来なら銀座方面から東海道を基盤とする国道15号線(中央通り・銀座通り・昭和通り)で新橋駅に入り、同駅を越えて同15号(現第1京浜)をそのまま直進して、品川に至るルートが自然のように思われる。

しかし早川は地下鉄なので幹線道路の下ばかりでなく、多くの乗降客が期待できるルートを選んでいる。現在の地下鉄でいえば「銀座線・新橋駅→三田線・御成門駅→同・芝公園駅(芝園橋)→同線・三田駅(札ノ辻)→浅草線・泉岳寺→同線・品川」ということになろう。古地図を見ても幹線道路・東海道と言いながら第1京浜沿いには宿場町の雰囲気が残り、これといった集客力がある建物等は見当たらない。

まずは第1京浜から分かれて日比谷通りで、駅設置予

【写真❶】 当初は現東京メトロ・新橋駅から品川へ延伸させる計画だった

定だった現都営三田線・御成門駅へ着く【写真❷】。当時は駅に隣接して、芝区役所や大きな慈恵医院（現東京慈恵会医科大学医院）などの主要施設が見受けられる。次予定駅・芝園橋駅は現在の三田線・芝公園駅【写真❸】に当たる。首都高速道路を越えた付近に、駅名由来となった古川に架かる芝園橋【写真❹】があるが、まだ芝公園は開設されていなかった。だが駅近接には徳川家菩提寺・増上寺や東照宮などの名所旧跡がふんだんで、集客力があった地点である。

さらに日比谷通りに沿って南進すると第1京浜に突き当たるが、当付近は「札の辻」（由来は江戸幕府の高札場があった場所の意＝【写真❺】）の駅名が候補だったが、現在では都営三田線・三田駅がある。さらに第1京浜を道なりに行くと京急電鉄と都営浅草線の泉岳寺駅に至る。赤穂義士の墓が祀られていることでも、参詣の乗車客が期待できた。さらに東海道線を左に見ながら南下すると計画線の終点・品川【写真❻】に至る。

こうして歩いてみると早川が、江戸時代までにぎわった東海道ではなく、西側に舵をきってルートを決めたことに納得する。京浜地下鉄道が目論まれた昭和初期には、採算的に農村色が残る東京高速鉄道・渋谷～新橋間よりも、新橋～品川間の方が順調経営をもたらしていたのではないかと思われる。早川の無念が伝わってくるようだ。
（2023年10月取材）

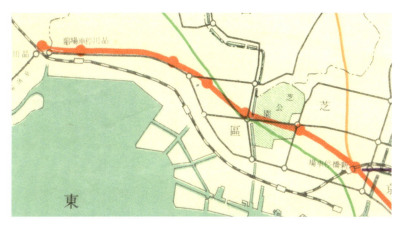

【路線図】 東京地下鉄道の新橋～品川間の免許線＝出典：「東京地下鉄道史」（部分）

【写真❷】 かつては「東京タワー前」の併記があった三田線・御成門駅

【写真❸】 駅を設置する予定だった芝園橋に近い現芝公園駅

【写真❹】 当初の駅名になるかもしれなかった首都高速の下に架かる芝園橋

【写真❺】 桜田通りと第1京浜が交差する現札の辻交差点付近にも駅の設置計画があった

【写真❻】 京浜地下鉄道の計画が成功していれば銀座線は浅草駅・新橋駅から渋谷駅ではなく、ここ京急・品川駅付近に乗り入れていたかもしれない

Chapter.2 03 国鉄新宿駅方面へ乗り入れをめざす
西武鉄道＆東京横浜電鉄

現JR新宿駅は「日本鉄道」（現JR山手線）や「甲武鉄道」（現JR中央線）が、鉄道黎明期の明治時代に開業した駅だ。本来は新宿追分としてにぎわう現地下鉄丸ノ内線・新宿三丁目駅付近（当時南豊島郡角筈村字内藤新宿）に設置する予定だった。しかし「駅ができたら通過するだけの場所になってしまい宿場が寂れる」とする旅籠などの反対に遭い、追いやられるようにして現在の場所（当時の角筈村字渡辺土手際）に駅は設置された。

しかし駅ができると人々が集まり大きく発展していく。「小田原急行鉄道」（現小田急電鉄）など、新宿を起点とする私鉄が開業すると他の私鉄も我も我もと新宿駅への乗り入れをめざすようになる。

ところが発展した新宿にはビルや住宅が建て込み、乗り入れが難しくなってくる。そうした新宿駅方面に乗り入れようとしたものの、未成線となってしまった西武鉄道と東京横浜電鉄の2私鉄の経緯を調べてみた。

西武鉄道などが乗り入れを図った旧新宿駅（現東口）は2階建て駅舎だった＝絵葉書

西武鉄道・新宿線（西武新宿～国鉄新宿間）
400m先の駅へも乗り入れならず

【DATA】未成線・西武鉄道新宿延長線
事業者：西武鉄道　区間：西武新宿（新宿区）～国鉄新宿（新宿区）　距離：0.4km　軌間：1067mm
出願：1946（昭和21）年8月　免許：1948（昭和23）年3月29日　失効：1965（昭和40）年3月29日

History
国鉄新宿駅に隣接していない唯一の西武鉄道

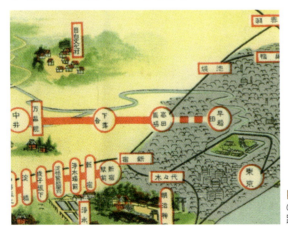

1927（昭和2）年4月に西武鉄道(旧)は、東村山駅から山手線・高田馬場駅までを全通させて東京への乗り入れを果たす。一時は高田馬場から山手線を越えて、東京市が計画する地下鉄駅に連絡する延伸路線を計画し、1926（大正15）年2月に免許を取得した【路線図】。だが早稲田方面へは「陸軍戸山ヶ原射撃場や鉄道省の操車場や貨物駅の計画」などあり、具体化しないまま時は過ぎていく。

【路線図】　高田馬場駅から早稲田方面への計画線（破線表示）が書かれた西武鉄道路線図＝出典：「西武電車沿線図絵」

100

早稲田延長線が進まない中で西武鉄道は1935（昭和10）年9月、乗客数も見込める省線・新宿駅へ直行する下落合（1937年に高田馬場駅へ変更）〜省線・新宿駅間を出願する。西武としては、新宿駅東口まで延びていた系列会社線「西武軌道」（後の「都電杉並線」）の軌道線を利用して乗り入れようとする含みもあった。だが戦争が激しくなり1944（昭和19）年6月、やむなく申請を取り下げる。

　終戦直後の1946（昭和21）年8月に西武鉄道は再度、「村山線（現新宿線）の約5割は高田馬場駅経由で省線（現JR線）に乗り継ぐ旅客で、その大半は新宿駅方面に向かうものである」（出願書）として、高田馬場〜国鉄・新宿駅間（現在、両駅間には駅はないが出願では1駅を設置する計画だった）を出願する。

　1948（昭和23）年3月に免許を取得したので早速、1950（昭和25）年3月から工事に着手した。だが乗り入

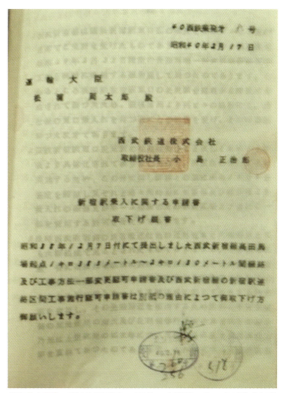

【新聞記事❷】　新宿駅への乗り入れへの断念を報じる新聞＝出典：「朝日新聞」（1965年3月16日）

【写真❶】　新宿駅ビルへの乗り入れをめざした西武鉄道は予想を超えた乗客数増に仮駅・西武新宿駅を本駅に昇格させ国鉄・新宿駅までの延伸を断念する＝提供：西武鉄道

【写真❷】　ビルの右手にビル駅に乗り入れる西武線の高架線と車両が右側に見える（計画案イラスト）

【新聞記事❶】　順調な新宿駅乗り入れ計画を伝える西武鉄道社内報

【鉄道文書】　【新宿駅乗入に関する申請書〜取下願書】（申請書別紙の理由書要旨）
　「新宿線の旅客輸送は当時は6両編成で足りるとされたのですが、その後の輸送量、特に高田馬場以西における増加は急上昇を来たし、近い将来8両編成の運行は必至の状態になりました。しかし当社申請の新宿東口のホームは1本で、しかも先端付近は相当長い部分が狭小であるため、監督局より8両ホームとしては危険が多く不適当と指摘されています。
　また混雑時の運転間隔から見るとき、高田馬場あるいは歌舞伎町の西武新宿仮駅での車両分割は到底できませんので、遺憾ながら東口への乗入を断念せざるを得ない状態になったのであります」
（出願日：昭和40年2月17日／出願者：西武鉄道株式会社取締役社長・小島正四郎／受理者：運輸大臣・松浦松浦周太郎）＝所蔵：国立公文書館

れ予定の新宿駅東口付近は、終戦直後で区画整理も進まず、また新宿駅の民衆駅ビル構想（1964年オープン。現ルミネエスト）もあり関係機関との調整が必要であった。このため西武はやむなく、新宿駅東口から400mほど離れた歌舞伎町エリアに仮設の新宿駅（現西武新宿駅）を設置した【写真❶】。そして設置予定の新宿民衆駅にはビル1・2階に改札口と島式ホーム1面2線分、6両編成車両が入れる駅スペースを確保する【新聞記事❶】【写真❷】。西武は延伸工事を急ぐも、用地買収が進んでいないこともあって当局から待ったが掛かる。

ところが時代とともに西武村山線の乗客数は徐々に増え、8〜10両編成でなくては間に合わなくなった。このため駅ビル内に予定した6両スペースではとても足りなくなってくる。結局は仮駅のままで待機していた西武新宿駅を拡張して乗り切ることにした。そこで免許取下げという形で国鉄新宿駅への延伸を断念する【新聞記事❷】【鉄道文書】。

かくして西武新宿駅〜国鉄新宿駅間の延伸線は完全に未成線となる。1977（昭和52）年3月に仮駅から本駅となった現西武新宿駅は、10両編成でも対応できるようなロングホームと3線分が確保できる大規模駅に大改装、乗客増に対応した【写真❸】。

ちなみに西武鉄道では1987（昭和62）年、上石神井駅から新宿まで複々線の地下鉄を建設、急行で乗り入れる「西武地下急行線計画」を公表している。だが当計画も建設費用が計画の1.8倍にもなったことやバブル崩壊で、1995（平成7）年に断念してしまう。長年の現JR新宿駅への乗り入れ悲願は、未成のまま今日に至っている。

【写真❸】　国鉄新宿駅への乗り入れ計画を断念したため、西武新宿仮駅を本駅に昇格させて大改築した

未成線跡はいま

いまなおJR新宿駅への不便は続く

当初に計画した西武新宿線・下落合駅から、終点・西武新宿駅に向かって乗車する。電車が駅を出発すると間もなく高架・山手線をくぐり【写真❶】高田馬場駅に着く。

取りやめた早稲田方面間の未成線も同駅から歩く。駅前から東北側に向かう斜めの道路を神田川方面に進み、新目白通りに出て明治通りとの交差点を過ぎると都電荒川線に出会う。同交差点から荒川線・面影橋停留場を過ぎると、西武延長線がめざした市営地下鉄・早稲田計画駅付近に至る【写真❷】。

高田馬場駅に戻り西武新宿線に再乗し、再び西武新宿駅をめざす。高田馬場駅〜西武新宿駅間に設置する予定だった駅付近を過ぎると、2面3線の西武新宿駅が見えてくる【写真❸】。本来は到着した電車先の車止めから向こうに延伸して、線路が国鉄・新宿駅方面へ延びていたのかもしれないのだ【写真❹】。

駅を出て、徒歩で10分ほどのJR新宿駅東口に向けて歩く。地上ルートではにぎわう歌舞伎町を過ぎるとす

【写真❶】　西武新宿線は高田馬場駅の手前で高架・山手線をくぐる

【写真❷】　西武鉄道村山線が乗り入れる計画だった地点は、現都電荒川線・早稲田停留場となっている

ぐに、西武鉄道・新宿駅が入る予定だった新宿駅東口ビルに着く【写真❺】。

駅ビルに入って西武鉄道が目論んでいた計画スペースを探す。ビル2階はアパレルなどがひしめき、若い女性でにぎわっていたがそれらしき痕跡はない。1階に降りると、はとバス営業所がある付近にはやや空間があり【写真❻】、当地点辺りに駅を設置する計画ではなかったのではないかと推察する。

再び西武新宿駅に戻って、階段を下りた地下街から新宿駅東口に向けて歩く。「サブナード」と名付けられた商店街は広い通路もあって、比較的歩きやすい【写真❼】。店が並んでいるので瞬く間に駅に着いてしまう感じがする。地下なので雨にも濡れずに済むし、冷暖房も効いているので面倒くささはあまり感じない。

ただ直線ルートではないので不便さは残り、改善の余地はありそうだ。通勤・通学の乗り換え客にとっては毎日のことなので、やはり短距離で繋がっていることを望むのが当然だろう。地元に住む自分にとっても、未成線となった計画が悔やまれる。

現在では地元・新宿区が西武新宿駅〜JR新宿駅間に、歩行者専用通路（新宿駅北東部地下通路線）の都市計画の手続きが開始された。これを受けて西武鉄道では「西武新宿駅とJR線・東京メトロ丸ノ内線との乗り換えの利便性を向上させるため、地下通路の整備に向けて関係者と具体的な検討・協議を進める」と発表している（2021年4月）。道路が新設されれば現在の半分程度の時間・徒歩（11分→5分）で、両駅を移動できるという。早期の実現を期待したい。

（2023年4月取材）

【写真❸】 駅設置の計画もあったという地点を過ぎると終点・西武新宿駅が見えてくる

【写真❹】 西武新宿駅の最先端で、この先から旧国鉄新宿駅への乗り入れをめざした

【写真❺】 新宿駅乗り入れで西武が駅用地を確保した現ルミネ駅ビル。新しい旧青梅街道の碑も立つ

【写真❻】 JR新宿駅東口の駅ビル「ルミネエスト」の一角に、西武鉄道新宿駅が入る計画だった。今でも同ビル内には、やや広めの駅舎用のスペースがあり、延伸線が来なかった悔しさをのぞかせる

【写真❼】 JR新宿駅に続くサブナード地下街では雨に濡れずにJR新宿駅にたどれるがやや遠く感ずる

東京急行電鉄・新宿線（渋谷～新宿間）
100年の悲願も乗り入れは叶わず

【DATA】未成線・東京横浜電鉄新宿線
事業者：東京急行電鉄←東京横浜電鉄　区間：渋谷（渋谷）～新宿（新宿）間　距離：4.0km　軌間：1067mm
出願：1947(昭和22)年5月16日　取下：1957(昭和32)年11月

History
繰り返す乗り入れ計画も未成に

　戦中に「大東急」を築いた「東京急行電鉄」（東急電鉄）が、新宿駅・東京駅の2大ターミナル駅方面へ乗り入れる路線建設に動いた時期があった。

　現在は副都心最大のターミナル駅として発展を見せる新宿駅付近に直結する路線は、「小田原急行鉄道」（現小田急電鉄）、「京王電気軌道」（現京王電鉄）だけでなく、路面電車の「西武軌道線」（後の「都電杉並線」）や市電も乗り入れていた。新宿駅への乗り入れは「西武鉄道」（村山線）の他に（100頁参照）、東急電鉄も目論んだ。

　東急電鉄としての新宿乗り入れ計画は1912（大正元）年11月、前身鉄道「武蔵電気鉄道」が碑文谷駅（現学芸大学駅）～新宿間8.3kmでの免許取得に始まる。2年後の1914（大正3）年3月には、起点を上目黒（現祐天寺）付近へ変更し、ルートも代々木練兵場（現代々木公園）を西側に迂回するルートに変えて本免許を得る。しかし第1次世界大戦などで着工できず、1917（大正6）年5月には失効してしまう。

　武蔵電鉄の免許を受け継いだ「東京横浜電鉄」はその後、起点を祐天寺駅【路線図】から渋谷駅【写真❶】に移し、東横線延伸での新宿駅乗り入れを目論む。だが東京府が「用地買収の困難性や市営地下鉄構想に抵触」などの理由で反対し、鉄道省もこれを受けて東横電鉄に免許状の返還を請求、1936（昭和11）年9月に失効させてしまう。

　1942（昭和17）年5月に東京横浜電鉄から東京急行電鉄と改称すると、終戦後に改めて新宿乗り入れ計画を再開した。1947（昭和22）年5月には、渋谷～代々木

【路線図】　東京横浜電鉄時代の沿線案内にも新宿駅の他に東京駅への延伸構想も見える＝出典：「東京横浜・目黒蒲田電鉄沿線案内」（部分。1928年発行）

【写真❶】　開業時の東京横浜電鉄・渋谷駅のホーム＝出典：「東京急行電鉄50年史」

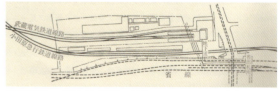

【写真❷】　武蔵電気鉄道・新宿駅の平面図図＝出典：「東京急行電鉄50年史」

八幡～新宿間を地下鉄による新線で敷設しようと出願する。東急新宿駅は現京王新宿駅がある自社所有地【写真❷】に建設する予定であった（当時の京王は東京横浜電鉄の経営路線）。だが戦中に変電所が爆撃され省線・新宿駅西側の陸橋を上れなくなり、新宿駅を東急所有地の現京王新宿駅の場所に建設計画した【写真❸】（58頁参照）。

新宿駅への進出を出願した東急に対して、地下鉄計画を持つ東京都は1951（昭和26）年、「東京市内の地下鉄は東京市が敷設するという既得権の侵害だ。現状では輸送力に不足はないので必要性に乏しい。不当な競争を招くので免許されないように配慮されたい」として、東急の新宿駅（東京駅も）方面への乗り入れ計画に反対する副申書を運輸大臣に提出する。

東急と東京都間の調整を進める国の審議機関・都市交通審議会は、双方の意見を聞いたうえで1956（昭和31）年8月に「私鉄の地下鉄は営団・都営の路線と相互乗り入れ区間に特化する」とする調整案を発表した。いっぽう東急としても既に小田急電鉄も開通しており、同線と並行してまで走らせる意味も薄いとして、1957（昭和32）年11月に出願を取り下げ未成線となる。

【写真❸】　現在の京王電鉄新宿駅地下ホーム付近に、東急新宿駅が設置される計画だった

未成線跡はいま
渋谷は通過駅となるも乗客増を見込む

ここでは距離的に徒歩が可能な、4kmほどの新宿延伸計画線を歩くことにする。再開発で変貌する渋谷駅西側【写真❶】の起点計画地を離れ、センター通り【写真❷】から井の頭通りに出て新宿駅へ向けて北進する。急な坂道もあるが地下鉄での計画なので支障とはなるまい。NHK放送センターを過ぎ、かつては練兵場や在留米軍住宅・ワシントンハイツ、オリンピック選手村があった代々木公園に至る【写真❸】。

やがて小田急線が見えて来る。東急新宿線が経由しようとした代々木八幡駅【写真❹】に接近する。旧武蔵

【写真❶】　現在の東急・渋谷駅西口。当口付近から新宿駅をめざした

電鉄が計画した明治の頃はまだ小田急線がなかったので、単独で新宿駅に乗り入れようと目論んだのも分かる。また沿線には明治神宮もあるので、観光路線も目論んだのだろう【写真❺】。

1時間ほどで東京横浜電鉄が開設しようとした、自社線・新宿駅の計画地点である現京王新宿駅が見えてくる。京王新宿駅に隣接する小田急・新宿駅が入る小田急百貨店は2022（令和4）年10月に営業を終了し工事中だった【写真❻】。いずれにせよ東急・新宿駅もできていれば、いまにも増して新宿駅周辺はにぎやかになっていたのは間違いあるまい。

2021（令和3）年3月の地下鉄・副都心線の、渋谷〜新宿3丁目間開通で渋谷駅は通過駅になった。とはいえ武蔵電鉄の構想から100年、東急の新宿乗入れ計画がここに実現したのである。

（2023年9月取材）

【写真❷】　若者でにぎわう渋谷センター街だが早朝なので人通りは少ない

【写真❸】　昔は練兵場だった代々木公園に沿って新宿方面へ進むルートだった

【写真❹】　経由する計画だった現小田急・代々木八幡駅

【写真❺】　沿線には明治神宮もあり観光路線の性格も持っていた（明治神宮下車駅小田急・参宮橋駅）

【写真❻】　旧東京横浜電鉄の所有地に建つ京王電鉄・新宿駅。隣接する小田急・新宿駅はいま工事中だ（2024年10月）

Chapter.2 04 西板線 & 越中島線

東武鉄道の横断・縦断計画線の白紙化

東京の私鉄で有数の歴史を持つ「東武鉄道」。開業以来、社名を変えていない私鉄としても知られる。

開業時には経営も今一つだったが、根津嘉一郎の社長就任で事業は隆盛する。同鉄道も折からの鉄道ブームにも乗って、特に東京の東北部とそこから延長する関東北部に進出し、積極的に路線を敷設していった。併せて他の私鉄買収も行い、多い時には軌道などを含めて20に近い路線を経営している。

積極経営の東武も当然に、東京内でも数多くの鉄道計画を立てて出願する。しかし他の私鉄と同じように様々な理由で断念した路線も少なくない。

西新井〜上板橋間(西板線)の計画線が点線で表示されている当時の沿線案内=「東武鉄道線路案内」(部分)。発行:東武鉄道。発行年等不明。作画:吉田初三郎。

東武鉄道・西板線（大師前〜上板橋間）
廃止線の用地は大規模な住宅に

【DATA】未成線・東武西板線
事業者:東武鉄道　区間:大師前(足立区)〜上板橋(板橋区)　距離:11.6km　軌間:1067mm
出願:1922(大正11)年11月10日　免許:1924(大正13)年5月5日
失効:(鹿浜〜上板橋間)1932(昭和7)年6月23日　＊(大師前〜鹿浜間):1937(昭和12)年7月26日
廃線(付替)・東武大師線
区間:大師前(足立区)〜旧大師前(足立区)　距離:150m　軌間:1067mm　移転:1968(昭和43)年12月1日

History
東武・東上の兄弟線間の連絡も大震災で危機に

「東武鉄道」は1920(大正9)年6月、池袋駅〜埼玉・坂戸間を走る「東上鉄道」(現東武東上線)を吸収合併する。もともと両社は東武社長・根津嘉一郎が経営しており、当初から一つになることは時間の問題であった。そこで東武鉄道は、東西に分離している両線間を結ぶ短絡線「西板線」の建設を画策する【地図】。

ルートは荒川をまたぐ、伊勢崎線・西新井駅と東上線・上板橋駅間11.6km【路線図】である。起業趣旨に は「人口増が期待できる周辺地域の地域開発」(出願書。出願理由には同様の内容が多い)を掲げた。出願は1922(大正11)年11月に行い、2年後の1924(大正13)年5月に免許を得る。

だが出願中に関東大震災が発生したため計画変更を迫られ、長大・荒川をまたぐ鹿浜〜上板橋間と、西新井〜大師前〜鹿浜間の2区間に分離して敷設することにした。途中で時代に合わせて動力を蒸気から電気に

変更している。

しかし西側の鹿浜〜上板橋間は、水害対策による荒川放水路の建設とぶつかってしまう。1925(大正14)年に工事認可を申請するものの、堤防などの護岸工事も残っていたこともあって認められなかった。加えて沿線人口が急増し、用地買収や建設費等の高騰で工事費のねん出が難しくなり、1932(昭和7)年7月に計画を断念する【鉄道文書】。

いっぽう東側の大師前〜鹿浜間も地価高騰などで認可取り消し申請を行い、1937(昭和12)年7月に失効となる。「幻の西板計画は、こうして関係者の熱望にもかかわらず、きのうの夢と消えていった」(「東武鉄道百年史」)のである。

しかし西新井〜鹿浜間のうち西新井〜大師前【写真❶】間(現「大師線」)1.1kmについては用地確保も済み、西新井大師を持つ地元からの要望も強かった。そこで1931(昭和6)年12月に開業し、必要に応じ浅草雷門(現浅草)駅から直通電車を乗り入れさせた【新聞広告】。

だが1964(昭和39)年の都市計画で、環状7号線が当路線とぶつかることになり平面交差が不可能になる。すると当路線の廃止か継続かの存続問題が持ち上がる【新聞記事】。「一時は、当社としても、路線の性格上廃止もやむなしとして、東京都も当社に同調する動きを見せた」(「東武鉄道百年史」)。しかし地元民の強い反対もあり1968(昭和43)年12月、駅舎を環7号線の手前に移設、路線を150mほど短縮して存続を決める。このような難局を乗り越えて盲腸線ながら、大師線として現在も生き残っているのである【写真❷】。

ちなみに未成線となった東上鉄道側の買収用地(貨物駅用地)24万㎡は、起業廃止後にときわ台住宅として分譲した【写真❸❹】。1935(昭和10)年10月、住宅地購入者のために高級住宅地にふさわしい武蔵常盤駅(現ときわ台駅=【写真❺】)を設置している。

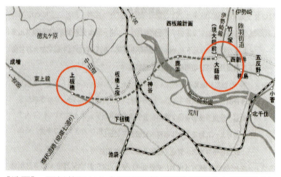

【地図】 西新井駅から大師前駅(右○印)を経て上板場駅(左○印)に至る計画だった=出典：「東武鉄道百年史」

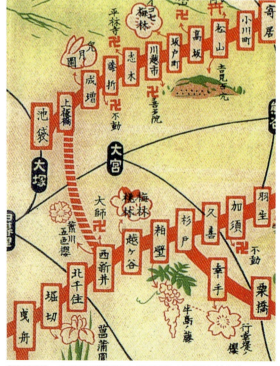

【路線図】 東武鉄道路線図で西板線の計画線が点線で示されている

【鉄道文書】【鹿浜〜上板橋間の工事施行認可申請に関する件】(工事延期を申請書)

「標記の件に関し本年7月20日土第42号をもってご照会を受けましたが、一昨年2月13日土第42号をもって申し上げました通り、当該区間は地元町村の希望により線路の大部分を変更する必要が生じたものであります。

従って荒川放水路、隅田川、王子電車線、東北本線の池袋赤羽間電車線、六軍軽便線等の既設交通機関との交差にも大変な変更をきたし、且つ沿線の人家が稠密(混みあう)のため、線路の決定およびこの設計等には種々にわたり比較研究を要します。このため爾来(その後)鋭意調査中ですが、この際に右事情を察し頂いたうえ、当該書類をご処理頂き、暫時(しばらくの間)にわたり工事を御猶予して頂きたく、この度お願いするものです」

(出願日：昭和6年8月5日／出願者：東京市本所区小梅1丁目1番地・東武鉄道株式会社取締役社長・根津嘉一郎／受理者：東京府知事・牛塚寅太郎)=所蔵：東京都公文書館

【写真❶】 環状7号線と交差するために移転することとなった以前の大師前駅（1968年11月）＝出典：「東武鉄道百年史」

【写真❷】 高架になった頃の大師前線でまだ上屋もなかった（1991年頃）＝撮影：辻阪昭浩

「環7」開通にメド 東武・大師前駅移転決る

西新井大師線は東武伊勢崎線西新井駅からわかれて大師前駅までの一・一㌔。一駅間、単線で、昭和六年開通したが、一日の乗降客約一万五千人で通勤電車の性格が強まっている。

三十九年、環状7号線の建設が決り、それが大師前駅のホームをかすめるなどから存廃問題が持上がった。東武と都で善後策を練っていたが、このほど路線を縮めて現状7号線より手前の西新井大師駐車場わきの社有地に駅を移す案がまとまり、認可申請の手続きをとった。

足立区西新井の東武鉄道西新井大師線問題は、このほど「大師前駅を移転して存続」と決り、東武側から運輸省へ移転認可申請が出された。六月中に認可される予定で、今秋には新駅が営業をはじめる。一方、存廃問題で踏切待ちがかかっていた現状7号線も、これで開通のはこびとなった。

【新聞記事】 環状7号線の建設で駅の移転を伝える新聞（1965年5月25日）＝出典：「朝日新聞」

【新聞広告】 浅草雷門駅（現浅草駅）から大師前駅への直通を伝える当時の広告＝出典：「朝日新聞」（1931年12月15日）

【写真❸】 上空から見たときわ台住宅（1963年）＝出典：駅前掲示板

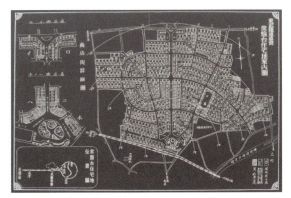

【写真❹】 駅を中心に放射線状に並ぶ常盤台住宅地＝出典：駅前掲示板

【写真❺】 現ときわ台駅は開業時には「武蔵常盤駅」という漢字だけの駅名だった＝所蔵：板橋区立公文書館

未成線跡はいま
社史には「東武鉄道唯一の遺憾事」の記載

　起点・西新井駅から2分ほどの盲腸線「大師線」に乗り、高架駅になった大師前駅【写真❶】に着く。無人駅となった同駅はスイカなど（ICカード乗車券）をタッチする自動改札機もないが、分岐駅・西新井駅【写真❷】で清算する仕組みになっている。駅に隣接するように、関東三大厄除け大師といわれる西新井大師が建つ。現大師前駅【写真❸】は環状7号線の建設のために1968（昭和43）年12月、路線を短縮した現在地に移転している。旧駅は環状7号線を越えた南側（足立区西荒井本町1-16-12）にあったが、現在では東武ストア併設のマンションに替わっていた【写真❹】。

　まずは短縮ルートの終点地・鹿浜まで環状7号線を歩く。駅の設置が予定されていた交差点に着くも【写真❺】、交通激しい環7らしく激しく車が行き交う。延伸を阻んでいた長大な荒川に架かる鹿浜橋【写真❻】をながめると、ここで延伸を断念した理由に納得がいく。

　484mという広大な荒川を越えて、西板線が経由しようとした東十条駅に立ち寄る【写真❼】。当時駅はまだ開業してなかった（1931年8月開業）が、にぎわう赤羽や王子を控える東北線に乗り入れたかったのだろう。

　当地からは環状7号線を走るバスに乗り中板橋駅入口バス停で下車、線路に沿って西進し、好デザイン・ときわ台駅に着く【写真❽】。駅前からは、買収した土地で造成した放射線状の住宅が広がる【写真❾】。駅の壁には分譲当時の資料が掲載されていて、当地の歴史を知ることができる。

【写真❶】　高架となった大師線終点の大師前駅ホーム

【写真❷】　計画線の起点駅である現西新井駅（西口）

【写真❸】　延長計画で西新井～大師前間（現大師線）は建設されたが、当大師前駅からの延伸線は日の目を見なかった。威厳のある駅も無人化などで変わったがかつての面影も残す。

【写真❹】　移設前の大師前駅があった現東武ストア併設のマンション

【写真❺】　一時的に終点となる予定だった鹿浜駅（仮称）は、この交差点付近に建設する予定だった

【写真❻】 長大な荒川放水路を前に鉄道延伸建設を断念する

　当西板線が未成に終わり「思うに東上線と伊勢崎線とを結び、東西の西北部を横断するはずであったこの路線計画の廃止は、まさに当社の発展史に残った唯一の遺憾事ではあるまいか」(「東武鉄道65年史」)と社史に書かざるを得なかった、東武鉄道の無念さが伝わってくる。

　とはいえ「開通していたとすると、東上線の川越方面から浅草方面に直通電車が走ることになるが、(浅草では)需要がどのくらいあったかというと、さほどなかったと思われる」(川島令三「全国未成線徹底検証」要旨)との見方もある。　　　　(2023年6月取材)

【写真❼】 東北線乗客も配慮しての乗り入れを計画した現東十条駅

【写真❽】 高級住宅をめざしてデザインにこだわった駅舎にしたという現ときわ台駅(旧称・武蔵常盤駅)

【写真❾】 買収用地を高級住宅地・田園調布に見立てて設計したという常盤台住宅の駅前放射線地帯

【計画ルート】
大師前〜上沼田〜鹿浜〜足立新田〜王子神谷〜東十条〜上十条〜板橋本町〜双葉町〜武蔵常盤〜上板橋

東武鉄道・越中島線（北千住〜越中島間）
新橋方面への延伸も用地難等で断念

【DATA】未成線・東武鉄道越中島線
事業者：東武鉄道　区間：北千住（北区）〜亀戸（江東区）〜越中島（江東区）　距離：14.0km　軌間：1067mm
＊第1期出願：1895（明治28）年5月17日　取下：1896（明治29）年12月1日
＊第2期出願：1897（明治30）年9月13日　免許：1900（明治33）年6月30日　失効：1911（明治44）年1月16日
類似ルート路線・JR越中島支線
事業者：日本貨物鉄道（JR貨物）←日本国有鉄道←鉄道省　区間：小岩（江戸川区）〜越中島（江東区）間
距離：11.7km　軌間：1067mm　開業：1929（昭和4）年3月20日

History
総武鉄道の国有化で延伸を断念

　北関東の特産物を東京へ輸送する目的で立ち上げた「東武鉄道」は1895（明治28）年5月、北千住駅からの2路線を出願する。一つは栃木・足利駅までで、もう一つは本所（現錦糸町駅付近）を経て南下し、東京湾に近い越中島までの6.5kmの路線だ。越中島で舟運と連絡すれば貨物需要が増えることを狙った。だが時の政府は「東京の外郭線として市区改正と密接な関係があり、審査に慎重を要する」（「東武鉄道百年史」）と難局を示す。東武はやむなく翌1896（明治29）年12月に出願を取り下げる。

　だが同路線を諦め切れない東武は改めて翌1897（明治30）年9月、国防上の必要性も加えて北千住〜亀戸〜越中島間を再出願、1900（明治33）年6月に免許を取得する【写真❶】【鉄道文書】。越中島の先は「京橋を経て新橋（新銭座）までの敷設構想も持っていた模様で…」（社史編纂室「鉄道ピクトリアル・東武鉄道百年」）といわれ、東京海岸鉄道の免許を譲り受けて【新聞記事】、新橋駅までの延伸構想を持つ。

　また1904（明治37）年4月には、久喜〜北千住〜曳舟〜亀戸間を部分開業（現亀戸線）させて同線を「本線」扱いとし、開業と同時に総武鉄道（現JR総武線）の亀戸駅を経て本所（現錦糸町）駅から両国橋（現両国）駅まで乗り入れた。

　ところが総武鉄道が1907（明治40）年9月に国有化され、東武と関係が深かった経営陣が去ると、総武線・両国橋駅への乗り入れが難しくなる。加えて同線を越えて南下する越中島への延伸線建設も、敷設予定地の市街地化で住宅が密集し、用地取得の見通しが立たなくなる。「市内横断に種々困難な点があって、到底免許期間中に起工し得なくなった」（取下願書）とし断念する。

　そこで東武は1910（明治43）年3月、曳舟駅〜浅草（現とうきょうスカイツリー）駅間線を本線に昇格させ、越中島に通ずる曳舟〜亀戸間線（現亀戸線）を「支線」に格下げた。こうして翌1911（明治44）年1月には亀戸駅〜越中島間の免許が失効、未成線となってしまう。

　その後に東武鉄道と縁があった鉄道省（旧総武鉄道）では1929（昭和4）年3月、亀戸駅〜小名木川駅間の貨

【写真❶】越中島線への投入を計画しイギリスから輸入したタンク機A1形機関車＝出典：「東武鉄道百年史」

物線を開業する。30年後の1958（昭和33）年11月、小名木川駅～越中島（現越中島貨物駅）駅間の「越中島貨物線」を延伸させる。現在でも東武の未成線・越中島線とほぼ同じルートの、新小岩駅（起点変更）～亀戸～越中島駅間（通称・越中島貨物支線）11.7kmをレール運搬などのためにJR貨物の臨時列車が走っている。

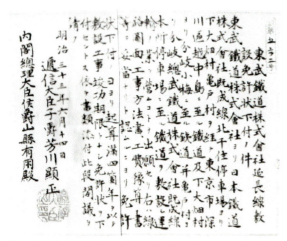

【鉄道文書】【東武鉄道株式会社延長線敷設免許状下付の件】
（越中島線免許下付の閣議への起案書）

「東武鉄道株式会社より、日本鉄道株式会社の既成線・北千住停車場より下大畑村亀戸村を経て、東京市深川区越中島に至る鉄道および下大畑村より分岐し、小梅（※現墨田区向島付近）に至る鉄道並びに亀戸村より分岐する総武鉄道株式会社既成線・本所停車場（※錦糸町駅）に至る鉄道を敷設、運輸の業を営むことの出願がありました。

右は線路図面、工事方法書、工費予算書等は妥当と認められるので、免許状下付の日より起算して満4か年を以て、敷設工事の竣工期限を付し、免許状を下付いたしたい。よって書類を添付しますので、この件について閣議でのお諮りをお願いいたします」
（上申日：明治33年6月14日／上申者：通信大臣子爵・市川頴正／閣議主催者：内閣総理大臣侯爵・山縣有朋）＝所蔵：国立公文書館

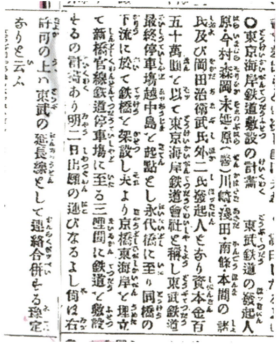

【新聞記事】 当時の新聞には越中島～新橋間は「東京海岸鉄道」が出願し、免許後に「東武鉄道」に譲渡するとの記事が載っている＝出典：「読売新聞」（1896年7月1日）

【東武亀戸線計画線ルート】
北千住～亀戸～大島～砂村～西平井～洲崎～越中島

未成線跡はいま
東武未成線を連想してJR越中島線を歩く

　東武鉄道の未成線・越中島線ではないが、同計画線とほぼ同じルートを走っているJR総武線貨物支線（部分運営・日本貨物鉄道）の越中島貨物線を歩いた。

　東武鉄道とほぼ同じ亀戸～越中島間で計画した当貨物線は、小名木川の水運との物流連絡のため1929（昭和4）年3月に亀戸駅～小名木川駅間で開業、1958（昭和33）年11月に越中島貨物駅までで全通する【写真❶】【地図】。都内唯一の非電化線として走っていたが2000（平成12）年12月、貨物の減少によって小名木川駅を廃止している。その「廃駅」も併せて訪ねた。ちなみに新小岩駅～金町駅間8.9kmには、「新金線」という貨物線が1926（大正15）年7月から走っている。

　なお越中島駅からは、東京都港湾局東京湾線（38頁参照）で豊洲や晴海まで繋がっていた。1997（平成9）年からは定期貨物列車の運行も廃止されたが、現在はレール輸送で使う以外はほとんど走っていない。車両は北王子線等と同じDE10形ディーゼル機関車が運行していた（44頁参照）。ちなみに「かつては東京貨物ターミナルを起点に越中島駅を経由し、千葉県の曽我を経て木更津に至る京葉貨物線の計画もあった」（川島令三「全国未完成徹底路線」）という。

　まずは総武線の新小岩駅から起点の新小岩操駅（現新小岩信号場駅）に向かう。現在では貨物輸送が無くなったので2011（平成23）年3月、信号場駅に改称した

113

【写真❶】 亀戸駅方面行きの旧国鉄・越中島支線貨物列車（1970年3月23日）＝撮影：森川尚一

が痕跡は残っていなかった。

新小岩駅西隣りの平井駅を過ぎると車窓に高架となる貨物線が見えてくる。途中まではコンクリートの高架線で走り、亀戸駅が近づくと築堤の土手風になる【写真❷】。亀戸駅からは分岐する高架線（鉄道橋）が、京葉道路をまたいで敷設されている【写真❸】。

さらに歩を進めると、最盛期には10以上の側線があった当線最大の途中駅・小名木川駅跡（江東区北砂2-15）に至る。廃止となった同駅跡には1万4000㎡の広大な敷地を活かしての、ショッピングモール「アリオ北砂」がそびえていて買い物客でにぎわっていた【写真❹】。アリオの東側の交差点名は「小名木川駅前」とあり、今でもその名残を残す。小名木川貨物駅への引込線付近にある「北砂2丁目公園」（江東区北砂2-9-14）内には、越中島線の車輪の「モニュメント」が設置されていた【モニュメント】。その南側に小名木川橋梁が架かる【写真❺】。

途中には同貨物線にちなむ「南砂線路公園」（江東区北砂2-20）には「ディーゼル機関車を見ることができる」という看板が立つ【写真❻❼】。いつ来るか分からない機関車を待てというのもつらいが、偶然性を期待しての幸運と思えばそれも楽しみの一つといえよう。

越中島駅が近くなると、未成線・東武越中島線を偲べるような地上線となる【写真❽】。踏切を渡って越中島貨物駅【写真❾】に向かうが、「立入禁止」の看板があるので今回は遠望での取材で諦める。

ちなみに東京都が2015（平成27）年7月に公表した「広域交通ネットワーク計画」の中で、当路線の旅客化も検討されている。検討結果では「黒字化への道のりが課題」とされ、現状では積極的ではないようだ。また地元・江東区でも同線の旅客化の構想（2023年）がある。総武線の亀戸や錦糸町駅からは快速線を始め、都営地下鉄・新宿線、大江戸線なども都心へ乗り入れているので、旅客化不要という結論になるのだろう。

（2023年5月取材）

【写真❷】 亀戸駅の東側の構内からは築堤上の線路が望める

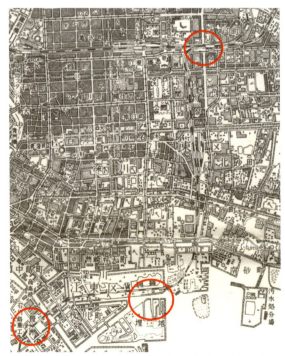

【地図】 線路は亀戸駅（上○印）を南下し終点・越中島駅（下○印）から東京都港湾線（左○印）に繋がっている（1981年）

【写真❸】 亀戸駅から南側に分岐する高架線が京葉道路をまたいで延びている

【写真❹】 小名木川駅跡は大きなショッピングモールに替わっていた

【写真❺】 築堤を築いて架けた小名木川橋梁

【モニュメント】【小名木川駅の歴史】

「江東地区の工業地帯の輸送需要に対応するため昭和4年3月20日、小名木川河畔14,000平方mのドッグを備えた水陸連絡貨物専用駅として、小名木川駅が開業した。
　初め貨物取扱量50万トンの規模だったが、第2次大戦中の昭和18年（1943）には130万トンの貨物取扱量を記録。
　戦後は東京湾の拡張整備によって、取扱量は急上昇。豊洲ふ頭が完成した昭和30年には146万トンを記録、2年後には初めて200万トンを超えた。その後小名木川駅が管理する駅員のいない貨物駅として越中島駅も開業した。両国、錦糸町、亀戸の3駅の貨物取り扱いを廃止、小名木川に貨物部門を集約、駅も290万トンの取扱量をこなせるように改良された。
　しかし、大工場の郊外への移転、輸送形態の変化、エネルギー資源の石炭から石油への移行などが原因で輸送量は減り、61年度は越中島の取扱量を加えても全盛期の4分の1の74万トンになった。
　当時の小名木川駅の面積は、東京ドーム球場の2倍以上の10万8千平方メートル。
　園内の車輪は当時の貨物線で実際使われていたものである」
（設置場所：江東区北砂2-9-14／設立日：2022年6月20日）

【写真❻】 途中の南砂線路公園脇にはJRの貨物列車が停車していた（2015年11月撮影）

【写真❼】 小名木川貨物駅の廃止で廃線となった跡地を遊歩道として整備した南砂線路公園

【写真❽】 JR越中島線は途中から地上を走る（南砂線路公園付近）

【写真❾】 東武鉄道が乗り入れる予定だった越中島付近で、現在ではJRの越中島貨物駅になっている（駅乗り入れ口付近）

Chapter.2 05 既存線からの延伸をめざす現代の未成線
東京メトロ・有楽町線 & 都営地下鉄・大江戸線

　東京への人口集中で行政は各地に大規模な住宅を建設し、居住者のための交通網を整備する。新交通網としては、公共交通によって地下鉄やモノレールが建設された。この建設された路線の終点駅から、さらに延伸する計画が現在いくつか立てられている。

　計画を具体化しようと、東京都でも都市整備の観点から計画を策定し具体化を進める。路線を区域に持つ各区でも計画を準備し、区民に鉄道誘致の啓発PRを盛んに繰り返している。そこで現在のところは未成に終わっているが、開業に向けてとりわけ熱心な2路線を追ってみた。

鉄道誘致のPRのために沿道に立てられた看板（練馬区で）

東京メトロ・有楽町線（豊洲〜住吉間）
ゆりかもめの未成を受けてめざす

【DATA】未成線・東京メトロ・有楽町線
事業者：東京地下鉄（東京メトロ）　事業許可：2022（令和4）年3月28日
◇有楽町線　　区間：豊洲（江東区）〜住吉（江東区）間　距離：5.2km　軌間：1435mm
◇南北線延伸線　区間：品川（港区）〜白金高輪（港区）間　距離：2.5km　軌間：1435mm

History
実現すれば所要時間が20分から9分に短縮

　2022（令和4）年3月に東京地下鉄（東京メトロ）が申請していた、2つの新しい延伸線が事業許可された。同社の「東京メトロプラン2024」の一環で、都心での鉄道建設は久方ぶりで注目される。これは2021（令和3）年3月の交通政策審議会答申などを受けての事業許可である。

　許可路線の一つは有楽町線の延伸で同線・豊洲〜大江戸線・住吉間、もう一つは南北線の延伸で同線・白金高輪〜品川間だ【路線図❶】。

　最初の有楽町線の延伸線が建設されれば、「東京東部・北部及び千葉方面と臨海副都心（国際競争力強化の拠点）や、観光拠点（例：豊洲市場、東京スカイツリー）とのアクセスの改善を図る。併せて東西線の混雑緩和に寄与し、混雑率（木場駅〜門前仲町駅間）をピーク1時間あたり約20％低減できる」（東京メトロ広報要旨）の効果があるという。豊洲〜住吉間での乗り換えで掛かる所要時間も、現在の約20分が直通させると約9分に短縮されるという。ルートは豊洲で新木場へ

向かう有楽町線と枝分かれし、東陽町で東西線と連絡のうえ東京メトロ半蔵門線・都営新宿線の住吉駅へと接続するというもの。

ところでかつて新交通システム・ゆりかもめ（東京臨海鉄道新交通臨海線）が新橋〜豊洲間線を延長させ、勝どきまで敷設する計画があった（2000年・運輸政策審議会答申＝【路線図❷】）。当計画は生きているものの

2016年の交通政策審議会答申では外され、延伸の期待は薄れてしまった。

一方の白金高輪〜品川間の南北線延伸線は、南北線・白金高輪駅で分岐し品川駅方面に新線で延伸するもの。目的は「リニア中央新幹線の始発駅となる品川駅から、六本木・赤坂等の都心部とのアクセス改善」（同）を図る路線である。短縮時間は品川駅〜都営三田線・白金高輪間が約19分から約9分に短縮される。

東京都の都市計画事業の決定など諸々の手続きを経て、事業許可から2年半を掛けた2024（令和6）年11月に工事へ着手した。両路線とも2030年の半ばを開業としている。しかし埋設物の移設など、竣工までには課題も少なくない。地下鉄建設は昨今の都心の交通事情解決の主役である。都民の期待は高い。

【路線図❶】 新駅も幾つか開設し利便性を図る計画だ＝出典：「有楽町線および南北線の延伸計画」（東京メトロプレスリリース）

【路線図❷】 計画が消えてしまったゆりかもめの延伸線＝出典：都港湾局「2015年版事業概要」

未成線はいま
総武線・錦糸町へも延伸させたい計画線

品川〜白金高輪間は、京浜電鉄青山線の未成線に似たルートなので(167頁参照)、豊洲〜住吉間の有楽町線の延伸計画線を辿ることにする。

まずはゆりかもめの未成線である豊洲駅から大江戸線・勝どき駅に向けて歩く。高架・豊洲駅の先端は、いかにも延伸を待つように、途中で切られながらカーブする高架線が突き出ている【写真❶】。いかにも不自然な姿で、地元の人々はどう感じているのだろうか。

駅から北進して晴海通りから工事中の春海橋を渡

【写真❶】 ゆりかもめ豊洲駅では、延伸計画があったため高架線が勝どき駅方向に向け途切れたままになっている

117

り、その後に右折して朝潮運河に架かる黎明橋【写真❷】を越えると勝どき駅【写真❸】が見えてくる。約2.2kmの距離なので30分ほどで着いてしまう。現地で聞いてみると、バス便も多く「あればよい」という感じであった。

豊洲駅に戻り東京メトロの有楽町線の計画線を歩く。ゆりかもめ終点の豊洲駅から三ツ目通りを東進し、朝凪橋と白鷺橋を渡ると仮称・枝川駅（江東区枝川2-3付近）【写真❹】の地点に着く。汐見運河に近い三角地帯に開設予定という。地下を走る京葉線を越えて次は四ツ目通りを北進し、しばらくすると東西線・東陽町に出る。

同駅から北上すると、仮称・千石駅【写真❺】が設置される計画地点（江東区千石2-11付近）に着く。少し歩くと終点の都営新宿線・住吉駅【写真❻】に至る。

東京の鉄道独自の、南北に縦断する路線を充実させる計画である（メトロセブン・エイトライナー等＝90頁参照）。建設されれば便利になると思われるものの、さらに延伸させて住吉駅から総武線・錦糸町駅へも乗り入れたい気もする。

帰路ではせっかくなので、豊洲市場内で寿司をつまむことにする【写真❼】。しかしビル中の江戸寿司は雰囲気の点で、青空が身近に見える築地場外市場の味には今一つ及ばない気がした。　　　　（2023年10月取材）

【写真❷】　ゆりかもめ計画線では朝潮運河を渡り、勝どき駅に向かう

【写真❸】　ゆりかもめ・豊洲駅からの延伸計画がある大江戸線・勝どき駅

【写真❹】　仮称・枝川駅が設置される三角地帯付近

【写真❺】　仮称・千石駅が設置予定の四ツ目通り付近

【写真❻】　有楽町線が延伸する予定の都営新宿線・住吉駅

【写真❼】　ビル中での豊洲市場の寿司店通りは少し味わいに物足りなさも

都営地下鉄・大江戸線(光が丘〜大泉学園町間)
駅設置場所も確保して準備進む

【DATA】未成線・都営地下鉄大江戸線延伸線
事業者：東京都交通局　**区間**：光が丘(練馬区)〜大泉学園町(練馬区)〜東所沢(埼玉県)間
距離(練馬区内)：3.2km　**軌間**：1435mm

History
延伸区間では地元・練馬区が強力に推進

　東京区部を半環状の「6の字」型に走る都営地下鉄「大江戸線」(都営12号線)。同線は、1991(平成3)年12月開業の新宿〜光が丘間12.9kmの放射路線と、2000(平成12)年12月開業の新宿〜都庁前間27.8kmの環状路線の2路線で開業している。

　開業を控えて放射路線の終点・光が丘駅から西側に向けては、地元・練馬区を中心に延伸の声が高まる。そこで1988(昭和63)年、地域住民などで構成する「大江戸線延伸促進期成同盟」を結成して実現に向けての取り組みを始めた。

　区民の声を受けて国土交通大臣は運輸政策審議会へ当線の敷設是非について諮問する。同審議会は2000(平成12)年に「光が丘駅から大泉学園町間については目標年次までに整備着手することが適当な路線」として位置づけた。2008(平成20)年の交通政策審議会でも「優先して建設すべき路線」と積極答申する。

　これらの答申や区民の要望を受けて2023(令和5)年2月の都議会で小池百合子知事は「収支採算性について調査する」と表明し、延伸の実現性を高めるとする。そして「大江戸線延伸にかかる庁内検討プロジェクト」を立ち上げて検討を指示した。練馬区では導入区間となるルート上【地図】に駅用地の確保し、一方では誘致看板、パンフレット【写真❶】などの区民向けPRを強化し、延伸実現に向けて動いている。

　計画線の終点予定駅・大泉学園町駅以西の埼玉県でも、練馬区の動きに並行してルート延伸の動きが起こる。1997(平成9)年には練馬区、清瀬市、埼玉県の新座市、所沢市が「都市高速鉄道12号線延伸促進協議会」を立ち上げ「大泉学園町〜埼玉・新座〜清瀬〜武蔵野線・東所沢駅間」(13.0km)の延伸活動を進めている。とはいえ埼玉県に至る路線については、2016(平成28)年4月の交通政策審議会答申では「関係団体で十分検討するよう」の表現に留めている。

【地図】　光が丘駅から西側は都道整備とともに、延伸線の準備も進められている＝出典：練馬区延伸計画資料

【写真❶】　練馬区の延伸PR用パンフレット「大江戸線延伸」

未成線はいま
駅舎設置場所の用地は確保済み

　既に事業化されている練馬区内の計画路線を歩いてみた。地下鉄大江戸線の終点・光が丘駅【写真❶】で地上に出て、マンモス住宅を横目に見ながら、新線の敷設計画がある都道443号線（笹目通りから土支田通り）を西進する。

　20分ほどで地蔵通りなどが交差する、仮称・土支田駅の予定地（練馬区土支田2-16付近）に着く【写真❷】。用地も広く開業時の駅のイメージも湧く。次の大泉町駅が設置される予定場所（練馬区大泉町3-24のもみじやま公園）も用地の広さから、いつ駅舎が建てられても大丈夫といった印象を受ける【写真❸】。

　区内終点の大泉学園町駅の地点は大泉学園通りに面した、大型電気店・ヤマダデンキ（・練馬区大泉学園町4-27-21）に隣接する駐車場のようだ。いずれ場所も「大江戸線延伸、早期に実現しよう」の大きな誘致啓発看板が立てられていた【写真❹】。同駅は、西武池袋線・大泉学園駅から北に2kmほど離れているが、この点では少し気になる。

　地元選出議員のPR看板にも「大江戸線延伸、東京都知事、練馬区に3駅新設発表!!」が書き込まれ、政治PRの材料にもされているようだ【写真❺】。

　ともあれ各地で看板などで誘致PRが盛んに行われ、区民も大いに期待しているように見える。財源等でのゴーサインが出れば、いつでも着工できそうな盛り上がりを感じた。（2023年7月取材）

【写真❶】　現大江戸線の終点駅・光が丘駅から西に延びる計画だ

【写真❷】　土支田駅予定地付近では大きな木の下に駅用地が確保されていた

【写真❸】　大泉町駅の予定地にも大きな誘致看板が立てられている

【写真❹】　終点・大泉学園駅はヤマダ電気に隣接する駐車場付近ということだ

【写真❺】　国会議員の活動報告版にも利用されていた

【計画ルート（練馬区内）】　光が丘〜土支田〜大泉町〜大泉学園町

Chapter.3
─廃線＆未成線編─

　鉄道には「廃線と未成線」が深く関わっているような路線が多く見られる。

　廃線や未成線は前章や別表の通り、東京23区部においても数多くが存在する。その中で廃線と未成線が一つに繋がっているような路線をいくつかあげることができる。

　例えば、一つの鉄道会社が、計画にそって路線建設に着手する。ところが一部の区間は建設できたものの、別の区間は建設できずに、未成に終わってしまうことがある。しかしすべての路線が建設できなかったため、当初の目的が果たせず、せっかく開業した区間も廃止しなくてはならなくなり廃線となる。

　片や、一定の目的をもって開業した路線も様々な事情で廃線となってしまうが、時代を越えて別の会社(機関)が同じような目的をもって、新たに建設をめざして計画を立ち上げるものの未成となってしまう路線もある。

　これらは歴史的にも「廃線と未成線が一体に近い」路線といえる。そこで本章では、「廃線編」「未成線編」で紹介するには違和感がある路線等について、「廃線＆未成線編」として章を設けることにした。

大森停車場前でのループ線をUターンする京浜電車　　出典：「京浜急行八十年史」

121

Chapter.3 01 羽田空港の利用客争奪の既存線にJR参戦
京急電鉄・空港線＆JR・羽田空港アクセス線

　日本の玄関空港といえば、昨今では「成田空港」(正式名「成田国際空港」)が頭に浮かぶ。だが元来は「羽田空港」がその位置を占めていた。羽田空港は国内便だけでなく、今でも50を超える国内外の航空会社が国内や世界各国との間に飛び、年間延べ1億人近い人々が利用している。近年になって「成田空港」や「関西空港」などの大規模な空港ができているが、航空機発着数や利用客数からも、国内第1位の座はいまなお揺らいではいない。

　同空港は「東京国際空港」と改称し、航空需要の増加に伴い拡充を続け発展していく。国内線の「日本航空」(JAL)や「全日本空輸」(ANA)はもちろん、アメリカやヨーロッパなどの外国航空会社の就航も相次ぎ、利用者は急増していった。本格的なハブ空港(拠点空港)的な役割も担い、そして今日を迎える。

　こうした中、増える羽田空港の搭乗客を都心に運ぶための鉄道競争が激しくなろうとしている。現在は「京急電鉄空港線」「東京モノレール羽田空港線」が、スピードや運賃などでサービスを競っている。しかし昨今、東急電鉄などが「新蒲蒲線」(137頁参照)の新設を目論み、リムジンバスも快適さを競うなどで参戦している。さらにここへ来て、JR東日本が休線・大汐線を活用した3ルートでの「羽田空港アクセス線」を計画、工事に着手して戦いに挑むことになった。

　羽田空港周辺へのアクセスを古くから担ってきた現京急電鉄(旧京浜電鉄)空港線の廃線(付替)区間と、新たな発想で都心への送迎客の争奪を目論む未成線のJRアクセス新線の現況を取材してみた。

搭乗客が急増の東京の玄関口・羽田空港(1986年6月10日)＝撮影：田口政典

京急電鉄・空港線（稲荷橋～初代・羽田空港間等）
羽田空港への乗り入れ競争を経て

【DATA】事業者：京急電鉄←東京急行電鉄←京浜電気鉄道
廃線・旧穴守線・廃線区間　区間：稲荷橋（大田区）～旧穴守（大田区）間　距離：0.8km
　軌間：1435mm（1933年）←1372mm（1904年）←1435mm（開業時）
　開業：1902（明治35）年6月28日（1913年12月、穴守駅0.8km移設）
　廃止（旧羽田空港～穴守間）：1971（昭和46）年1月24日
廃線（付替）・空港線・付替区間　区間：穴守稲荷（大田区）～初代・羽田空港（大田区）間　距離：5.6km
　軌間：1435mm　廃止（付替・地上線）：1993（平成5）年4月1日（地下化）

History
オリンピック契機のモノレール誕生で競争が激化

　最初に羽田の地へ鉄道を敷設したのは「京浜電気鉄道」（現京急電鉄）で、1902（明治35）年6月に蒲田駅（現京急蒲田駅）～穴守駅（初代）間の単線「穴守線」（「羽田線」とも）を開業した。開業目的は羽田島内にある穴守稲荷神社【写真❶】への参詣客の送迎である。敷設にあたっては6社からの出願のうち、京浜電鉄が特許された。敷設したものの終点・穴守駅は神社からほど遠かった【地図❶】、そこで1913（大正2）年の大みそかに、新たな「穴守駅」（旧穴守駅は羽田駅へ改称＝【写真❷】）を新設して神社の目前へ延伸させた【地図❷】。
　その後に島内の埋め立てが進み、軍民双方からの輸送の必要性から1931（昭和6）年8月、民間飛行場としての「羽田飛行場」が正式に開港する。しかし終戦を迎えた1945（昭和20）年9月、飛行場は駐留米軍（GHQ）に接収される【地図❸】。このため京浜線の稲荷橋駅（現穴守稲荷駅付近）～穴守駅間全線と京浜蒲田駅～稲荷橋間の片側線が米軍の支配下に置かれてしまう（134頁参照）。
　同電鉄は1948（昭和23）年6月に「京浜急行電鉄」と改称するが、4年後の1952（昭和27）年11月にGHQから京浜蒲田駅～稲荷橋駅間が返還される。そこで空港客輸送を視野に1956（昭和31）年4月、新たに「羽田空港駅」（初代＝現大田区羽田5-14）を設置し【写真❸】、穴守稲荷（旧稲荷橋駅を改称）駅から空港へ乗り入れた。とは

【写真❶】　現空港線は「穴守線」といい、穴守稲荷神社への参詣客の送迎を目的の開業した＝出典：絵葉書

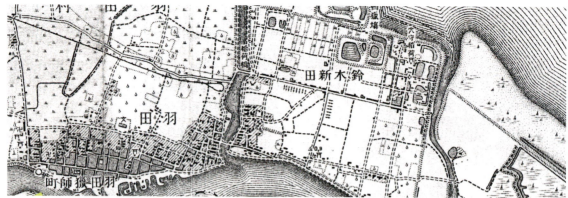

【地図❶】 1902（明治35）年6月の開業時には、羽田島（「鈴木新田」の表示で今の羽田空港）の手前の海老取川西側に終点・穴守駅を設置し、ループ状で方向転換し蒲田方面に戻っていた。穴守神社の参詣を目的に開業したが神社からは程遠かった＝出典：「大森」（1906年）

【写真❷】 倉庫風デザインの旧穴守駅（1916年）＝出典：絵葉書

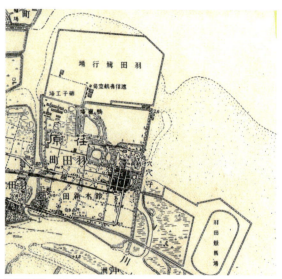

【地図❷】 1913（大正2）年12月に路線は海老取川を越えて羽田島内に延伸、穴守神社南側に終点・穴守駅が新設される＝出典：「東京東南部」（1916年）

【地図❸】 戦後の1946（昭和21）年8月には、GHQ接収で羽田島内の路線は休止・廃止となる。終点駅・稲荷橋は海老取川からかなり離れた場所に設置された（1955年）

【写真❸】 地下化が始まる前の終点・羽田空港駅でホームには蒲田駅方面へ戻る木造車両が待機している。距離があった駅から空港まではバスで送迎した。（1956年4月） 撮影：吉村光夫

124

いえ羽田空港駅から空港ターミナルへは距離があり、送迎バスに乗り換える必要があった。空港アクセス線としてはあまり機能しなかったとされる【地図❹】。

それより以前の1963（昭和38）年11月、東京オリンピックを控えて「穴守線」から「空港線」と改称し、本格的な空港アクセス線の整備に取り組む。オリンピックでは世界からの観光客等を迎えるため、羽田空港（1952年「羽田国際空港」と改称）と都心間を結ぶ交通機関の充実が求められた【写真❹】。

こうした中で1964（昭和39）年9月、用地買収の困難から起点駅・新橋駅を浜松町駅に変更するなど（両駅区間は未成線）、紆余曲折した末に「東京モノレール」が開業する。モノレールは1993（平成5）年9月には国内線ターミナルビル（愛称・ビッグバード）の開業を機に、羽田整備場駅（現整備場駅）〜羽田駅（1998年に「天空橋駅」へ改称）間を廃止、新たに整備場駅からターミナルビル内の新「羽田空港駅」（現羽田空港第1ターミナル駅）へ乗り入れるルートに変更した。

片や空港乗り入れをモノレールに先行された京急は1971（昭和46）年1月、穴守稲荷〜羽田空港間を地下化（付替え）して高速化に備えた。1993（平成5）年4月には海老取川を越えた地点に羽田駅（現天空橋駅。初代羽田空港駅は廃止）を新設して、駅から空港ターミナルまでの遠距離を改善した。さらに1998（平成10）年11月に羽田駅を天空橋駅と改称し、空港内に新たな羽田空港駅（2代目。現羽田空港第1・2ターミナル駅）を設置、空港ターミナル内に乗り入れた【地図❺】。

こうしてモノレールと同じ土俵に立って闘うことになり、京急は今日までスピードや運賃などでモノレールとの競争が続いている。

【写真❹】　羽田空港の駅名が書かれた鉄橋から空港方向へ進む（1977年12月23日）＝撮影：田口政典

【地図❹】　1956（昭和31）年4月には海老取川西側に隣接して羽田空港駅（東京国際空港）を開業するも、空港までは遠くバスで送迎した（1981年）

【地図❺】　1998（平成10）年11月には海老取川を越え、天空橋駅から島内の新設・羽田空港駅までが延伸される（2006年）

125

廃線跡はいま　　（穴守稲荷駅〜初代・羽田空港駅間）
旧羽田空港駅は空港に遠く廃止へ

　戦前から路線ルートの変化が激しかった京急空港線だが、廃線区間の旧穴守線は空港内にあるので、地下化された廃線（付替）跡を中心にたどった。

　京急蒲田駅から走ってきた地上線は、穴守稲荷駅を過ぎると一気に地下に潜る【写真❶】。駅前に鳥居が構える穴守稲荷駅【定点観測】で下車して、付け替えた地上線跡を空港側に向けて歩く。線路跡は横に長いので、道路や児童公園などとなって海老取川まで続く。途中の左側には開業時の当鉄道が敷設目的とした穴守稲荷神社が、島内から移転して建っている【写真❷】。

　直進道路を海老取川の手前まで進むと、ピストン輸送のバスへの乗り換える必要があった旧終点・羽田空港駅跡（現三井のリパーク羽田天空橋駅前第2駐車場）に突き当たる。以前から駐車場だったが、いかにも鉄道が乗り入れていたという雰囲気を醸し出す。駐車場の入り口近くは10年ほど前とは変わり、事務所らしい建物が新築され風景を一変させていた【写真❸】。こ こを「羽田空港」駅と命名したのは飛行場が臨めたからかもしれないが、飛行場まではかなりの距離があり、確かに「名前負け」の感がある。

　海老取川に架かる人道橋の天空橋【写真❹】を越えると旧島内に至るが、京急が初めて空港ターミナルへ乗り入れた「天空橋駅」【写真❺】に着く。今では空港の拡張もあってターミナル駅ははるか遠くにありここからは見えないが、試行錯誤しながら空港乗り入れを果たした京急の歴史がよみがえってくる。

（2023年7月取材）

【写真❶】　穴守稲荷駅を過ぎると線路は地下に潜り羽田空港に向かう。

【定点観測】
戦後の旧穴守稲荷駅（左写真）で駅前にはトラックも入れた（1977年12月）＝撮影：田口政典。今では駅前には商店街とともに大き鳥居が経つ（右写真）＝田口重久

126

【写真❷】 氏子等の協力によって島内から移転した現穴守稲荷神社

【写真❹】 海老取川に架かる駅名由来の天空橋

【写真❺】 羽田駅の駅名だったが空港が近いとの誤解があるため天空橋駅と改称した

【写真❸】 旧羽田空港駅跡の駐車場入り口には現在建物ができている

127

【地上線を走るクハ160型電車】
現在では羽田空港ターミナル各駅へは複線の地下線で乗り入れているが当時、穴守稲荷駅から海老取川手前の終点・羽田空港駅までは単線の地上線で走っていた（1965年3月18日）
撮影：諸河久

JR東日本・羽田空港アクセス線（旧大汐線～羽田空港新駅間等）
残る旧大汐線の架線柱や橋梁を活用

【DATA】
実質廃止線・大汐線　事業者：日本国有鉄道←鉄道省←鉄道院　区間：旧大汐線（千代田区）～浜松町（港区）
　距離：1.9km　軌間：1067mm　開業：1914（大正3）年12月20日　廃止〈実質〉：1986（昭和61）年11月1日
休止線・大汐線　事業者：JR東日本←日本国有鉄道　区間：浜松町（港区）～東京貨物ターミナル（品川区）
　距離：7.1km　軌間：1067mm　開業：1973（昭和48）年10月1日　休止：1998（平成10）年1月30日
未成線・羽田空港アクセス線　事業者：JR東日本
◇東山手ルート　区間：羽田空港新駅（大田区）～田町～東京～上野　距離（羽田空港新駅～田町駅間）：約12.4km
　所要時間：羽田空港新駅～東京駅間約18分　完成予定：2031年度
◇西山手ルート　区間：羽田空港新駅～大井町駅～新宿・池袋方面
　距離（羽田空港新駅～新宿駅間）：約17.0km　所要時間：羽田空港新駅～新宿間約23分
◇臨海部ルート　区間：羽田空港新駅～東京テレポート～新木場
　距離（羽田空港新駅～東京テレポート駅間）：約5.0km　所要時間：羽田空港新駅～新木場間約20分

History
日本最初の鉄道駅を起点に貨物専用線

　羽田空港アクセス線として運行している京急電鉄空港線と東京モノレール羽田空港線の攻防に、いまJR東日本（東日本旅客鉄道）が参戦しようとしている。

　つい四半世紀前まで、旧汐留駅（旧新橋駅）から東京貨物ターミナル駅に掛けて「大汐線」（通称）という、JR東日本の「東海道線貨物支線」が走っていた。大汐線は大井ふ頭にある「大」井にある東京貨物ターミナル駅と、汐留の「汐」留駅を統合した略称である。

　同線は日本最初の鉄道が150年前に開業した1872（明治5）年10月から、旧新橋駅（後の「汐留駅」）～品川駅間を旅客線として走っていた部分路線だ。だが1914（大正3）年12月に現東京駅が開業すると、新橋駅は電車線・烏森駅（現新橋駅）に駅名を譲り、貨物駅・汐留駅【写真❶】と改称する。そこで汐留駅～浜松町～田町間は貨物専用線として生まれ変わる。

　また首都圏へ入る貨物量の増加に伴い1973（昭和48）

【写真❶】　新橋駅の駅名を譲り、貨物駅となった旧汐留駅の遠望（1986年11月）＝撮影：田口政典

年10月、旧国鉄は品川区八潮に貨物駅として日本最大の面積を持つ東京貨物ターミナル駅を開設、汐留駅〜同駅間を結ぶ貨物線としての大汐線の運行を開始する。だが貨物輸送のトラック化などによって輸送量が減少し、汐留駅は1986（昭和61）年11月に貨物の取り扱いを休止、同時に汐留〜浜松町間も休線となる。12年後の1998（平成10）年1月、都営地下鉄大江戸線の工事を機に浜松町駅〜東京貨物ターミナル駅間が休止された。

ちなみに大汐線は1990年代の一時期、「カートレイン九州」（車と一緒に移動できる列車）として、汐留（のち恵比寿・浜松町）〜東小倉間を「EF65PF形」のけん引で、20系客車などを連結しての運行に使われたこともある【写真❷】。

【写真❷】 大汐線は一時「カートレイン」の運行で使用された（1986年5月1日、汐留駅で）＝撮影：森川尚一

休線の活用計画
空港からの都心アクセス線で休線を活用へ

ここにきて搭乗客が増加している羽田空港から都心への輸送改善を進めるため、JR東日本は「羽田空港アクセス線」（仮称）構想を発表した。計画では旧大汐線を有効活用して、旅客化したうえで東京貨物ターミナル駅（品川区八潮3-3周辺）〜羽田空港新駅間に延長4.2kmのトンネル新線を建設する。そして空港から3ルートで東京駅、上野駅、渋谷駅、新宿駅、新木場駅などへ直通列車を走らせるというものだ【地図❶】。

アクセス線計画は2000（平成12）年、「運輸政策審議会」で「東京臨海高速鉄道都心線（現りんかい線）の建設および羽田アクセス新線（仮称）の新設」でお墨付き（答申）を受ける。その後しばらくは当計画の進展はなかったが、2018（平成30）年にJR東日本は羽田空港アクセス線の具体案を発表した。

アクセス線計画での3ルートは、新宿・池袋方面に向かう「西山手ルート」、東京・上野駅方面への「東山手ルート」【地図❷】、新木場方面に向かう「臨海部ルート」である。このうち東山手ルートは旧大汐線を使って、2031年度の開業に向けて2023（令和5）年6月から着工している。この路線が完成すると、東京駅から羽田空港へは乗り換えを必要とする現行の約30分から約18分に短縮されるという。

【地図❶】 羽田空港アクセス線各ルート＝出典：「羽田空港アクセス線（仮称）整備事業」の環境影響評価調査計画書

【地図❷】 東山手ルート＝出典：「羽田空港アクセス線（仮称）整備事業」環境影響評価調査計画書

休線・未成線はいま
新路線へ向け工事中、計画通りの開業に期待

まずは旧大汐線の起点・旧汐留駅に向かう。いうまでもなく同駅跡には「旧新橋停車場」【写真❶】として、開業時の新橋駅舎が復元されている。周辺には高層ビジネスビルが建ち並び、汐留駅時代の面影はない【写真❷】。旧停車場から5分ほど歩くと、2000（平成12）年12月に都営交通・大江戸線の汐留信号所としてスタートした「汐留駅」（2002年には駅に昇格し、ゆりかもめ駅も同時に開業した）【写真❸】が見えてくる。足を進め隣駅・浜松町駅から東海道線に沿って、大汐線が分岐する田町駅に向かう。

同駅南側から新幹線回送線とともに分岐する旧大汐線の高架線が残り、再使用に耐えそうな頑強さを伺わせる【写真❹❺】。さらに天王洲付近の高架線には、運河をまたぐようにトラス橋が横断していた【写真❻】。

京浜運河に架かる若潮橋（品川区八潮1-1付近）からは、旧大汐線とともに新幹線やりんかい線が眼下に一

【写真❶】 旧汐留駅があった付近で現在は旧新橋停車場の復元駅舎が建つ

【写真❷】 汐留駅周辺は高層ビジネスビルが群集し休線の面影は確認できなかった

【写真❸】 「汐留」の駅名を引き継ぐ地下鉄・大江戸線＆ゆりかもめ・汐留駅は高架駅だ

【写真❹】 都心の道路を横断してまたぐ旧大汐線の高架橋（高浜橋付近で）

【写真❺】 浜路橋に架かる旧大汐線の頑強そうな高架線

【写真❻】 品川ふ頭付近に架かるトラス橋梁

望できる【写真❼】。工事は既に2023（令和5）年6月から開始されているが、線路沿いには「立入禁止」の看板が掲出され【写真❽】、線路に入り旧線を撮影することはできなかった。

75万㎡という貨物ターミナル駅（品川区八潮3-3付近）は、広大過ぎて撮影地の選定に苦心する。駅正面には歴史感漂う駅名看板が架かり重量感を漂わせる【写真❾】。鳥瞰撮影で狙うこととして大井中央陸橋（品川区八潮5-7）に上る。眼下には数十に上る線路が密集し、車両基地としての機能も併せ持つターミナル駅にふさわしい光景へ向けてシャッターを押す【写真❿】。HD300形らしい貨物機関車や珍しい佐川急便の鉄道輸送貨物車（「飛脚JRコンテナ」）が留め置かれ、壮観さを満喫する。

計画では当ターミナル内の約 2万3000 ㎡の用地を使って、羽田空港アクセス線の運行に必要な車両留置線や保守基地線を整備するとのことだ。

終端地・羽田空港新駅は「第1ターミナルと第2ターミナルの空港構内道路下に、最大幅約12m、延長幅4.2kmの島式1面2線のホームの地下駅を設置」（JR東日本資料）するという。JR東日本のWeb資料に記載されている新駅予定地のP3駐車場（大田区羽田空港3-4付近）周辺を探し求め、特定して撮影する【写真⓫】。

大汐線は休止扱いとなって25年が経つが、架線柱や橋梁などの設備はそのまま残っている。素人目には残存施設の再利用によって、計画通りに2031年度の開業が可能なように思えた。羽田空港がより身近になり、航空旅行がかなり楽になるような気がしてくる。期待したいものだ。

（2023年6月取材）

【写真❼】　手前が海側の単線の旧大汐線。中央がりんかい線、奥側が新幹線用線路（品川区八潮の北部陸橋付近で）

【写真❽】　改修工事中の看板が立ち構内には入れない旧大汐線沿線

【写真❾】　東京貨物ターミナル駅の正面口には駅名看板が立つ

【写真❿】　広大な東京貨物ターミナル駅では貨物機関車などが待機していた

【写真⓫】　地下駅としての羽田空港新駅が建設される予定のP3駐車場付近

【計画ルート】　◆東山手ルート＝羽田空港新駅〜東京貨物ターミナル駅〜田町駅付近〜東京駅
　　　　　　　◆西山手ルート＝羽田空港新駅〜東京貨物ターミナル駅〜大井町駅〜大崎駅〜新宿駅
　　　　　　　◆臨海部ルート＝羽田空港新駅〜東京貨物ターミナル駅〜東京テレポート駅〜新木場駅

Chapter.3 02 飛行場をめざす蒲田駅と蒲田駅間を結ぶ新旧線
GHQ旧蒲蒲線&新蒲蒲線

羽田空港への短絡と住民の交通不便の解消をめざして、東急蒲田駅〜京急蒲田駅間に鉄道を建設する「蒲蒲線構想」がいま進んでいる。ところが同区間には、終戦後の一時期にGHQ（駐留米軍）が運行する蒸気機関車が走っていたことを知る人は少ない。

日本が戦争に敗れて「京浜電鉄」（現京急電鉄）線の大半はGHQに接収される（123頁参照）。米軍は軍事利用するため、羽田飛行場（現羽田空港）の拡張を目論む。そこで飛行場に資材等を運ぶための鉄道を、国鉄・蒲田駅と旧京浜・穴守線間に走らせた。

一方いまは、わずか800mしかないJRと東急電鉄および京急電鉄の両蒲田駅間の両駅を乗り継ぐ人々は、徒歩か路線バスで連絡している。しかしここにきて両駅間を鉄道で結ぼうとする動きが活発化している。

だが実現には東急と京急のゲージの違いをいかに解決するかの課題や、一方では東急蒲田駅が通過駅となってしまうため、商店街の活力が低下するのではないかの懸念も出ている。関係団体などがじっくり話し合い、円滑に実現することが期待されている。

こうした2つの蒲田駅を結ぶ、「新旧の蒲蒲線」の歴史と今後をたどってみた。

終戦直後の国鉄・蒲田駅東口で、かつてはGHQの貨物線の起点であった（1967年）＝出典：駅前工事塀の掲出写真

駐留米軍・羽田飛行場連絡線（国鉄・蒲田駅〜京急・大鳥居付近間）
国鉄・蒲田駅と京急線を結ぶ貨物線

【DATA】廃線・駐留米軍（GHQ）羽田飛行場線（旧蒲蒲線）
事業者：駐留米軍（GHQ）　区間：知渡（大田区）〜国鉄・蒲田駅（大田区）〜大鳥居駅付近（大田区）間　距離：0.8km
軌間：1067mm　開通（工事完了）：1945（昭和20）年11月25日　廃止（撤去）：1950（昭和25）年3月頃

History
京急上り線レールを撤去して国鉄ゲージに敷き直す

終戦直後に羽田飛行場を接収した駐留米軍（GHQ）は、海老取川（現京急天空橋駅付近）以東の住民に対し「48時間以内に退去せよ」の強制命令を出す。このため京浜電鉄（現京急電鉄）の「穴守線」（現空港線）も接収の対象となり、海老取川東側の羽田島内へ向けて走っていた路線（123頁参照）は休止となってしまう。

とはいえGHQは大型機発着での飛行場を拡張の必要が生じ、砂利等の輸送機関が不可欠になってくる。そこで1946（昭和21）年11月、官民有地を接収して国鉄（現JR）・蒲田駅〜京浜蒲田（現京急蒲田）駅（駅南側）

【地図❶】～大鳥居駅付近間【写真❶】を結ぶ鉄道連絡線を建設した【地図❷】。当時は焼け野原だったので、1カ月も掛からないうちに敷設できたという。運行は国鉄が行い蒸気機関車を走らせた【写真❷】。「旧蒲蒲線」(「米軍羽田飛行場線」)ともいわれ、両駅の間には小規模の操車場も設置されていたとされる。

だが京急・蒲田駅から飛行場までの旧穴守線(1435㎜)と国鉄(1067㎜)とは軌間(ゲージ)が異なるので苦心する。そこでGHQは京急上り線を撤去して、国鉄軌間に合わせた軌間レールを新たに敷き直すことにした。その工事は大規模になったようだ【国鉄史】。

なお京急蒲田駅では京急本線を平面交差して穴守線に直結したとされるが、「あるいは連合軍貨物優先で(中略)、本線の電車もこの平面交差の『踏切』で足止めをくらっていたかもしれない。何しろ相手は進駐軍なのだから」(今尾恵介「地図と鉄道文書で読む私鉄の歩み」)と推測する。

しかし1950(昭和25)年3月にGHQが引き揚げると、国鉄蒲田～大鳥居間の線路は撤去されてしまう。一方改軌した京浜片側線も含む全線は1952(昭和27)年11月に返還され、京急では本来の1435㎜に改軌して複線での運行を再開、「空港線」(1963年改称)として今日に至っている。

【写真❶】 できて間もない環状7号線沿いに建つ旧大鳥居駅(1977年12月23日)=撮影:田口政典

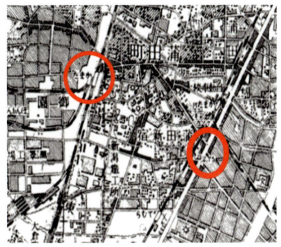

【地図❶】 国鉄蒲田駅(左○印)から逆くの字型ルートで現京急蒲田駅(右○印)方面と結んだ(1947年)

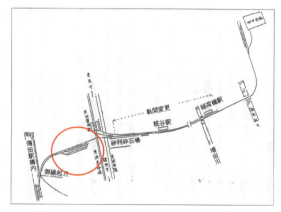

【地図❷】 両蒲田駅の途中には仕分線(○印)があったようだ=出典:国鉄「鉄道終戦処理史」

【写真❷】 国鉄蒲田～京急蒲田間を結んでいたGHQ線の機関車=出典:映画「本日休診」(モノクロ映画をカラー化したもの)

【国鉄史】【敷設工事の実態】「工事は、蒲田・京浜蒲田間に仕分線5本(延長約1,300米)の新設、旧穴守線の軌間変更、稲荷橋付近のこう配変更及び、飛行場内仕分線(延長約1,800米)の新設を含み、新設線路延長約3,100米、軌間変更約1,500米で、その付帯設備を含め、工事費は約280万円であった。工事は国鉄が実施し、終戦処理費より支弁された。この完成に先立ち、昭和21年3月18日蒲田・京浜蒲田間の仕分線2本が完成したため、取りあえず同20日より砂利の取卸しを開始した。線路工事は、11月25日に完了し、建物、電灯、通信等の付帯工事も昭和22年4月にすべて完成した」=出典:国鉄「鉄道終戦処理史」(1956年)

廃線跡はいま

京急〜JR・東急駅間をバス便での乗換客も多く

　駅に隣接するように建つ超一等地に庁舎を構える区役所で、「新蒲蒲線」の現況を取材してから旧GHQ線をたどる。

　以前に貨物駅があった現区役所付近のJR蒲田駅東口から、京急蒲田駅方面に向けて直行して歩く。路線バスの降車場がある一方通行の道を、京急蒲田方面から乗ってきた多くの人が急ぐように乗り換えていた。

　旧GHQが撮影した航空地図に表記されていたルートから考察すると、入口にアオキ紳士服店（大田区蒲田5-38）がある商店街通り（通り名はない＝【写真❶】）に軍用線路が走っていたようだ。直進して進むとやがて緩いカーブの道が見えてくる。当地付近には、仕分線（停

【写真❶】　当地付近の現商店街付近を旧GHQ連絡線が走っていた

【写真❷】　線路が撤去された廃線跡は、今では発展してビルの谷間を走る。この付近に留置線があったのだろうか。

【定点観測】
旧GHQ線は京急蒲田駅南側で京急本線を平面交差して穴守線（現空港線）に直接に繋がっていた（左写真＝1976年9月26日＝撮影：田口政典）。現在では線路は3階建ての高架線を走っている（上写真）

【写真❸】　2010（平成22）年頃に駅舎を改築した京急蒲田駅

【写真❹】　旧GHQ連絡線は大鳥居駅付近で旧京急線を合流していた（現駅舎）

136

車場での列車の組成・分解に使われる線路）があったというが、現在では痕跡は見られない【写真❷】。
　程なく左側にある八幡神社や妙安寺を過ぎると、京急蒲田駅南側の高架線に至る【定点観測】。GHQ線は貨物線だったので京急蒲田駅【写真❸】には立ち寄らず、踏切を越えて改軌した旧京浜電鉄穴守線（現空港線）の大鳥居駅【写真❹】付近へ直結させていた。

　米軍線で旧国鉄蒲田駅～大鳥居駅間を走っていた「旧GHQ蒲蒲線」は、800mほどの短小路線だった。とはいえ他に輸送機関がなかったので、GHQといえども鉄道敷設に頼るしかなかったのだろう。戦争に負けたとはいえ各地を歩いていると、GHQが膨大な用地を使って戦後の日本を支配していたことが目に見えてくる。

（2023年7月取材）

新蒲蒲線（矢口渡～東急蒲田～京急蒲田間）
ゲージ異なる両私鉄の連絡が難題

【DATA】未成線・新蒲蒲線
事業者：大田区（営業主体：東急電鉄）／区間：矢口渡（大田区）～東急蒲田～京急蒲田（大田区）／距離：800m／軌間：1067mm／構想（大田区東西鉄道整備調査書）：1989（平成元）年

計画と進捗状況
新会社も立ち上げての開通をめざす

　70年ほど前の1952（昭和27）年11月、国鉄（現JR）・蒲田駅～京急・蒲田駅付近間を走っていた旧進駐軍（GHQ）が敷設した羽田飛行場線（旧蒲蒲線＝134頁参照）は撤去された。しかし今、ほぼ同じ区間に鉄道を敷設する動きが活発化している【写真❶】。
　戦後の経済振興や人口増によって、両駅間を連絡する人々は急増してきている。わずか10分ほどの距離間移動だが、いざ歩くとなると不便さが伴う。現在ではバス便か徒歩しかないので、人々が両駅間を結ぶ鉄道への要望が高まるのは理解できよう。大田区も完成後には「①区内の東西方向の移動が便利に②新たな人の流れが生まれ、地域の活性化に繋がる③区内から羽田空港や渋谷・新宿・埼玉県方面へのアクセスが便利に」

【写真❶】　新蒲蒲線は東急多摩川線と京急空港線を結び羽田空港に直通させるプランである＝出典：「おおた広報」（2022年7月30日臨時号）

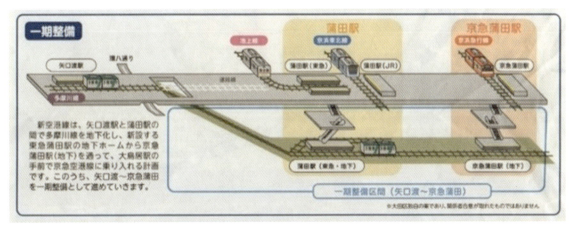

【写真❷】　ゲージが違う東急電鉄と京急電鉄線をいかに繋げるかが大きな課題だ＝出典：「おおた広報」（2022年7月30日臨時号）

（区報）などの効用をあげる。

　計画は、東急多摩川線・矢口渡駅付近から地下に入り、東急蒲田駅を経て、京急蒲田駅付近で京急空港線に繋げるルートである。しかし両駅間の移動の利便性だけでなく、一方の目的には、渋谷・新宿駅、埼玉方面から東急東横線や東京メトロ副都心線を利用して、羽田空港へのアクセス向上の実現がある。

　そこで地元・大田区等では「新空港線」（「新蒲蒲線」とも）と名付け、二つの蒲田駅を繋げる鉄道プランを検討している。費用負担は国が3分の1、東京都・大田区が7割（うち3割が東京都、7割を大田区）で固まったようだ。

　だが難題は軌間（ゲージ）が違う東急（1067㎜）と京急（1435㎜）の連絡である。2016（平成28）年4月の交通政策審議会でも「軌間が異なる路線間の接続方法の解決を進めるべき」として、鉄道建設の必要性を認めつつも難題解決の早急化を答申している。

　大田区が現在区民等に発表している案では「矢口渡駅～京急蒲田駅間は、単線の地下鉄を建設し東急蒲田駅に乗り入れる。乗客は同駅でエレベーターやエスカレー等で上部に上がり、京急蒲田駅に乗り換えて羽田空港駅に至る」（大田区構想＝【写真❷】）とした。直通運転はあきらめて、エスカレーターで乗り換える案を打ち出しているが、「①品川駅～羽田空港方面への路線を持つ京急のメリット・デメリット　②通過駅になってしまう可能性が高い蒲田駅周辺の商店街の立場」などの課題もあり、そう簡単にはいかないようだ。

　2022（令和4）年10月には大田区と東急電鉄の出資で、第3セクター「羽田エアポートライン㈱」が設立され具体化に向けて動き出している。

未成線はいま
地元や京急のメリット・デメリットの解決も課題

　計画線の「新蒲蒲線」（仮称）と呼ばれる路線は、東急多摩川線・矢口渡駅【写真❶】から京急空港線に繋げる「地下鉄線」だ。

　まずは地下に入る予定の矢口渡駅の南側【写真❷】から細道に入り、環状8号線を越えて終戦直前まで走っていた旧目蒲線（矢口渡～道塚～蒲田間）の廃線跡をたどりつつ東急多摩川線・蒲田駅まで歩く。

　蒲田駅に隣接して建つ大田区役所の庁舎には「成功させよう！新空港線（蒲蒲線）」ののぼりが立ち盛んにPRに努める【写真❸】。

　東急蒲田駅から計画地下鉄線・蒲蒲線（未成線）の道路上を、10分ほど歩くと京急蒲田駅に着く。駅前商店街の入口には買い物客の勧誘も兼ねて、近道・抜け道の標識も見える。「直通が実現すれば蒲田駅周辺は単なる通過、素通りされるだけの街になってしまう」のではないかという声も聞かれる。客足に大きく影響が出そうな商店街だ。とはいえ鉄道で繋がっていれば、区民はさぞ便利だろうと実感する。

　しかし一方の目的である、渋谷・新宿などから羽田空港と結ぶ路線としての資料を検証してみると課題も見える。渋谷方面からの乗客を確保できる東急電鉄にはうまみはあるが、品川駅から羽田空港までの直通路線（空港線）のドル箱路線を持つ京急電鉄にとっては、痛しかゆしとも思える。

　当計画は1982（昭和57）年、大田区の基本構想で構想が持ち上がってから既に40年ほどが経つ。開通までは乗り越えなければならない課題はまだ多いようだ。
（2023年7月取材）

【写真❶】　新蒲蒲線の起点駅・矢口渡駅で当駅から京急方面をめざす

【写真❷】　東急多摩川線・矢口渡駅先付近から地下に潜る計画だ（矢口渡駅で）

【写真❸】　のぼりを立てて区民へ盛んにPRをする大田区役所庁舎

【新蒲蒲線ルート】　矢口渡駅～東急蒲田駅～京急蒲田駅～大鳥居駅

Chapter.3 03 既存線から延伸する新線計画も無念に
玉川電鉄・砧線 & 京成電軌・白鬚線

　大正から昭和初期に掛けて空前の鉄道ブームが起こる。東京においても多くの鉄道会社が産声を挙げ、苦心しながら路線を建設していく。しかし長大路線を目論んで部分敷設しても、全線が敷けずに一部区間の開業で諦める会社も出てくる。あるいは短小鉄道を建設して、建設後さらに延伸路線を目論む路線も出現する。だが延伸区間の計画は様々な理由で開業できず、いっぽう中途半端のまま部分開業した路線はやがて廃止となってしまう。このような廃線と未成線が同居した路線も幾つか存在する。

　断念理由には資金繰りが立ちいかなくなったり、ライバル鉄道との抗争に敗れて無念の撤退など様々だ。建設した既成線だが、延伸の計画線を途中断念してしまった路線を追ってみた。

旧玉川電鉄では砧線の終点・砧本村駅から狛江方面へ延伸をめざしたが未成に終わった（1968年頃）＝提供：東急（株）

玉川電鉄・砧線と狛江線（二子玉川〜砧本村〜狛江村間）
砂利鉄から都市化で旅客鉄道へ

【DATA】廃線・砧線
事業者：東京急行電鉄←東京横浜電鉄←玉川電気鉄道　区間：二子玉川（世田谷区）〜砧本村（世田谷区）間
距離：2.2km　軌間：1372mm　開通：1924（大正13）年3月1日　廃止：1969（昭和44）年5月10日

未成線・狛江線
事業者：東京急行電鉄←東京横浜電鉄←玉川電気鉄道　区間：砧本村（世田谷区）〜狛江村（狛江市）
距離：4.3km　軌間：1372mm　出願：1925（大正14）年5月30日　免許：1929（昭和4）年7月2日
失効：1952（昭和27）年6月4日

History
車社会の進展で延伸も断念

　「玉電」の愛称で知られる「玉川電気鉄道」（現東急電鉄）は元来、多摩川河川敷で取れる砂利輸送のための鉄道であった。まず1907（明治40）年3月、渋谷（旧道玄坂上）〜玉川（現二子玉川）を全通させる。次いで1924（大正13）年5月の「天現寺線」（渋谷〜天現寺橋間）、翌1925（大正14）年5月の「下高井戸線」（世田谷〜下高井戸間で現世田谷線）、1927（昭和2）年3月の「中目黒線」（渋谷橋〜中目黒間）、同年7月の「溝ノ口線」（玉川〜溝ノ口間）を次々と開業していく。

　こうした新線ラッシュの一つとして、関東大震災から半年後の1924（大正13）年3月、玉川駅〜砧駅（廃止時・砧本村駅＝【写真❶】）間2.2kmの砂利鉄「砧支線」を開

139

【写真❶】 田園風景ともいえる静かな場所に終点・砧本村駅はあったが徐々に都会化されていく（1968年11月7日）。
提供：東急㈱

【写真❷】 砧本村駅から狛江方面に向けて延伸する計画だった（1968年11月7日）＝提供：東急㈱

業する。震災後の復旧工事での砂利への需要も高くさらに、砂利鉄道としての経営基盤を広げるための運行開始であった。砂利輸送に便乗するように旅客輸送も併結している。

　砧線開業の翌1925（大正14）年5月には、「不便なるこの地方の交通・運輸の利便を増進する」（出願書）として、同線終点・砧駅【写真❷】を起点として宇奈根・喜多見・陣屋・猪方を経由して、狛江村（1927年4月に開業したばかり現小田急電鉄・和泉多摩川駅付近）に至

【地図】 二子玉川駅（右○印）から砧本村駅（中○印）までは開業できたが、同村駅から小田急線・和泉多摩川駅（左○印）付近までの計画線は、未成に終わった

る延伸線（仮称・狛江線）を出願した【地図】。4年後の1929（昭和4）年7月に特許を得るも1938（昭和13）年4月、玉川電鉄は「東京横浜電鉄」（現東急電鉄）に合併されてしまう。延長線の特許は東横電鉄に引き継がれ、敷設に向けて生き残ることになる。

いっぽう既成・砧線は合併の翌1939（昭和14）年6月、当地の人口増などに伴い砂利輸送を廃止し、軌道法に基づく旅客専用の「路面電車」で再スタートさせる。そして6年後の1945（昭和20）年10月、砧線と溝ノ口線を地方鉄道法の一般鉄道で運行するように変更した。こうして輸送実績も伸び、朝夕には2両連結も走るようになっていく。

しかしその後、自家用車や路線バスの普及などで乗客は減少し、狛江方面への延伸線建設の必要性も薄れてくる。結局は着工もできないまま、免許取得から30年近くが経った1951（昭和26）年9月に廃止願を提出、翌1952（昭和27）年6月に正式失効する。こうして砧駅発の小田急線方面への延長線は断ち切れとなった。なお砧線の方は1969（昭和44）年5月、住民の廃止反対の中を【新聞記事】、半世紀近くの運行を終えて渋谷～二子玉川間の本線とともに廃止となる【鉄道文書】。

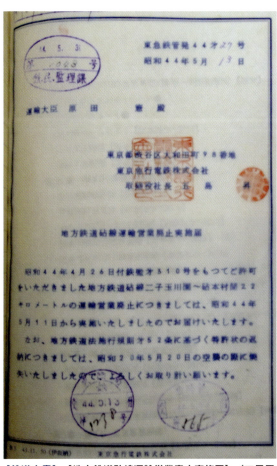

【新聞記事】 反対に対し代替バス運行で対応して解決へ向かう＝出典：「読売新聞」（1969年3月10日）

【鉄道文書】【地方鉄道砧線運輸営業廃止実施届】（二子玉川～砧本村間の砧線の運輸営業の廃止済届書）

「昭和44年4月26日付鉄監514号をもってご許可をいただきました地方鉄道砧線・二子玉川～砧本村間2.2キロメートルの運輸営業廃止につきましては、昭和」44年5月11日から実施いたしましたのでお届けいたします。
なお、地方鉄道法施行規則第52条に基づく免許状の返納につきましては、昭和20年5月20日の空襲の際に紛失しましたので、よろしくお取り計い願います」
（届出日：昭和44年5月13日／届出者：東京都渋谷区大和田町98番地・東京急行電鉄株式会社取締役社長・五島昇／受理者：運輸大臣・原田憲）＝所蔵：国立公文書館

廃線跡はいま （二子玉川～砧本村間）

住民の尽力で廃線跡の痕跡を保存

砧線の起点駅である二子玉川駅周辺は昨今、東京でもおしゃれな街といわれて人気が沸騰している。筆者は上京時に一時、旧玉電の桜新町に住んでいた。遊園地・二子玉川園などで楽しんだこともあり、車両やきっぷの写真に懐かしさがよみがえる。

二子玉川駅から北東側に出て、ほぼ90度のカーブを経由し国道246号の玉川通りを渡ると、本格的に残る旧砧線の廃線跡の遊歩道に入る。旧中耕地駅跡には駅跡を証明する「砧線中耕地駅跡」「砧線軌道跡」と書かれた表示板が立っていた。他にもレールをモチーフにし

141

たタイルをはめ込んだ遊歩道が走り【写真❶】、旧駅舎や車両のイラストが描かれたプレートやマンホール蓋なども作られている。住民に身近だった路線と駅跡を後世に残そうとした、地元民の高い意識が感じられる廃駅である。

遊歩道から少し離れたバス通り沿いには、玉川電鉄線の現役時のグッズを保存している「玉電と郷土の歴史館」があるので、いつもの通り訪ねる。同館は旧そば店経営の大塚勝利さんが運営しており、玉電の歴史を実物グッズとともに得られる貴重な博物館的施設である【写真❷】。

さらに10分ほど線路跡を西進し多摩堤通りを越えると、野川に架かる吉沢橋が見える。同橋には吉沢橋を渡る現役時の車両写真がはめ込まれた解説板があり、当時の運行イメージが湧いてくる【写真❸】。橋脇には旧東急電鉄の社章が刻まれた境界柱も立つ【写真❹】。

途中には多摩川川岸に向かうルートのような道路も見受けられる。当駅からは多摩川川原に向けて、砂利輸

【写真❶】 旧駅付近の遊歩道には線路のモチーフが埋め込まれ案内柱も見られた

【写真❷】 趣味で玉電を中心とする博物館を開いた大塚さん

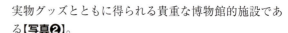

【写真❸】 吉沢橋など沿線には砧線の解説板がいくつか立つ

【写真❺】 多摩川の砂利掘削地へ向かう旧線跡の道路が分岐する

【写真❹】 吉沢駅脇に埋まっている旧東急の社紋入りの境界柱。社紋は1942年に制定され1973年まで使われた

送用のトロッコ枝線が敷かれていた【写真❺】。採取された砂利は集積場からトロッコで当駅まで運ばれ、丸太で組まれた砂利を保管する保管槽（当時の地図には「砂利取場」の表現も）に収容される。砂利は保管槽の下に待機していた無蓋車（むがいしゃ）に積み込まれ、当駅から玉川線経由で渋谷駅まで運ばれた。

東京都水道局砧浄水場の前を進むと、間もなく終点・旧砧駅【定点観測】が見えてくる。駅名は当時の地名（当時・東京府北多摩郡砧村字鎌田小字本村）から命名したが、1961（昭和36）年2月に小字名（本村）を足して「砧本村駅」と改称している。

現在は砧線廃止の代替線として運行されている、二子玉川駅からの路線バスの終点ターミナル（143頁参照）となっている。バス停前の待合ベンチは砧線当時のものという。当駅は櫛形ホームで終点らしい雰囲気があり、きっぷ販売などの委託を受けた「TKK」（東京急行の略号）の看板を掲げた売店が1軒営業していた。当時の売店と似ているので、ランチを食べながら聞いてみたが「全く関係ない」の返事にがっかり。

とはいえ23区内では廃線跡の痕跡が、十分に残っている貴重な区間である。

【定点観測】狛江へはここ旧砧本村駅から延伸させる計画だったが、今は東急バスのターミナルになっている（左写真：1965年頃＝提供：東急㈱と上写真：2022年8月）

未成線跡はいま　（砧本村駅〜狛江村）
名刹などを経由するルートで小田急線へ

狛江方面に向けての起点駅の「砧本村」から歩くことにするも、いきなり驚かされる。現役時代から使われていた待合用のベンチが撤去されて、ボックス型に代わっていた【定点観測】。撤去される2022（令和4）年12月には、目前にキャンパスがある駒沢大生によって「さよならイベント」が行われたという。東急バスでは、再利用の形でとりあえず保管しておくようだ。老朽化されていたので交代はやむを得ないものの、少しもったいない気がする。

気を取り直してミノファーゲン製薬があった現駒沢大学キャンパスの脇から、出願書に添付されていた地図【地図】を頼りに未成線ルートをたどることにする。すると偶然に2ヵ月前にデビューしたばかりという「オンデマンドバス」（循環バス）に出会う【写真❶】。そのマイクロバスで最初の計画駅「宇奈根駅」に向かう。出願書の地図を頼りに宇奈根ハンカチ公園バス停で降り

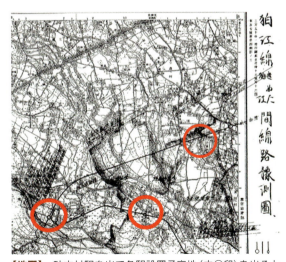

【地図】砧本村駅を出て各駅設置予定地（中○印）を出ると小田原急行鉄道（右○印）・和泉多摩川駅（左○印）に向かう路線だった＝所蔵：東京都公文書館

るが、住宅が並んでいるだけなので駅の予定場所の特定は断念する。ともあれ現水道道路沿いにあったことだけは間違いなさそうだ。

やや猛暑に近い中で水道道路を離れ、次の「陣屋駅」(世田谷区喜多見5-19付近)になったと思われる知行院(世田谷区喜多見5-19-2)付近へ向かう。知行院が徳川家とも深いゆかりがあったこともあり、付近を陣屋と呼んだようだ(近くに「陣屋のはたけ」もある)。名刹もあり多くの人々の乗降も見込まれたのであろう。今では同寺付近は静かなところだが、なぜかここだけはスーパーや小売店が集まっていて不思議な空間だ【写

【定点観測】
現在のバス待合所の上屋・ベンチは、電車・砧線で使っていたものが現役として使われていた(右写真＝2022年8月)。今はベンチが撤去されて新しくボックス型の待合所が設置された(下写真)

真❷】。以前から門前町としてにぎわっていたらしいので、駅の候補地として指定したことには納得がいく。

次の予定駅と思われる「本村駅」(同区喜多見4-16付近)を求めて、水道道路に戻り西進する。本村駅の場所は三重の塔【写真❸】がそびえる慶元寺のあたりのようだ。当時の人々は社寺に対して敬愛の念が強かったの

【写真❶】 デビューしたばかりの「オンデマンドバス」に出会う

【写真❷】 陣屋駅の設置予定だったと思われる知行院付近は小さなにぎわいを見せる

【写真❸】 本村駅が設置される予定付近の慶元寺・三重の塔

で、徒歩での参詣客も多かったのであろう。駅設置の地点としては自然と思われる。

次の駅の「猪方駅」（狛江市猪方2-4付近）は、水道道路を南下した「白旗菅原神社」に近いと思われる【写真❹】。神社前には広いスペース・道路もあり、当地を経由しても違和感はない。

終点地は出願書の記載では「狛江村大字和泉字玉泉寺前（中略）の小田原急行起業線多摩川停車場予定地前に至る」とある。記載の多摩川駅（現和泉多摩川駅＝【写真❺】）はまだ開業してないので、「停車場予定地前」の表現にしているようだ。駅の目の前には出願書記載の玉泉寺が建っていた【写真❻】。

歩いて来た経路を振り返ってみると、当線予定駅は神社仏閣付近が多く、参詣などで乗降客が多く期待できる地点に駅を設置する計画だったことが読み取れる。

（2023年5月取材）

【写真❹】 猪方駅の設置予定地と思われる白幡菅原神社前

【写真❺】 砧駅から延伸して乗り入れる計画付近の現和泉多摩川駅

【写真❻】 出願書に記載のある終点駅・和泉多摩川駅裏の玉泉寺。「玉」（玉川）・「泉」（和泉）と、は泉多摩川の駅名にゆかりがあるような寺名だ

【計画線ルート】　砧線終点駅・砧～宇奈根～陣屋～本村～猪方～狛江村（現小田急電鉄・和泉多摩川駅付近）

京成電軌・白鬚線と三ノ輪橋延長線（向島～白鬚～三ノ輪橋間）
路線敷いて都心進出をめざすも断念

【DATA】廃線・白鬚線
事業者：京成電軌軌道　区間：向島（墨田区）～白鬚（墨田区）間　距離：1.4km　軌間：1372mm
開通：1928（昭和3）年4月7日　廃止：1936（昭和11）年3月28日

未成線・三ノ輪延長線
事業者：京成電軌軌道　区間：白鬚（墨田区）～三ノ輪橋（荒川区）　距離：3.0km　軌間：1372mm
出願：1917（大正6）年8月11日　特許：1918（大正7）年12月24日　失効：1920（大正9）年6月21日

History
軌間が同じ王子電軌線で都心をめざす

　都心への乗り入れが悲願だった「京成電気軌道」（現京成電鉄）は、当時のターミナル駅・押上駅から浅草への乗り入れを目論む。出願にあたっては必要とする東京市会の同意だが、同市会の反対に京成は苦しむ。繰り返して働きかけるものの、市会の壁は厚く幾度となく「NO」を繰り返される。同時期に浅草方面をめざしていたライバル・東武鉄道に免許を先取されてしまう。
　京成は浅草乗り入れを諦めるように、代替案である「白鬚線」の建設を画策する。
　ルートは向島駅（京成曳舟～荒川＝現八広＝駅間にあった駅で現在は廃止）から隅田川に架かる白鬚橋を西進し、王子電気軌道（現都電荒川線）・三ノ輪（後に「三ノ輪橋」）停留場【写真❶】までである【地図】。王子電軌は京成の1372mmと軌間が同じで、三ノ輪橋～山手線・大塚間を運行していた。
　出願は1917（大正6）年8月で、翌1918（大正7）年12月には特許を取得する。もっとも京成では白鬚線開業の理由を「もともと地元民の要請によって敷設を急遽に決意したもので、千住方面（市電と連絡目的か）との連絡を密にするため、1917（大正6）年頃から企画されていたものです」（「京成電鉄55年史」）として、三ノ輪橋延伸と併せて、地元から要望されており、以前から計画していた予定線だったという。
　とはいえ同線は短距離路線ながら用地買収などにてこずり、4回にもわたっての工期延長申請を繰り返し

【写真❶】 白鬚線が延長し乗り入れを計画した王子電軌の起終点駅・三ノ輪駅（1935年）＝出典：「王子電気軌道25年史」

【地図】 向島駅（右○印）から東武鉄道（中○印）を高架線で乗り越えて白鬚駅（左○印）まで運行され、さらに地図左（西）側の王子電軌・三ノ輪までの延伸を目論んだ。
出典：「向島」（1931年）

【写真❷】 新線・白鬚線を敷設して写真の同線終点駅・京成白鬚駅から、隅田川を越えて王子電軌・三ノ輪橋までの延伸を目論んだ（1936年2月）＝出典：「京成電鉄五十五年史」

た。こうして1928（昭和3）年4月、たった1.4kmの向島駅〜白鬚（後の「京成白鬚」）駅【写真❷】間をひとまず開業し【路線図】、終点・三ノ輪橋停留場への延伸をめざした。13〜21分間隔で走り、所要時間は10分前後しかなかった【時刻表】。押上駅〜向島〜白鬚駅間の直通運行もあったという。

ところが高速運転への移行する時代にあって京成は、「路面電車・白鬚線と王子電軌線の両線の乗り継ぎではスピードにおいても効率的ではない。しかも都心への直通ルートではない」として見直しを迫られる。

もっとも三ノ輪橋経由のルートについては「しかし解せないのは、この分岐の方向である。成田方面から都心をめざすのであれば、同じ白鬚橋を通るにしても、先の（申請は後だが）荒川〜上野直通線のような線形が順当であるのに、この線形では押上から白鬚橋へ直通するにはいいが、成田方面からの電車は向島停車場でスイッチバックすることが必要で、いずれにせよ本線として活用できない」（今尾恵介「地図と鉄道文書で読む私鉄の歩み」）と疑問を投げかけている。しかも既設線・白鬚線に対し東京市から「市道の建設があるので線路を高架にして頂きたい」という無理難題とも思える要請を受ける。

そんな折「筑波高速鉄道」が持つ上野〜筑波山間の免許を取得する機会があり、青砥駅から日暮里を経て市内・上野への路線開業の目途が付く。

京成はこの免許を活かし1933（昭和8）年12月、現行ルートの上野公園（現京成上野）駅への乗り入れを果たす。上野乗り入れを果たしたことで、白鬚線を延伸させて都心進出をめざす必要性は薄くなってしまう。そこで白鬚〜三ノ輪間の計画線は1920（大正9）年6月に失効する。一方では、求められていた全線高架化も実現が難しいところ、白鬚線は開業から8年後の1936（昭和11）年3月、「バス路線への転換」を条件に廃止することとなる【鉄道文書】。

【路線図】　京成本線の向島（現廃止）から1.4kmの鉄道を敷き、終点・白鬚駅から延伸を目論んだ＝「京成電車御案内」（1929年）

| 向島・白鬚間 | 全區間 1.4粁　運賃 6銭　45分ヲ要シ | 向島發 5 12 ヨリ 11 50 マデ
白鬚發 5 20 ヨリ 11 55 マデ | 16 分毎ニ運轉 |

【時刻表】　早朝の5時台から深夜の12時間際まで走っていた白鬚線＝出典：「日本旅行社時刻表」（1934年12月号）

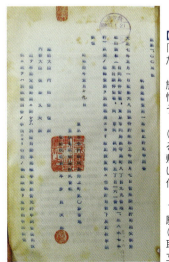

【鉄道文書】　【軌道運輸営業一部廃止許可申請書】（白鬚線の廃止理由）
「弊社白鬚線は、去る昭和3年4月以来引続き軌道営業をなし、地方の発展に貢献してきました。
　先般、東京府より長浦、玉ノ井間に於て、本線路を横断する都市計画1号の大路新設を実施するとの命令を頂きました。この個所に於て高架交叉に改築すべし、との命令について慎重に調査いたしました。本件は既成線前後の勾配の関係上、単に横断個所のみの昂上（こうじょう）（高架）に止らず、ほとんど全延長の大半を高架する必要があります。
　とはいえ高架化の費用は莫大の額に達し、当社ではとても負擔（ふたん）に不堪（ふかん）（堪え難い）で、且つ一面だけ高架することにより都市の美観を著しく損傷（そんしょう）するため、むしろこの際、本線軌道（白鬚線）の営業を廃止し、線路敷の全部をそのまま鉄道路敷として残し、この道路内に於て弊社直営の乗合自動車（乗合バス）営業を開始することといたしたいです。バス運行は弊社事業上の使命に沿うのみならず、交通上の利便は従来に倍加し、地方発展はさらに著しくなるものと思われます。
　これと相まって以前から、線路跡を市道として採択方を東京市に出願中の所、昭和10年1月19日、東京市道として認定の公告と相成りました。ここに所期の目的を達する為、本願を提出したのでございます」
（出願日：昭和10年1月19日／出願者：東京府本所区向島押上町203番地・京成電気軌道取締役社長・本多貞次郎／受理者：鉄道大臣・内田信也、内務大臣・後藤文夫）＝所蔵：国立公文書館

廃線跡はいま （向島～白鬚間）

終点駅跡は老人ホームに替わり解説版が立つ

　京成電鉄の路線に沿って、京成曳舟～八広間にあった起点・向島駅跡に向かう。今では高架化され、向島駅があった痕跡は残っていない【写真❶】。「商店通りには映画館などもあり活気があった」（付近の店主）という

が、現在はその面影がない。駅は構内踏切を挟んで変則対向ホームで、白鬚線は下りホーム（高砂駅側）を使っていた。駅跡から左側にカーブした廃線跡らしき道路をしばらく歩く。間もなく旧長浦駅近くにあった「旧ミツワ石鹸」（2014年廃業）の大工場跡に建つ、墨田特別支援学校・図書館などが入る八広公園付近に出る。

　古地図を片手に曳舟通りを越えてしばらく歩くと、花柳街としてにぎわった旧京成玉ノ井駅付近に着く。今でも当時の雰囲気を残す建物もわずかに見える【写真❷】。玉ノ井駅の先には東武鉄道線の地上線が走っていたので、高架線を架けて東武線を頭越えする工法で延伸させたという。今の狭い現地に立つと、東武線越えの高架線が走っていたとは想像しにくい。

　旧向島駅の地点から30分ほどで終点・白鬚駅があった地点に至る。ホームは1面2線で上屋があったという。線路は通りからやや奥に入った場所を東西に走ってい

【写真❶】　起点駅・向島駅付近ではいま高架線を電車が走っていた

【写真❷】　花柳街で賑わっていたという旧京成線の玉ノ井駅付近

【写真❸】　草むらの中に保存されている白鬚線の敷石

【定点観測】
終点・白鬚駅跡は病院（奥側）に払い下げられ建っていたが今は転院していた（上写真＝2017年4月）。駅跡は現在では4階建ての老人ホームに建て替えられていた（左写真）

たが、いかにも線路跡に沿って建てたという長く連なる住宅が密集していた。

　白鬚駅の跡地は、墨堤通り（都道461号線）と明治通り（都道306号線）が交差する手前（墨田区東向島4-2-11）に当たる。前回の取材時には、駅跡が払い下げられたという白鬚橋病院が建っていたが、今回は見当たらない。近隣の八百屋店で買い物をする人に聞くと「あの老人ホームがそうです。病院は曳舟駅の方に名前を替えて転院しました」と教えてくれた【定点観測】。そこでホーム（特別養護老人ホーム・しらひげ）を訪ねて聞くことにする。

　ホーム正面前（墨田区東向島4-2-11）には、白鬚線と白鬚駅の歴史が書かれた解説板が立っていた【モニュメント】。解説板は2021（令和3）年11月に、ホームの竣工時に建てたという。

　さらにホーム職員は「ホーム前の空き地に、移設した旧白鬚線の敷石が残してあるので」と案内してくれた。草むらの中にはっきりと敷石が眠っていた【写真❸】。ホームの歴史保存への心配りに感謝したくなる。

（2023年4月取材）

【モニュメント】「京成白鬚線白鬚駅跡」
　「当施設の敷地はかつて鉄道駅が存在した敷地と重なっています。昭和初期、現在の京成電鉄の前身である京成電気軌道（以下、京成）が運営した白鬚線の西の終着駅として「白鬚駅」の名を冠し、その駅はここに建っていました。
　ゆくゆくは隅田川を渡り、対岸側で運行する王子電気軌道（現在の都電荒川線）と直通させることで、都心や浅草方面へ乗り入れるという計画の布石として1928年（昭和3年）に開業した白鬚線ですが、その後奇な運命を辿ります。
　開業僅か2年後の1930（昭和5年）、京成は筑波高速度電気鉄道を吸収合併し、1933年（昭和8年）には上野公園駅（現在の京成上野駅）と青砥駅間の路線を開通したことで、白鬚線を差し置いたかたちで念願の都心乗り入れを果たしたのです。
これにより早々に存在意義を失った白鬚線は、もともと利用者が少なかったこともあってついには廃線が決定されたのでした。白鬚駅、京成玉ノ井駅、長浦駅、向島駅を結ぶ全長わずか1.4kmのこのささやかな枝線は1936年（昭和11年）、その短い歴史にひっそりと幕を下ろしています」
（場所：墨田区東向島4-29-7／設置：1922年10月／設置者：社会福祉法人・玄武会。特別養護老人ホーム・しらひげ）

未成線跡はいま　（白鬚～三ノ輪橋間）
乗り入れ計画の三ノ輪橋駅や周辺に王電の面影

　旧白鬚駅から白鬚橋【写真❶】を渡り、未成線となった現三ノ輪橋方面に向かう。長大・白鬚橋は1914（大正3）年に木造で完成するも、白鬚線が開業する直前の1928（昭和3）年7月には頑強なアーチ橋へ架け替えられている。京成電軌としてはこの頑強・新白鬚橋を利用して西進しようとしたのであろう。直進の明治通りの完成は昭和初期なので、白鬚橋と同様に開通直後の道路上への敷設を目論んだのかもしれない。

　泪橋【写真❷】や三ノ輪橋交差点を過ぎて、日光街道をまたぐJR常磐線の高架線をくぐる。すると1927（昭和2）年に竣工した、旧王子電軌本社の風格あるビル（現写真館）が見えてくる【写真❸】。

　現写真館のビル下をくぐると、白鬚線が乗り入れて連絡する計画だった、旧王子電気軌道（現都電荒川線）の起終点・三ノ輪橋停留場【写真❹】に至る。

【写真❶】　完成したての白鬚橋を越えて王子電軌・三ノ輪橋をめざした。写真は現在の白鬚橋

しかし京成電軌には東武鉄道との浅草方面への進出攻防があり、焦りがあったのかもしれない。上野や浅草の繁華街と繋がらない三ノ輪橋延伸計画線を、未成に終わらせたのも納得がいく気がした。

（2023年4月取材）

【写真❷】　白鬚線延伸のルートだったと思われる明治通りの泪橋交差点

【写真❸】　三ノ輪橋～早稲田間線（現都電荒川線）を経営していた王子電軌のビルは写真館として現在も健在だ

【写真❹】　京成電軌の乗り入れ計画があった三ノ輪橋停留場は、王子電鉄線から都電荒川線の起終点停留場に変わっている

【廃線ルート】　向島～長浦～玉ノ井～京成白鬚

150

Chapter.3 04 ライバル鉄道に阻まれた池上電鉄の野望
本線&新奥沢線&白金線

「池上電鉄」(現東急池上線)は、日蓮宗の大本山である池上本門寺の参詣客の輸送を柱に立ち上げた鉄道だ。同鉄道は多くの野望を抱いて鉄道建設の計画を立てる。まずは1912(大正元)年12月、山手線・目黒駅方面(当時「大崎町」)～池上～東海道線・大森駅方面(当時「入新井町」)間の10.3kmの「本線」と、池上駅分岐～蒲田(現JR蒲田駅)間1.8kmの「支線」を、簡便な手続きで開業できる軽便鉄道(当初から1067mm軌間)で出願、免許を取得する。

その後に雪ケ谷駅(現雪が谷大塚駅)～新奥沢～中央線・国分寺駅間(156頁参照)や桐ケ谷駅(現廃止)～泉岳寺間などの路線の建設を目論んだりした。

しかし内部抗争や資金繰りの失敗などによって、目黒起点線の本線の起点駅は五反田駅に替わり、国分寺延伸線も途中まで敷設したところで挫折する。これらは池上電鉄の経営に疑念を持っていたライバル鉄道・目黒蒲田電鉄によって建設を阻まれてしまう。開業・廃止や未成を繰り返しながら、挫折していった池上計画の3路線を追ってみた。

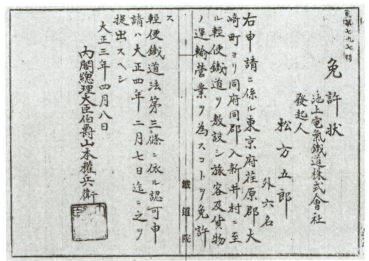

池上電気鉄道・大崎(目黒)～入新井(大森)間の本線免許状
出典:「東京横浜電鉄沿革史」

池上電鉄・本線(目黒～池上～大森間)
競合電鉄に先行を許した本線建設

【DATA】未成線・大森線
事業者:池上電気鉄道　区間:池上(大田区)～大森(当時「入新井町」=大田区)間
距離:2.7km　軌間:1067mm　出願:1912(大正元)年12月28日　免許:1914(大正3)年4月8日
取下:1929(昭和4)年5月29日　失効:1930(昭和5)年7月3日

History
池上電鉄の計画線に似たルートを目蒲電鉄が先に敷設

池上電鉄がめざした目黒～池上～入新井(大森駅=【写真❶】)間の「本線」と、池上～蒲田間の「支線」の建設を目指し、1914(大正3)年4月に特許を取得する。併せて池上～荏原中延間を計画した【路線図】。目黒駅は1885(明治18)年3月、大森駅は1876(明治9)年6月開業で、東京でも歴史ある主要駅であった。ところが本線の起点駅である目黒側の用地買収の資金が捻出できずに、未着工のまま滞ってしまう。

やむなく本線南側の池上～大森間の部分建設を先行して完成を目指すことにする【写真❷】【地図】。とこ

151

ろが大森側でも「地価の急激な高騰や人口稠密で民家移転が思うに任せず」(「東急50年史」)で建設を休止、1929 (昭和4) 年5月には出願を取り下げる【鉄道文書】。結局は支線の池上～蒲田間1.8kmの短小路線の建設に方向転換し1922 (大正11) 年10月、本門寺の最大行事・お会式の5日前に何とか開業に持ち込む【新聞記事】。

池上電鉄がめざす本線の目黒～池上～大森間は引き続き用地買収を進め、翌1923 (大正12) 年5月には池上～雪ヶ谷 (現雪谷大塚) 駅間を部分開業させた。ところが池上電鉄と似たルートの免許を持つ「目黒蒲田電鉄」が1923 (大正12) 年11月、目黒～蒲田間を先に開業してしまう。

池上電鉄は目黒側への乗り入れを目蒲電鉄に先を越されて、泣く泣く出願を取り下げることになる。結局は目黒駅起点を諦め、蒲田駅【写真❸】起点で池上駅を経て五反田駅に乗り入れる「く」の字型の大曲ルートに変更した。建設は難航するものの徐々に延伸させ、1928 (昭和3) 年6月にようやく五反田駅までの路線を全通させる。

こうして目黒～池上～大森間の本線は未成線に終わってしまう【路線図】。

【写真❶】 池上電鉄が目指した本線の起終点駅の大森駅だが、今はほとんどない駅前広場が見える (1956年) =撮影：田口政典

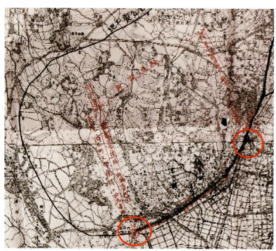

【地図】 出願書に添付された池上 (左○印) ～大森 (右○印) 間の本線だったが未成に終わった=所蔵：国立公文書館

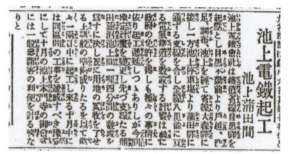

【新聞記事】 池上電鉄がやむなく起工した支線の池上～蒲田間線=「読売新聞」(1923年3月10日)

【写真❷】 昭和初期の池上通りで池上電鉄の出願時には道路も未開通であった

【写真❸】 ひとまず写真の蒲田駅を起終点駅にして、池上〜五反田間にルート変更した＝出典：「東京横浜電鉄沿革史」

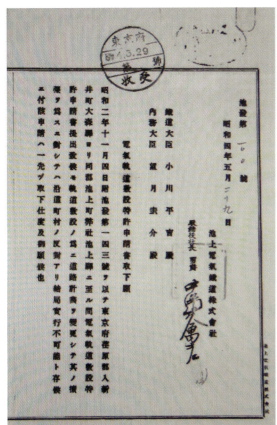

【鉄道文書】【電気鉄道敷設特許申請書取下願】
（大森〜池上間本線の部分建設断念の出願書）

「昭和2年11月4日付池発第143号を以って東京府荏原郡入新井町・大森駅より同郡池上町、弊社・池上駅に至る同電気軌道敷設特許申請書提出いたしております。
　しかし軌道敷設のために道路計画を変更して拡張することに対して、沿道町村からの反対があり、結局実行不可能となっております。このため当申請はひとまず取下げしたく、（失効手続き）お願いいたします」
（出願日：昭和4年5月29日／出願者：池上電気鉄道株式会社取締役社長・中島久万吉／受理者：鉄道大臣・小川平吉、内務大臣・望月圭介）＝所蔵：国立公文書館

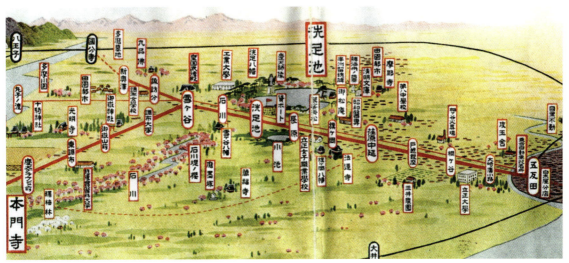

【路線図】　この路線図では池上付近〜荏原中延間の未成線も見える＝「池上電鉄沿線案内」（発行：池上電鉄。発行日等不明）

未成線跡はいま　（池上〜大森間）

池上〜大森間は平坦地形で線路敷設は可能だったが

　「目黒蒲田電鉄」（現東急目黒線）が目黒〜蒲田間を設置したため、池上電鉄はやむなく五反田駅へ乗り入れるルートで敷設する。目蒲電鉄起点の目黒駅は日本鉄道が開業時の1885（明治18）年3月に、片や池上電鉄起点の五反田駅は四半世紀ほど遅れた1911（明治44）年10月に鉄道院が設置した駅で、駅の規模には雲泥の差があった。小規模・五反田駅が起点になった池上電鉄は、同駅を活かす都心への進出（五反田〜白金猿町間）を目論んだ駅に方針転換する。そこで池上・五反田駅は院線・五反田駅をまたぐ、4階建て相当の高地点

【定点観測】
本門寺の玄関ともいえる池上駅舎は2021年に平屋建て（上写真）から3階建てに改築された（左写真）。

【写真❶】　省線・五反田駅をまたぐ駅舎を建設し都心への進出を狙う（1978年3月31日）＝撮影：田口政典

【写真❷】 駅舎改築以前には都心駅ではめずらしい構内踏切があった（2019年6月）

【写真❸】 池上駅側の池上通りは平たん地が続く。当時は未開通の通りで、田畑などを買収しての敷設を目論んだ

【写真❹】 大森駅が近くなるとアーケードの商店街が見えてくる

【写真❺】 池上通りに面した大森駅西口は柵があり駅前広場はほとんどない

に駅舎【写真❶】を建設する。

　池上線が出願した本線の目黒〜池上〜大森（入新井）間のうち、池上〜大森間の「本線」の未成路線をたどり取材した。

　池上付近には1906（明治39）年6月まで、池上競馬場があってにぎわった。だが目黒に競馬場が移転すると、池上電鉄による鉄道計画が持ち上がり1922（大正11）年10月、競馬場跡地の北側に池上駅舎を建てたというわけだ。

　本門寺のお会式のために駅前広場を広く取ったという旧池上駅は2021（令和3）年3月、平屋から3階建ての大きな橋上駅に改築している【定点観測】。特徴だった構内踏切【写真❷】は、橋上駅に改修したことで廃止されていた。いうまでもなく池上電鉄は、池上本門寺の参詣客の送迎を目的として起業した鉄道だ。だが改築駅舎は本門寺の玄関駅とはいうものの、同寺にちなむデザインが施されていないのは残念な気がする。

　未成線に終わった池上〜大森間は、現在の駅前から東西へと走る都道421号の「池上通り」付近に沿って計画された【写真❸】。とはいえ池上通りは、池上電鉄が出願した時代にはまだなかった。歩いてみると通りは平地が続くので、路面電車の線路敷設は容易にできたのではないか。

　沿線には「馬込文化村散策のみち」の案内板が立ち、かつて川端康成・石坂洋次郎などの文化人が住んでいたという。高級住宅地であったのだろう。環状7号線を越えた付近【写真❹】から「ウィロード山王」という商店街に至る。電車なら何とかなるような緩やかな勾配を上ると、駅前広場がほとんどないJR大森駅の西口に着く【写真❺】。

　池上電鉄は支線で池上〜蒲田間を敷設しているが、目黒〜蒲田間の「目黒蒲田電鉄」と同じような「く」の字型に縦横断するルートである。結局は「強盗慶太」の異名がある五島慶太率いる目蒲電鉄に買収されてしまう。もし当初の計画通りに、目黒〜大森間と池上〜蒲田間の本支線が敷設できていたら、池上電鉄は独立した鉄道会社として現在も生き残っていたかもしれない。

（2023年6月取材）

155

池上電鉄・新奥沢線と国分寺線(雪ヶ谷～新奥沢～国分寺間)
部分開業も延伸線は阻まれ断念

【DATA】廃線・新奥沢線
事業者：東京横浜電鉄←池上電気鉄道　区間：雪ヶ谷(大田区)～新奥沢(世田谷区)間　距離：1.4km
軌間：1067mm　開通：1928(昭和3)年10月5日　廃止：1935(昭和10)年11月1日

未成線・国分寺線
事業者：池上電気鉄道　区間：雪ヶ谷(大田区)～新奥沢(世田谷区)～国分寺(国分寺市)　距離：20.9km
軌間：1067mm　出願：1927(昭和2)年6月4日　免許：1927(昭和2)年12月16日　失効：1930(昭和5)年7月1日

History
短小路線を敷設するも延伸線の見通し立たず

　山手線・目黒～池上～東海道線・大森間の「本線」建設では、「目黒蒲田電鉄」(現東急電鉄目黒線)に先行されて断念してしまう。さらに本稿の新奥沢線と延伸線・国分寺線でも目蒲電鉄に苦戦を強いられる。本来は鉄道院線の山手線・目黒駅を起点に池上を経て、東海道線・大森駅までを敷設したかった(151頁参照)。ところが目黒駅起点の目蒲電鉄(目黒～蒲田間)に阻まれて、やむなく五反田駅～蒲田駅間へのルート変更に追い込まれる。

　池上電鉄の五反田～蒲田間の路線と、目蒲電鉄の目黒～蒲田間の路線は東京南西部を縦横断する「く」の字型の似たようなルート路線である。このため池上電鉄としては何が何でも目蒲線の乗客を取り込まないと、今後の経営の見通しが立たなくなってしまう。

【写真❶】　池上電鉄の乗り入れを計画した現在の国分寺線南口は改築され大きな駅舎となった

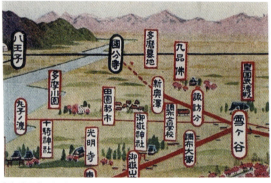

【路線図】　新奥沢～国分寺間の予定線が記載されている池上電鉄の路線図で、新奥沢駅から先が点線(計画線)ではっきりと表示されている＝「池上電鉄沿線案内」(部分。発行：池上電鉄・発行日等不明)

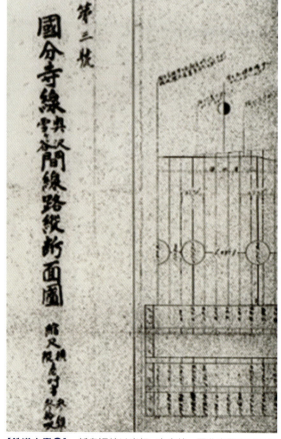

【鉄道文書❶】　新奥沢線は当初、中央線・国分寺駅までの長大路線で計画された＝所蔵：東京都公文書館

そこで1927（昭和2）年6月、目蒲電鉄の逆鱗（げきりん）に触れるような路線を計画・出願する。路線は自社線・調布大塚駅（現廃止。後に雪ケ谷駅に変更）で分岐し、目蒲線・調布駅（現田園調布駅）に至る1マイル路線と、同線からされに延長して省線（中央線）・国分寺駅【写真❶】に至る「国分寺線」を出願した。多摩川の東北岸に沿って進み、国分寺駅と連絡し、開通予定の多摩湖鉄道（現西武多摩湖線）とも接続を狙った【鉄道文書❶】。また国分寺は武蔵国分寺や小金井桜があり、観光路線としても期待が持てた。ただ当計画線は20.9kmの長大路線であり、目蒲電鉄線をまたぐこともあり同社の抵抗が予想された。免許は半年後の同年12月に取得する（【路線図】参照）。

用地取得や線路敷設も順調に進み超特急の工事で、翌1928（昭和3）年10月にはひとまず雪ケ谷駅（現雪が谷大塚駅＝【写真❷】）～新奥沢【鉄道文書❷】間の路線を開業させた【時刻表】。短い路線だったが早期開業できたのは、この地域で行われていた耕地整理に乗じて用地を迅速にまとめ買いできたためである。路線名は目蒲電鉄が1923（大正12）年3月、奥沢駅を開業していたのでひとまず「新奥沢線」と「新」を付けた【地図】。

しかし新奥沢駅から先の国分寺線の敷設には、目蒲電鉄・奥沢駅付近を越えることが不可欠であった。このため目蒲電鉄の激しい抵抗に遭ってなかなか建設できないでいた。目蒲電鉄としてはこの新奥沢線を延びてくれば、自社計画線の大井町線と並行することになるので許せない。

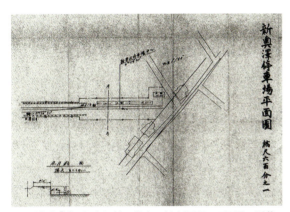

【鉄道文書❷】　新奥沢線の終点・新奥沢駅の平面図＝所蔵：東京都公文書館

【時刻表】　新奥沢線として「1・4粁　運賃5銭」の記載が見える＝出典：「日本旅行社時刻表」（1934年12月号）

【写真❷】　雪が谷大塚駅の近景で駅舎はまだ平屋建てだ（1978年5月24日）＝撮影：田口政典

結局は資本力に勝る目蒲電鉄に阻まれ、池上電鉄は国分寺方面への延伸を断念するしかなくなる。運行距離が1.4kmしかない新奥沢線は盲腸線になったことで、乗客増は望めなかった。

　当路線の失敗もあって池上電鉄は1934（昭和9）年10月、目蒲電鉄の株式買い占めによって吸収合併されてしまう。買収した目蒲電鉄は新奥沢線を1年間ほど運行していたが「終点は他線との連絡を欠き、国分寺線失敗の今日、収支償わざる本支線を廃し、並行せる道路上に乗合自動車の免許を受けんとす」（廃止申請理由要旨）として1933（昭和8）年11月、採算の合わない新奥沢線区間を廃止する【鉄道文書❸】。開業からわずか7年間の運行での撤退であった。同線はバス路線に切り替えられ、同時に国分寺線の廃止届を提出した。

【地図】　雪ケ谷駅（下○印）から閑散とした中を新奥沢駅（上○印）に向けて走った新奥沢線。さらに地図左（西北部）側の中央線・国分寺までの延伸を計画していた＝出典：「田園調布」（1927年）

【鉄道文書❸】【新奥沢線廃止届】（別廃止理由書）
　「雪ケ谷・新奥沢線は僅々1km4分の1の短区間に過ぎず、且つ新奥沢終点は他鉄道との連絡を欠き、独立して営業困難です。弊社では既に新奥沢・国分寺間鉄道敷設の免許を受け、これが建設により雪ヶ谷・国分寺間の電車運転を目論んで、多少の損失を我慢して、本区間の営業を持続してきました。
　しかし昭和5年7月1日、新奥沢・国分寺間の免許が失効し、本区間の営業目的はその大半を喪失しました。それだけでなく本区間の成績は極めて不振で、今後の成績向上の曙光（明るい光）は認め難いです。
　昭和7年8月1日より昭和8年7月31日までの最近1カ年間における営業収支は別表の通りにして、約8000円の損失を計上しなければならない状態です。
　よって弊社においては本区間と並行する道路上に乗合自動車の免許を受け、これによって鉄道交通に代行して本区間の運輸営業を廃止して、損失の軽減を図ることといたします」
（届出日：昭和8年1月18日／届出者：池上電気鉄道専務取締役・五島慶太／受理者：鉄道大臣・三土忠造）＝所蔵：国立公文書館

廃線跡はいま　（雪ケ谷〜新奥沢間）
旧新奥沢駅の記念碑は工事中も健在

　買い物客でにぎわう雪が谷大塚駅【写真❶】で下車して、新奥沢線の終点があった新奥沢駅跡に向けて北上する。同駅は田畑の中で開業しているが、1世紀ほど前のことなので当時の面影は全くない【写真❷】。

　駅前の中原街道を越えて左旋回するようにして、住宅地となった廃線跡に入る。古地図では道路から一歩南側に入った一帯に線路は敷かれていたようだ。しかし現在の住宅地内においては、この辺りには細長い線路跡の空間は確認できない。分譲してしたからであろうか。

【写真❷】 田畑の中の閑静とした当時の雪ヶ谷駅＝出典：「池上町史」

　道路を直進すると田園調布学園【写真❸】が見えてくる。途中に当線唯一の中間駅・諏訪分駅が設置されていた。他の鉄道書には学園提供による、上空からの当時の同駅の写真が掲載されているが、「残念ながら現存はしていない」と学園はいう。

　路線は旧学園北側を突っ切って、都道311線沿いにあった終点・新奥沢駅跡に着くが、ここも宅地化されて廃駅跡の雰囲気はない。廃駅唯一の証拠として「玉川地団協」が立てた「新奥沢駅跡」の記念碑が、マンション駐車場内に残る。今回の取材時で同地は工事中であった。しかし記念碑をしっかりと残すようにして工事が進められており、歴鉄(歴史を趣味とする鉄道マニア)の自分としては嬉しくなってしまった【写真❹】。

【写真❶】 新奥沢線の起点駅・雪が谷大塚駅の現在の姿

【写真❸】 現田園調布学園(右側建物)の1区画先に、当線唯一の途中駅・諏訪分駅があった

【写真❹】 新奥沢駅跡はマンションの建設中であったが駅跡の石柱は大切に残していた。

159

未成線跡はいま　（新奥沢〜国分寺間）

手厳しい東急電鉄の池上電鉄への評価

　当地から国分寺線の予定地だった旧新奥沢駅北側の現目黒線・奥沢駅方向に向かう。出発点の新奥沢駅付近は商店もなく閑散としているが、当奥沢駅付近は商店街ロードもあり活気に溢れていた。新奥沢線に当駅をまたいで延伸されると現大井町線と併行するように北上するので、阻止しなければならない目蒲電鉄の事情も理解できる。食うか食われるかの世界だったのでやむを得ない対応なのであろう。

　国分寺駅に向かうには既に敷設されていた、現東急田園都市線や京王線、西武多摩川線などを越えて進む必要がある。まだ農地が多かったこの地から、都心に向かうのではなく、中央線・国分寺駅【写真❶】へ縦断して走る鉄道にどのような需要があったのだろうか。大正から昭和に掛けて起こった鉄道ブームに乗り遅れまいとする池上電鉄の経営戦略に、今となっては首をかしげたくなるような鉄道計画である。

　それにしても敗北続きの池上電鉄だが、社内の内部対立などもあって思うように鉄道建設ができなかったようだ。こうした池上電鉄の経営に対してライバルだった目蒲電鉄は、「池上電鉄の沿線開発策は、ほとんどが他力本願であった」（「東急電鉄50年史」要旨）と手厳しい【東急社史から】。池上電鉄は結局1934（昭和9）年10月、目蒲電鉄に買収されてしまうのである。

（2023年3月取材）

【写真❶】　池上電鉄が乗り入れを目論んだ当時の国分寺駅（昭和初期）＝出典：「写真で見る多摩の100年」

【東急社史から】【池上電鉄の経営体質】
「さらに池上電鉄は、先に取得した雪ヶ谷〜国分寺間の免許により、1928年雪ヶ谷〜新奥沢間の支線を開業した。この路線は1928年4月に工事認可を得、8月上旬着工、10月5日開業というスピードぶりであった。路線が短いとはいえ早期開業できたのは、この地域で行われていた耕地整理に乗じて用地を迅速に取得できたことがあり、同社が線路用地を早期にまとめ買いしたために資金の余裕ができたこの地域の耕地整理事業も順調に進んだ。この奥沢支線を伸ばせば、目黒蒲田電鉄の大井町線と並行することになる。しかし行く手には目黒蒲田電鉄と東京横浜電鉄の路線が立ちふさがり、この立体交差の交渉は両社側との対立により進まなかった。そして奥沢支線や雪ヶ谷〜丸子渡間の免許出願といった、池上電鉄の競争的な姿勢は、目黒蒲田電鉄が合併吸収を狙う要因ともなっていくのである」
出典：「東急電鉄100年史」

【未成線ルート】　新奥沢〜玉川（現二子玉川）〜調布（現田園調布）〜多磨墓地（現多磨）〜国分寺

池上電鉄・白金線（五反田～白金猿町間）
延伸構想も京浜電鉄の変心でとん挫

【DATA】未成線・白金線
事業者：池上電気鉄道　区間：五反田駅（品川区）～白金猿町（港区）　距離：0.8km
出願：1926（大正15）年5月　特許：1926（大正15）年12月6日　失効：1934（昭和9）年9月19日

History
山手線をまたぐ駅舎を建設しての延伸計画

　池上本門寺の参詣客輸送を目途に1922（大正11）年10月、蒲田～池上間を開業させた「池上電気鉄道」（現東急池上線）。当初は大崎町（現JR目黒駅）～入新井町（現JR大森駅）間で免許を取るが、目黒駅への乗り入れではライバル鉄道の「目黒蒲田電鉄」に先行されてしまう（152頁参照）。やむなく同じ山手線・五反田駅起点で池上駅に乗り入れる路線に変更した。市電も乗り入れていない静かな五反田駅での開業だったが、池上電鉄としては山手線の内側への進出へ活路を求めることにする。

　五反田駅からの延伸線は、市電・白金猿町停留場（現高輪台駅付近）までのわずか800mの路線だが「白金線」と呼ぶ。市電と接続するとともに、白金猿町停留場では品川駅～白金猿町～青山間（青山線。167頁参照）の計画を持つ「京浜電気鉄道・青山線」（現京急電鉄）との連絡を働きかける。両社は線路と白金猿町駅を共有して、同じ800mほど東側の品川駅方面への乗り入れる協定を結んだ【鉄道文書】。

　「当線を建設すれば、五反田駅で省線（山手線）への乗換客は、品川駅以東において市電に乗り換える必要もなくなり、大いに便利になります」（出願書）として、池上電鉄の目論みは軌道に乗っていく。こうして五反田駅～白金猿町間の新線の特許を、1926（大正15）年12月に手に入れる【地図】。

【写真】 池上電鉄時代の五反田駅。山手線・貨物線をまたぐように設置されている＝出典：「東京横浜電鉄沿革史」

池上電鉄は1927（昭和2）年10月、ひとまず桐ケ谷駅（現廃駅）から五反田駅手前の上大崎駅（現大崎広小路駅）までを開業する。翌1928（昭和3）年6月には省線・五反田駅を跨ぐように、地上4階相当のラーメン鉄橋（骨組み鉄橋）の頑強な自社・五反田駅を建設し延伸態勢を整えた【写真】。省電・五反田駅から自社・同駅への乗り換えは、エレベーターで結ぶ利便性を凝らした。4階部分には白木屋百貨店を誘致し、ターミナル駅の性格もめざす。

　ところが白金猿町で線路を共用して、品川駅まで乗り入れる約束だった京浜電鉄の裏切りに遭う。京浜電鉄は両社のゲージが違うこともあってか、池上電鉄が免許を取得する半年ほど前の1926（大正15）年5月に京急蒲田〜馬込〜五反田間、同年9月には五反田〜田町間線と、池上電鉄線と競合するような2路線を出願、1928（昭和3）年5月に免許を取得する。だが同年7月には京浜電鉄・青山線の品川〜白金猿町間の計画は失効し（167頁参照）、池上電鉄が終点としてめざした京浜電鉄・白金猿町での連絡は無くなってしまう。

　それでも池上電鉄は1933（昭和8）年2月、赤字が確実な白金線の工事に着手し開業をめざす。無謀ともいえる池上電鉄の強硬経営に対して株主等から不満が高まり1933（昭和8）年7月、「目黒蒲田電鉄」（現東急電鉄）に経営権を奪われてしまう。

　4カ月後の同年11月、市電が白金猿町から五反田駅前に乗り入れたため、市電と同ルートの白金線は「起業継続の意味がない」として、翌1934（昭和9）年9月に失効し未成線となった。結局は延伸できないまま、山手線をまたぐ無念の高架駅舎・ホームが今に残っているのである。

【地図】　五反田（下〇印）から桜田通りを上り白金猿町（上〇印）までの延伸を目論んだが失敗に終わった（1916年）

【鉄道文書】
【地方鉄道敷設免許申請の儀に付き追願】
（大崎広小路駅から五反田駅を経て延伸し京浜電鉄線に接続の出願書）
　「去る5月19日付けを以て申請いたしました弊社既認可工事施行線7哩（マイル）11鎖（チェーン）90節（リンク）の上大崎（現大崎広小路）停車場より分岐し、荏原郡大崎町の郡市境界点に至る延長0マイル58チエーン間に地方鉄道敷設の儀は、当会社認可線と東京市電車線と連絡運転を為し一般旅客の交通便を図ったため、前儀京浜電気鉄道株式会社承諾書の通り、前記終点より東京市芝区白金猿町高輪町間は、会社特許線を共用し、一般旅客・貨物の運輸業を営みたく、報告をもち候間、御詮議の上でご免許を下付願いたく追願いたします」
（出願日：大正15年5月30日／出願者：池上電鉄株式会社社長・男爵・中島久万吉／受理者：鉄道大臣・仙石貢殿）＝所蔵：東京都公文書館

未成線跡はいま （五反田〜白金猿町間）

都電が白金猿町〜五反田間を開業させ未成に

　最初に池上方面から乗り入れた高架駅の大崎広小路駅（開業時・上大崎駅＝【写真❶】）から五反田駅に着く。駅間は350ｍしかないので十分に徒歩での乗り換えが可能な距離だ。市内への延伸線・白金線の建設を見越しての旧池上電鉄線・五反田駅の山手線越えの設計に、いつもの通り感心させられる【写真❷】。周辺は高輪台と言われるように、45‰といわれる急こう配の桜田通り【写真❸】を上り白金猿町駅の予定地に向かう。

　池上電鉄が延伸させようとしたルートは、桜田通りに沿ったやや南側とされる。大正末の桜田通りは狭く、その路上を市電が1927（昭和2）年8月から白金猿町停留場まで乗り入れていた。地図を照らし合わせると同停留場予定地と都営地下鉄浅草線・高輪台駅はほぼ同じ地点にある。

　ところで京浜電鉄と連絡する予定だった白金猿町駅は、「地下鉄・高輪台駅【写真❹】と都営バスのグランドプリンスホテル新高輪停留所とのほぼ中間南側付近」（草町義一「全国未成線ガイド」）としていたようだ。古くから現地に住むという、上品そうな主婦から「交番の前に都電・猿町停留場があった。都電でよく銀座へ出ました。通りはもっと狭く、子供のころに広くなった。たいした保証金もなく無理やり立ち退かされたと聞いています。お風呂屋や菓子屋さんなどが並んで店を構えていました。この辺も高層ビルが多く様変わりしました」と、以前に伺ったことがある。

　五反田駅から桜田通りの急坂を歩いていると、池上電鉄がすがった京浜電鉄との交差は目蒲電鉄との攻防における、最後の逃げ道だったように思えてくる。

（2023年10月取材）

【写真❶】　池上駅方面から乗り入れた大崎広小路駅から省線・五反田駅までは当初は徒歩で乗り換えた

【写真❷】　起終点駅・五反田駅からは白金方面に西進する計画があった。そこで駅は山手線をまたぐ構造で設計された。駅は当時のままの姿で現役を続けている

【写真❸】　白金猿町（現高輪台）方面へ進む桜田通りはかなりの急こう配道が続く。

【写真❹】　白金線で乗り入れて京浜電鉄・青山線に繋げようと計画した現高輪台駅の地点

Chapter.3 05 大森支線&青山線

東京市内への進出を狙う京浜電鉄の紆余曲折

　現在の「京浜急行電鉄」（略称：京急電鉄）の前身は「大師電気鉄道」である。1899（明治32）年1月には川崎駅（後の六郷橋駅）〜大師駅（現川崎大師駅）間を、関東最初の電気鉄道として開業した。同1899（明治32）年4月には東京乗り入れをめざすため東京と横浜の冠を取って「京浜電気鉄道」と改称、東京市内への乗り入れが社是となる。

　初めての東京乗り入れは1901（明治34）年2月で、ひとまず川崎駅から旧東京府荏原郡の東海道線・大森駅間で実現する。とはいえ東京市内への乗り入れが悲願であり、1904（明治37）年3月には東京市電との連絡を視野に、軌間を従来の標準軌（1435mm）から市電と同じ軌間（馬車軌間1372mm）に改軌した。

　同1901（明治34）年5月には京浜・品川駅（現北品川駅）まで延伸、1925（大正14）年3月にはようやく市電が当駅まで乗り入れて市電と一体化となる（同時に省線・品川駅との混乱を避けるため北品川駅と改称）。

　翌1925（大正14）年3月に京浜電鉄は路線建設を行い、東京市芝区の省線・品川駅（現JR品川駅）前に高輪駅を設置、社是である東京市内への乗り入れを実現させた。同鉄道の東京市内をめざした2路線の歴史をたどってみた。

川崎大師駅の構内に立つ京急電鉄の発祥記念碑

京浜電鉄・大森支線（八幡〜大森停車場前間）
品川方面へ乗り入れまでの臨時線

【DATA】廃線・京浜電鉄大森支線
事業者：京浜電気鉄道　区間：八幡（品川区）〜大森停車場前（大田区）間　距離：0.7km
軌間：1435→1372→1435mm　開通：1901（明治34）年2月1日　廃止：1937（昭和12）年3月8日

History
東京市の道路拡張計画で廃止へ

　川崎方面から東海道線・大森（現JR大森）駅への連絡のために、1901（明治34）年2月に「京浜電気鉄道」（現京浜急行）が開業した路面電車線。とはいえ同電鉄はもともと、東京市内の品川方面へ延伸する計画を持っていたので、その開通までの暫定的な連絡線として敷設した路線である【新聞記事】。

　当初は六郷橋（初代・川崎駅。1949年に廃止）から八幡（現大森海岸）駅を経由して、省線・大森駅前の大森停車場前駅に乗り入れ「海岸線」と呼んだ。乗り入れる大森駅【写真❶】は1876（明治9）年6月開業で、周辺駅では日本初の鉄道駅・品川に次ぐ長い歴史を持つ駅であった。当線は700mを1〜2両編成の車両が、田んぼ

164

の中をのどかに走っていたという【写真❷】。とはいえ敷設には困難が伴った。併用軌道の道路幅をめぐって京浜電鉄と内務省・東京府・神奈川県・警視庁・住民との間で攻防があったため、「いざ工事に着手すると、地元民の反対が激しくなり、工事中の道路へ杭を打ちこむなどの妨害があって、工事を一時中止する事態となった」(「京浜電鉄沿革史」)という。こうした経緯の中で、軌道は道路中央に敷設、連結運転の禁止(後に解除)、単線での運行などを前提に運行が開始された。

終点・大森停車場前駅では当初はループ状のUターン路線【地図】だったが、後にピストンルートに変えている。

1904(明治37)年3月には本来の目的である八幡駅〜品川駅(現北品川駅)までが延伸されたので、八幡駅〜大森停車場前駅間は「大森支線」となる。京浜電鉄では品川駅への延伸も実現したこともあり、支線の必要性も薄れたので1937(昭和12)年3月に廃止した。

【写真❶】 京浜電鉄・大森支線が開業した頃の官鉄(鉄道作業局)・大森駅＝出典：「メモリアル・モニュメント」

【地図】 官鉄・大森駅前でUターンしているのが分かる当時の地図だが、後にピストン線に代わる＝出典：「大森」(1906年)

【新聞記事】 開通を機に配電所・バッテリーを設置した
出典：「読売新聞」(1901年2月8日)

【写真❷】
開業時の電車。町並みや人々の服装に時代を偲ばせる＝出典：絵葉書

165

廃線跡はいま
途中には敷石付きの写真入り解説板も

　京急・大森海岸駅【写真❶】からほぼ直線の旧電車線の大森海岸通り【写真❷】を、終点があったJR大森駅方面に向けて出発する。とはいえ中間駅もない、たった700mの区間だ

　途中の歩道には電車のプレート【写真❸】が埋め込まれ、電車道だったことを後世に伝える。アサヒビール東京工場の記念碑を過ぎて、海岸通り中間付近のイトーヨーカ堂の駐輪場の草むらの中には、大森支線の写真入り案内板（大田区大森北2-13-1)【モニュメント】が隠れるように立っていた。

　開業に至る説明の他に車両と旧東海道線・大森駅舎の写真が焼き込まれ、当線の歴史的な概略がつかめる。道路工事の際に出てきたという線路の敷石（「チンチン電車の敷石」）も保存され【写真❹】、現役時の痕跡が蘇ってきてうれしくなる。

　大森駅に近づくと、電車が乗り入れていた駅（電停）跡が見えてくる。一時はUターンして大森海岸駅に戻っていたというループ状の路線跡の雰囲気は、街区案内板にいまなお当時【地図】をしっかりと伝えていた【写真❺】。

　ついでながら駅南側の駅前広場に、鉄道院時代の跨線橋の支柱を見に行く。跨線橋の支柱は「鉄道院」「合資会社・高田商会柳島製作所」「明治四十七年七月製造」などの文字も刻まれており、貴重な鉄道遺産だ【写真❻】。以前は大井坂下公園だったが、駅前広場に改修したようだ。改修の際に当跨線柱を残してくれた大田区の判断に敬意を表したい。説明板などを立ててくれていたならば、さらに敬意であった。（2023年7月取材）

【写真❶】　現大森海岸駅で開業時は近くの神社にちなみ「八幡駅」といった

【写真❷】　大森支線が走っていた現在の大森海岸通り

【写真❸】　廃線跡の歩道に埋め込まれている電車のプレート

【モニュメント】【沿道の歴史】
「明治34年（1901）、六郷橋のたもとから蒲田、大森海岸を通って、大森停車場（現在の東海ビル）を結ぶ鉄道がしかれました。関東地方で最も古い歴史を持つ私鉄が走ったところです。
　その後、大森海岸から新しく品川まで線路が伸びると、大森海岸〜大森停車場は、大森支線として、かわいい一両だけの電車が走る、1kmにも満たない鉄道となりました。当時は、線路際に野菜が干してあったり、お客が手をあげるとどこでも止まってくれたり、とてものどかな鉄道だったそうです。
　しかし、まちの発展に力のあった大森支線も、時の流れと共にその役割を道路にゆずり、昭和12年（1937）早春、ついに廃止されることになりました。
　現在、シンボル道路として整備され、新しい装いを見せるこの道路は、大森支線の夢が眠っているところなのです」（設立場所：品川区大森北2-13-1付近／設立年：1992（平成4）年ころ／設立者：大田区）

【写真❹】 大森支線の電車の敷石も同所に保存してある

【地図】 駅の南側に立つ観光地図にもUターン路線の跡が残る

【写真❺】 終点・大森停車場前付近では、Uターンした扇形の地形がそのまま残る

【写真❻】 大森駅南口近くの大井坂下公園には、鉄道院時代の明治45（1912）年時代に製造した跨線橋の支柱がある

京浜電鉄・青山線（品川町～千駄ヶ谷間等）
都心進出へ二転三転のルート模索

【DATA】【京浜電鉄青山線】＝事業者：京浜電気鉄道
未成線・品川町～青山南間
区間：品川町（品川区）～青山南（渋谷区）　**距離**：4.7km　**軌間**：1372mm　**出願**：1907（明治40）年12月24日
特許：1908（明治41）年6月19日　**取下（目黒等の経由をルート変更）**：1908（明治41）年12月
未成線・品川町～白金猿町～青山南間（ルート変更）
区間：品川町（品川区）～白金猿町～青山南（渋谷区）　**距離**：5.7km　**軌間**：1372mm
出願（ルート変更）：1908（明治41）年12月　**特許**：1910（明治43）年6月18日
失効（青山～白銀猿町間）：1926（大正15）年9月9日
＊（品川～白金猿町間）：1928（昭和3）年7月20日（1925年3月に起点を品川町～高輪南にルート変更）
未成線・青山南～千駄ヶ谷間
区間：青山南（渋谷区）～千駄ケ谷（渋谷区）　**距離**：2.2km　**軌間**：1372mm　**出願（延伸）**：1908（明治41）年7月28日
特許：1910（明治43）年10月30日　**失効（白金猿町～千駄ヶ谷間）**：1927（昭和2）年9月9日

History
一時は品川から千駄ケ谷をめざしたことも

「京浜電気鉄道」（現京急電鉄）は1904（明治37）年5月、川崎・蒲田方面から省線・大森駅への臨時線（164頁参照）を経て、品川駅（東京市郡境界地の荏原郡北品川。地点は異なるが現北品川駅）への乗り入れを果たした。「人口稠密地区を対象とする営業圏への拡大拡張」を社是としていた同電鉄は、本格的な東京市街地

167

への延伸をめざす。

そこで1907(明治40)年12月、品川町(現品川区北品川の現北品川駅付近)から大崎(現品川区西五反田付近)・目黒村(現目黒区三田2丁目付近)など、市郡境界線に沿って青山南7丁目まで併用軌道で走る「青山線」を出願し【鉄道文書】特許される。目的は市内を走る軌道の終端駅同士を繋げ、人口集中地域における短距離客の輸送であった。

だが地形の悪さや陸軍施設との関係などで同1908(明治41)年7月、山手線内側の芝区白金猿町(現港区高輪3丁目付近)を経由し千駄ケ谷方面(旧千駄ヶ谷町大字原宿字北原宿の博覧会会場付近。現渋谷区神宮前の神宮外苑付近)に延伸するルートへの変更願を提出し、1910(明治43)年6月に特許を得る【新聞記事】。千駄ヶ谷へのルート変更は、日本博覧会が千駄ケ谷方面で開催される(博覧会は中止となる)ことも一因であった。

1925(大正14)年3月には、青山・千駄ケ谷方面延伸の足掛かりとしての「高輪駅」【写真❶】を、省線・品川駅前の旧東海道(現第1京浜国道)を挟んだ北側(現港区高輪4-10)に新設する。高輪駅の新設で北側に向かう青山線・千駄ケ谷方面線は、ルート的にもよい当駅から運行することを目論む(高輪駅北側の1kmほどは着工している)。このように都心進出ルートは、試行錯誤を繰り返しながら出願を繰り返すのである【地図】。

ところで青山線・千駄ケ谷線は「外債計画の不成功によって(中略)、新線建設は不可能となった」(「京急電鉄80年史」)とし、また関東大震災の後遺症もあって

【写真❶】 京浜電鉄が東京市内進出を兼ねて東海道北側に開業した高輪駅だったが短命に終わった=出典:「京浜電鉄沿革史」

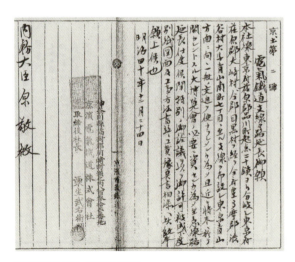

【電気鉄道支線々路延長御願】
(品川～青山南間出願と将来の千駄ケ谷延長線示唆)

「本社線・東京府荏原郡品川町起点20鎖(チエーン)より分岐し、東京府荏原郡大崎村、同郡目黒村を経て同府豊多摩郡渋谷村大字青山南町7丁目に至る支線を敷設し、東京青山方面に向かう一般交通を便利にしたい。且つ近い将来に於いて開かれようとする大博覧会の必要に資するため、至急線路延長をしたく、特別の御詮議を以て御許可頂けますよう、別紙図面および工事方法書並びに工費予算書を相添えお願い致します」
(出願日:明治40年12月24日/出願者:神奈川県橘樹郡川崎町堀之内831番地・京浜電気鉄道取締役社長・栗生武右衛門/受理者:内務大臣:原敬)=所蔵:東京都公文書館

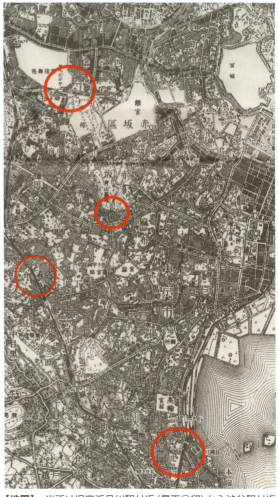

【地図】 当所は旧京浜品川駅付近(最下○印)から渋谷駅付近を(中下○印)めざしたが、そののち青山(中上○印)白金を経由して千駄ヶ谷(最上○印)に至るルートに変更した(1917年頃)

着工できずにいた。一方京浜電鉄は1933（昭和8）年4月、東海道の南側の省線・品川駅に隣接する場所に自社の「品川駅」（現京急品川駅）を設置する。そこで利便性から、省線・東海道線に隣接する新駅を主要駅とすることにして高輪駅を廃止する。

東海道北側の高輪駅廃止で、北西部に延伸する青山・千駄ヶ谷方面への計画線は拠点駅を失ってしまう。こうして青山線のうち白金猿町〜千駄ケ谷間は1927（昭和2）年9月、品川〜白金猿町間は翌1928（昭和3）年7月にそれぞれ失効となり、東京市街地を縦断して千駄ケ谷をめざした青山線は未成に終わる。

【新聞記事】 京浜電鉄青山線の計画が掲載された新聞。「横浜貿易新報」（1919年4月25日）

未成線跡はいま
終点は青山から博覧会開催の千駄ヶ谷へ

失効となる計画線を歩く。当初の出願書（後の出願書記載を含む）に記された所在地の旧京浜電鉄・品川駅で東海道線を跨越し、旧大崎村大字下大崎（現品川区西五反田付近）を経て、山手線を越え同村大字上大崎字千代ケ崎584番地（現目黒駅北側付近）の先から、目黒村大字三田（現目黒区三田2丁目付近）から再び山手線を越え、豊多摩郡渋谷村大字下渋谷字居村453番地（現渋谷区広尾1丁目付近）先、そして同大字中渋谷から旧渋谷村大字青山南7丁目2番地（現渋谷区渋谷4丁目の青山学院付近）に至る」を辿ってみた。軌道法路面電車というが、計画線ルートには幅広の道路がないため、新たに道路建設を行い専用軌道で走らせようとしたのであろう。

まずは当初の計画線起点地・八ツ山橋付近（品川区北

【写真❶】 当初の起点地は旧荏原郡北品川の八ツ山橋南側にあり、当地からの延伸をめざした

品川1-3【写真❶】)から東海道線を越え、現五反田駅付近で山手線を横断し西側に出る。山手線沿いに進み目黒駅北側に方向を変え、広尾から終点・青山南の青山学院に至る【写真❷】。終点・青山地域には田畑が多く、どういった目的で当所に終点地を決めたのであろうかは不明である。当初の出願時から博覧会会場の千駄ヶ谷方面を目論んでいたので、千駄ヶ谷に2kmほどの当地へ便宜的に停車場を設置したとも考えられる。

方向を変えて、ルート変更した白金猿町付近(現港区高輪3-11)に戻る【写真❸】。同地付近には現在、都営地下鉄・高輪台駅がある。ここで池上電鉄の計画線・白金線と交差し、共同で駅を設置する計画があった(161頁参照)。京浜電鉄は千駄ヶ谷方面に延伸し、池上電鉄は品川に出られるウインウインのメリットがあった。当地から千駄ヶ谷駅まで延伸するのは9.7kmほどもあるので、路線バスで乗り継ぐことにする。高輪台駅からのバス便はないので、白金台5丁目のバス停まで極細の下り坂を10分ほど歩き、千駄ヶ谷まで直通の都営バスに乗り込む。

終点の千駄ヶ谷は博覧会が催される旧青山練兵場付近で、現明治公園バス停付近に当たる。現在では東京オリンピックを機に建て替えられた国立競技場【写真❹】や大学野球の神宮球場などがひしめく。ルートが2転3転する計画線を辿ると、都心に足掛かりを得たいとする京浜電鉄の焦燥の路線にも思えてくる。

(2023年10月取材)

【写真❷】 仮路線名を「青山線」としたが、ルート変更後の終点は当時の青山学院付近にしている

【写真❸】 当地の白金猿町付近は五反田方面から乗り入れる池上電鉄線と連絡する計画だった。現在では高輪台と改称してにぎわう

【写真❹】 博覧会も開催される予定だったこともあり、千駄ヶ谷付近を終点とした

◇資料協力者・参考資料等

◇資料提供・協力者

江戸川区郷土資料館／大田区立郷土博物館／小田急電鉄／北区立中央図書館／京王電鉄／国立公文書館／杉並区立郷土博物館／新宿歴史博物館／辻阪昭浩／田口重久／玉電と郷土の歴史館／東京都公文書館／東急㈱／東京都港湾振興協会／東京都水道歴史館／東京都立多摩図書館／花房幸秀／武蔵村山市立歴史民俗資料館／森川尚一ほか

◇参考資料

日本国有鉄道「日本国有鉄道百年史」（国鉄）／生方良雄「特殊鉄道とロープウェイ」（成山堂書店）／佐藤信之「モノレールと新交通システム」（グランプリ出版）／今尾恵介「地図と鉄道文書で読む私鉄のあゆみ①～③」（白水社）・同「地形図でたどる鉄道史・東日本編」（ＪＴＢ）／原口隆行「日本の路面電車Ⅱ～東日本編」（JTB）／諸河久「都電系統案内」（ネコパブリッシング）／角川日本地名大辞典編纂委員会「角川日本地名大辞典」（角川書店）／小川裕夫「都電跡を歩く」（祥伝社）／竹内正浩「地図で愉しむ東京歴史散歩シリーズ」（中公新書）・同「地形で読み解く鉄道路線の謎」（JTBパブリッシング）／高嶋修一他「沿線の不思議と謎シリーズ」（実業の日本社）／鉄道ピクトリアル各号」（鉄道図書刊行会）／朝日新聞「聞蔵」（朝日新聞社）／読売新聞「明治・大正・昭和の読売新聞」（読売新聞）／鉄道史学会「鉄道史人物事典」（日本経済評論社）ほか

［社史・区史・博物館等刊行物］

竹谷為次郎「王子電気軌道二十五年史」（同氏）／東武鉄道年史編纂事務局「東武鉄道65年史」「東武鉄道百年史」（同社）／京成電鉄社史編纂委員会「京成電鉄五十五年史」（同社）／東京急行電鉄「東京横浜電鉄沿革史」「東京急行三十年のあゆみ」「東京急行電鉄50年史」「東急100年史～Web版」（東京急行電鉄）／小田急沿革史編纂委員会「小田急二十五年史」「小田急五十年」（同電鉄）／京王電気軌道「京王電気軌道株式会社三十年史」（同軌道）／京王帝都電鉄総務部「京王帝都電鉄三十年史」（同社）／京王電鉄広報部「京王電鉄五十年史」（京王電鉄）／京浜急行電鉄「京浜電気鉄道沿革史」、「京浜急行八十年史」（同社）／東京都交通局「東京都交通局四十年史」「東京都交通局50年史」「東京都交通局70年史」「東京都交通局100年史」（同局）、「都営交通100年のあゆみ」（同交通局）／東京都水道局「淀橋浄水場史」（同局）／「JR貨物30年のあゆみ」（日本貨物鉄道）／板橋区史編さん調査会「板橋区史」（同区）／江戸川区「江戸川区史」（同）／葛飾区役所「新修葛飾区史」（同区）／葛飾区史編さん員会「葛飾区史」（葛飾区）／世田谷区「新修世田谷区史」（同区）／東京都立大学学術研究会「目黒区史」（同区）／葛飾区郷土と天文の博物館「帝釈人車鉄道」（同博物館）／新宿歴史博物館「ステーション新宿」「トラムとメトロ」「特急電車と沿線風景」（同館）ほか

［引用・活用地図］

日本地図選集刊行委員会「明治大正昭和東京近代地図集成」（人文社）／「明治・大正・昭和～東京周辺1万分の1地形図集成」（柏書房）／「地図で見る東京の変遷」「東京時層地図」（日本地図センター）／貝塚爽平「東京都市地図・全6巻」（柏書房）／井口悦男「帝都地形図・全6巻」（コレジオ）／「明治・大正・昭和重ね地図」（エーピービーカンパニー）／国際日本文化研究センター「データベース・地域別所蔵地図」／埼玉大学教育学部・谷謙二（人文地理研究室）Web地図「今昔マップ」／国土地理院地図ほか

【廃線関係】

今尾恵介「日本鉄道旅行地図帳」（新潮社）／中村建治「消えた！東京の鉄道310路線（廃線）」（イカロス出版）／山田俊明「東京の鉄道遺産・上下」（けやき出版）／岡本憲之「消散軌道風景①～③」「鉄道考古学」（イカロス出版）／宮脇俊三「鉄道廃線跡を歩く・1～10」（ＪＴＢ）／平沼義之他「廃線跡の記録①～⑤」（三才ブックス）／三好好三「都電が走った東京アルバム」（フォト・パブリッシング）／小川裕夫「都電跡を歩く」（祥伝社）／諸河久「都電系統案内」（ネコ・パブリッシング）など／玉電アーカイブス研究会「あの日、玉電があった」（東急エージェンシー出版部）／朝日新聞出版「歴史でめぐる鉄道全路線シリーズ」（同出版）／東京人「東京人・東京の鉄道遺産」（都市出版）／内田宗治「東京鉄道遺産100線」（中央公論新社）ほか

【未成線関係】

中村建治「東京！消えた鉄道計画（未成線）」（イカロス出版）／森口誠之「鉄道未成線を歩く～国鉄・私鉄編」（JTB）、「未成線の謎」（河出書房新社）／川島令三「幻の鉄路を追う」（中央書院）、「日本の三大都市・幻の鉄道計画」「超新説・全国未完成鉄道路線」（講談社）、「全国未成線徹底検証」（天夢人）／草町義和「鉄道計画は変わる。」（交通新聞社）、「鉄道未完成路線を往く」（講談社ビーシー）、「全国未成線ガイド」（宝島社）、「鉄道ジャーナル～公文書でたどる鉄道裏史」ほか

【東京23区廃線一覧】

【旅客線】

【国有鉄道】

事業者(起業者→廃止時)	路線名(仮称含)	起点駅(区市町名)	径由地・理由
鉄道院→鉄道省	東海道線	呉服橋(千代田区)	(東京駅開業までの路線)
鉄道省	山手線	駒込(豊島区)	トンネル廃止で区間変更

【東京都(市)営交通】(路線別)

事業者(起業者→廃止時)	路線名(仮称含)	起点駅(区名)	径由地・理由
東京電車鉄道→東京都電	01・品川線(1・3・7系統)	品川(港区)	泉岳寺前
東京市電	02・金杉線(1・4系統)	三田(港区)	金杉橋・大門
東京市電→東京都電	03・芝浦線	芝浦一丁目(港区)	竹芝橋
東京市電→東京都電	04・蓬莱橋線①(6系統)	三原橋(中央区)	西新橋
東京市街鉄道→東京市電	04・蓬莱橋線②(一系統)	三原橋(中央区)	(路線変更)
東京市電	05・外濠線①(迂回路線)	八官町(中央区)	
東京市街鉄道→東京市電	05・外濠線②(迂回従来線)	土橋(港区)	内幸町・霞が関
東京市電→東京都電	06・三田線(2・5・35・37系統)	三田(港区)	御成門・内幸町
東京市電	07・霊南坂線(一系統)	桜田門(千代田区)	霞が関・琴平宮前
東京市電→東京都電	08・虎ノ門線(3・8系統)	桜田門(千代田区)	霞が関・虎ノ門
東京市電→東京都電	09・六本木線(3・8・33系統)	浜松町一丁目(港区)	神谷町・六本木
東京市電→東京都電	09・六本木線(3・8・34系統)	赤坂八丁目(港区)	(路線変更)
東京市電→東京都電	10・札ノ辻線(3・8系統)	飯倉一丁目(港区)	赤羽橋・慶応義塾前
東京市電→東京都電	11・古川線(4・5・7・8・34系統)	天現寺橋(港区)	麻布十番・赤羽橋
東京市電→東京都電	12・伊皿子線(4・5・7系統)	古川橋(港区)	魚籃坂下・高輪一丁目
東京市電→東京都電	13・目黒線(4・5系統)	魚籃坂下(港区)	清正公前・白金台
東京市電→東京都電	14・五反田線(4系統)	清正公前(港区)	二本榎・白金猿町
東京市電	15・広尾線(7・13系統)	北青山一丁目(港区)	墓地下・西麻布
東京市電→東京都電	16・恵比寿線(一系統)	天現寺橋(港区)	白金三光町
東京市電→東京都電	17・霞町線(6系統)	溜池(港区)	麻布単笥町
東京市電→東京都電	18・溜池線①(3・6系統)	虎ノ門(港区)	溜池・赤坂見附
東京市電→東京都電	18・溜池線②(3・6系統)	虎ノ門(港区)	(路線変更)
東京市電→東京都電	19・本通線①(1・4・19・22・40系統)	新橋(港区)	銀座・日本橋
東京市電→東京都電	19・本通線②(1・4・19・22・41系統)	神田駅前(千代田区)	(路線変更)
東京市電→東京都電	20・両国橋線①(10・12・25・29系統)	小川町(千代田区)	万世橋・岩本町
東京市電→東京都電	20・両国橋線②(10・12・25・30系統)	須田町手前(千代田区)	和泉橋・浅草橋
東京市電→東京都電	21・淡路町線(37系統)	淡路町(千代田区)	外神田二丁目
東京市電→東京都電	22・室町線①(22・31系統)	丸ノ内一丁目(千代田区)	小伝馬町・馬喰町
東京市電	22・室町線②(22・32系統)	本銀町角(中央区)	(路線変更・一方通行)
東京市電	22・室町線③(22・33系統)	浅草橋(台東区)	(路線変更・一方通行)
東京市電→東京都電	23・土橋線①(17系統)	新常盤橋(中央区)	東京駅八重洲口
東京市電→東京都電	23・土橋線②(17系統)	新橋駅北口(港区)	(ループ線)
東京市電→東京都電	24・神田橋線(2・5・15・25・35・37系統)	日比谷公園(千代田区)	大手町・神田橋
東京市電→東京都電	25・丸ノ内線①(28・31系統)	丸ノ内一丁目(千代田区)	(戦中全線休止)
東京市電→東京都電	25・丸ノ内線②(28・32系統)	丸ノ内一丁目(千代田区)	(戦後全線復活)
東京市電→東京都電	25・丸ノ内線③(28・33系統)	東京駅乗車口(千代田区)	(ループ線変更)
東京市電→東京都電	26・八丁堀線①(5系統)	馬場先門(千代田区)	都庁前・八丁堀
東京市電→東京都電	26・八丁堀線②(5系統)	越前前(中央区)	(路線変更)
東京市電→東京都電	27・千代田橋線①(9・15・28・31・36・38系統)	大手町(千代田区)	丸ノ内・日本橋
東京市電→東京都電	27・千代田橋線②(9・15・28・31・36・39系統)	茅場町(中央区)	(路線変更)
東京市電→東京都電	28・築地線①(8・9・11・36系統)	日比谷公園(千代田区)	数寄屋橋・茅場町
東京市電→東京都電	28・築地線②(8・9・11・37系統)	日比谷公園(千代田区)	(路線変更)
東京市電→東京都電	29・勝鬨橋線(11系統)	築地(中央区)	本願寺前
東京都電(貨物線)	30・中央市場引込線	築地(中央区)	(汐留駅起点の国鉄線あり)
東京市電→東京都電	31・和泉橋線①(13・21系統)	土州橋(中央区)	岩本町・秋葉原駅
東京市電→東京都電	31・和泉橋線②(13・22系統)	御徒町駅前(台東区)	(路線変更)
東京市電→東京都電	32・浜町線(一系統)	人形町(中央区)	浪花町・浜町
東京市電→東京都電	33・動坂線(20・37・40系統)	上野公園(台東区)	団子坂下・道灌山下
東京市電→東京都電	34・駒込線(19系統)	向丘二丁目(文京区)	吉祥寺前
東京市電→東京都電	35・飛鳥山線(19系統)	駒込駅前(豊島区)	霜降橋・西ヶ原町
東京市電→東京都電	36・本郷線①(19系統)	松住町(千代田)	神田明神前・東大赤門前
東京市電→東京都電	36・本郷線②(20系統)	松住町(千代田区)	(路線変更)
東京市電→東京都電	37・御茶ノ水線(13・19系統)	飯田橋(千代田区)	水道橋・御茶ノ水
東京市電→東京都電	38・白山線(2・18・35系統)	文京区役所(文京区)	小石川
東京市電→東京都電	39・巣鴨線(2・18・35系統)	白山上(文京区)	東洋大学前
東京市電→東京都電	40・板橋線(18・41系統)	巣鴨車庫前(豊島区)	庚申塚・西巣鴨
東京都電	41・志村線(18・41系統)	下板橋(板橋区)	板橋本町・
東京市電→東京都電	42・護国寺線(17・20系統)	千石一丁目(文京区)	千石二丁目

終点駅(区市町名)	キロ数(含推計)	軌間	開業(全通)日	休廃(全廃)日
東京(千代田区)	0.3	1067	1910(M43)/09/15	1914(T03)/12/20
田端(北区)	—	1067	1903(M36)/04/01	1928(S03)/02/01

【国有鉄道】

終点駅(区名)	キロ数(含推計)	軌間	開業(全通)日	休廃(全廃)日
三田(港区)	3.2	1372	1903(M36)/08/29	1967(S42)/12/10
新橋(港区)	2.6	1372	1903(M36)/08/22	1967(S42)/12/10
芝浦二丁目(港区)	0.9	1372	1926(T15)/04/01	1969(S44)/05/04
虎ノ門(港区)	1.8	1372	1929(S04)/--/頃	1967(S42)/12/10
蓬莱橋(中央区)	0.7	1372	1906(M39)/04/13	1907(M40)/--/頃
五二館前(中央区)	0.4	1372	1905(M38)/04/03	1908(M41)/--/頃
琴平宮前(港区)	0.9	1372	1905(M38)/04/03	1909(M42)/09/08
日比谷公園(千代田区)	3.3	1372	1904(M37)/06/21	1968(S43)/02/25
霊南坂(港区)	1.5	1372	1905(M38)/10/11	1912(M45)/06/07
神谷町(港区)	1.8	1372	1912(M45)/06/07	1968(S43)/09/29
青山一丁目(港区)	3.8	1372	1915(T04)/05/25	1969(S44)/10/26
青山一丁目(港区)	0.6	1372	1912(M45)/06/07	1924(T13)/12/01
札ノ辻(港区)	1.7	1372	1912(M45)/06/07	1967(S42)/12/10
金杉橋(港区)	3.8	1372	1914(T03)/03/15	1969(S44)/10/26
泉岳寺前(港区)	1.2	1372	1919(T08)/09/18	1969(S44)/10/26
目黒駅前(品川区)	2.3	1372	1914(T08)/02/06	1967(S42)/12/10
五反田駅前(品川区)	1.8	1372	1933(S08)/11/06	1967(S42)/12/10
天現寺橋(港区)	3.0	1372	1906(M39)/03/03	1969(S44)/10/26
恵比寿長者丸(品川区)	1.2	1372	1922(T11)/07/30	1944(S19)/05/05
南青山五丁目(港区)	3.5	1372	1925(T14)/06/06	1967(S42)/12/10
四谷見附(新宿区)	2.8	1372	1905(M38)/09/15	1967(S42)/12/10
葵橋(港区)	0.3	1372	1905(M38)/10/11	1909(M42)/09/08
須田町(千代田区)	3.8	1372	1929(S04)/08/10	1971(S46)/03/18
須田町(千代田区)	0.4	1372	1903(M36)/11/25	1929(S04)/08/10
両国二丁目(墨田区)	2.4	1372	1905(M38)/06/03	1972(S47)/11/12
両国(墨田区)	2.3	1372	1903(M36)/12/29	1929(S04)/08/10
外神田三丁目(千代田区)	0.8	1372	1929(S04)/08/10	1967(S42)/12/10
浅草橋(台東区)	5.0	1372	1920(T09)/10/05	1971(S46)/03/18
浅草橋(台東区)	1.5	1372	1904(M37)/02/21	1909(M42)/12/30
本町角(中央区)	1.5	1372	1904(M37)/02/21	1909(M42)/12/30
新橋駅北口(港区)	2.6	1372	1929(S04)/12/19	1968(S43)/03/31
新橋駅北口(港区)	0.2	1372	1922(T11)/08/20	1943(S18)/05/01
小川町(千代田区)	2.3	1372	1903(M36)/12/29	1968(S43)/09/29
都庁前(千代田区)	0.9	1372	1921(T10)/03/31	1944(S19)/05/05
都庁前(千代田区)	0.9	1372	1948(S23)/05/21	1969(S44)/10/26
東京駅八重洲口(中央区)	0.4	1372	1926(T15)/05/18	1944(S19)/05/05
永代橋(中央区)	2.4	1372	1912(T01)/12/08	1967(S42)/12/10
永代橋(中央区)	0.4	1372	1920(T09)/02/22	1929(S04)/--/頃
永代橋(中央区)	1.7	1372	1912(T01)/12/08	1972(S47)/11/12
新川一丁目(中央区)	0.4	1372	1948(S23)/07/09	1969(S44)/10/26
蛎殻町(中央区)	3.4	1372	1903(M36)/09/15	1971(S46)/03/18
数寄屋橋(中央区)	0.8	1372	1903(M36)/09/15	1910(M43)/04/11
勝鬨橋東詰(中央区)	0.9	1372	1947(S22)/12/24	1968(S43)/09/29
中央市場(中央区)	1.0	1372	1944(S19)/10/01	1960(S35)/03/14
上野駅前(台東区)	3.4	1372	1910(M43)/09/02	1970(S45)/03/27
上野駅前(台東区)	3.5	1372	1910(M43)/09/08	1929(S04)/09/24
両国(墨田区)	1.1	1372	1904(M37)/05/15	1944(S19)/05/05
千石一丁目(北区)	4.5	1372	1917(T06)/07/27	1971(S46)/03/18
駒込駅前(豊島区)	1.7	1372	1928(S03)/08/01	1971(S46)/03/18
飛鳥山(北区)	1.9	1372	1923(T12)/04/15	1971(S46)/03/18
向丘二丁目(文京区)	3.2	1372	1915(T04)/03/08	1971(S46)/03/18
明神前(千代田区)	0.8	1372	1904(M37)/01/31	1929(S04)/08/10
秋葉原駅東口(千代田区)	3.0	1372	1958(S33)/04/25	1971(S46)/03/18
千住大橋(足立区)	1.6	1372	1911(M44)/07/14	1968(S43)/02/25
巣鴨車庫前(豊島区)	1.8	1372	1913(T02)/01/29	1968(S43)/02/25
下板橋(板橋区)	2.8	1372	1929(S04)/04/19	1966(S41)/05/29
志村橋(板橋区)	5.5	1372	1955(S30)/06/10	1966(S41)/05/29
護国寺前(文京区)	1.8	1372	1924(T13)/07/16	1971(S46)/03/18

【東京都(市)営交通】(路線別)

事業者(起業者→廃止時)	路線名(仮称含)	起点駅(区名)	径由地・理由
東京市電→東京都電	43・音羽線①(20系統)	護国寺前(文京区)	(戦中一旦廃止)
東京市電→東京都電	43・音羽線②(21系統)	護国寺前(文京区)	音羽・江戸川橋
東京都電	44・池袋線(17系統)	護国寺前(文京区)	造幣局前
東京市電→東京都電	45・大塚線(16・17系統)	伝通院前(文京区)	教育大学前・
東京市電→東京都電	46・切通線(16.39系統)	文京区役所前(文京区)	本郷4丁目
東京市電→東京都電	47・富坂線(16・17・39系統)	大曲(新宿区)	伝通院前・富坂上
東京市電→東京都電	48・江戸川線(15・39系統)	九段下(千代田区)	飯田橋・江戸川橋
東京都電	49・戸塚線(15系統)	面影橋(新宿区)	戸塚二丁目
東京市電→東京都電	50・水道橋線(2・17・18・35系統)	新常盤橋(千代田区)	神保町・水道橋
東京市電→東京都電	51・錦町線(一系統)	錦町河岸(千代田区)	駿河台下
東京市電→東京都電	52・角筈線①(13系統)	飯田橋(千代田区)	飯田橋・河田町
東京市電→東京都電	52・角筈線②(13系統)	新田裏(新宿区)	(路線変更)
東京市電→東京都電	53・新宿線①(11・12・13系統)	半蔵門(千代田区)	麹町・四谷
東京市電→東京都電	53・新宿線②(11・12・13系統)	新宿二丁目(新宿区)	(専用軌道路線変更)
東京市電→東京都電	54・半蔵門線(8・9・10・11系統)	半蔵門(千代田区)	議事堂前
東京市電→東京都電	55・青山線①(6・9・10系統)	三宅坂(千代田区)	赤坂見附・明治神宮前
東京市電	55・青山線②(6・9・10系統)	渋谷駅前(渋谷区)	渋谷駅前
東京市電→東京都電	56・信濃町線(7・33系統)	四谷三丁目(新宿区)	信濃町・防衛大学校前
東京市電→東京都電	57・牛込線①(3・12系統)	四谷見附(新宿区)	本塩町・逢坂下
東京市電→東京都電	57・牛込線②(3・12系統)	九段上(千代田区)	(①とは別路線)
東京市電→東京都電	58・市ヶ谷線(12系統)	九段上(千代田区)	九段上・一口坂
東京市電→東京都電	59・番町線(10系統)	九段上(千代田区)	九段上・三番町
東京市電→東京都電	60・九段線①(10・12・15系統)	小川町(千代田区)	神保町・九段下
東京市電→東京都電	60・九段線②(10・12・15系統)	九段下(千代田区)	(路線変更)
東京市電→東京都電	61・上野線① (1・19・20・24・37・40系統)	須田町(千代田区)	外神田・上野公園
東京市電→東京都電	61・上野線② (1・19・20・24・37・40系統)	須田町(千代田区)	(路線変更)
東京市電→東京都電	61・上野線③ (1・19・20・24・37・40系統)	上野公園(台東区)	(路線変更)
東京市電→東京都電	62・厩橋線(16・30系統)	上野広小路(台東区)	元浅草・厩橋
東京市電→東京都電	63・千束線(31系統)	蔵前一丁目(墨田区)	合羽橋・千束
東京市電→東京都電	64・蔵前線(22・31系統)	浅草橋(台東区)	蔵前・厩橋
東京市電→東京都電	65・千住線(22系統)	駒形二丁目(台東区)	浅草・泪橋
東京市電→東京都電	66・三ノ輪線(21・31系統)	上野駅前(台東区)	下谷・根岸
東京市電→東京都電	67・北千住線(21系統)	千住大橋(足立区)	足立区役所前
東京市電→東京都電	68・吾妻橋線①(24・30系統)	上野駅前(台東区)	雷門・浅草
東京市電	68・吾妻橋線②(24・30系統)	上野駅前(台東区)	(路線変更)
東京市電	68・吾妻橋線③(24・30系統)	上野駅前(台東区)	(路線変更)
東京市電	69・駒形橋仮線(臨時系統)	駒形町(台東区)	(工事中の迂回路線)
東京市電→東京都電	70・業平線①(16・23・24・30系統)	緑一丁目(墨田区)	墨田区役所前
東京市電	70・業平線②(16・23・24・30系統)	駒形町(台東区)	(路線変更)
東京市電	71・浅草駅引込線(一系統)	業平町(台東区)	浅草駅前
東京市電→東京都電	72・向島線(30系統)	本所吾妻橋(台東区)	向島
東京市電→東京都電	73・石原線①(16系統)	石原一丁目(墨田区)	太平一丁目
東京市電→東京都電	73・石原線②(16系統)	大平三丁目(墨田区)	(路線変更)
東京市電	74・両国駅引込線①(12系統)	東両国二丁目(墨田区)	
東京市電	74・両国駅引込線②(旧線)	国技館前(墨田区)	(路線変更)
東京市電→東京都電	75・江東橋線(25・29・30系統)	両国二丁目(墨田区)	両国・緑町
東京都電	76・猿江線(28・36系統)	錦糸町駅前(墨田区)	猿江町・千石町
東京都電	77・新大橋線(9・36系統)	茅場町(中央区)	蛎殻町・菊川
東京市電	78・高橋線①(2・3系統)	門前仲町(江東区)	清澄町・高橋
東京市電→東京都電	78・高橋線②(2・3系統)	深川一丁目(江東区)	(路線変更)
城東電気軌道→東京都電	79・洲崎線(28・39系統)	永代橋(中央区)	門前仲町・木場
東京都電	80・月島線(11・23系統)	門前仲町(江東区)	越中島・月島
城東電気軌道→東京都電	81・砂町線(29・38系統)	水神森(江東区)	大島・砂町
城東電気軌道→東京都電	82・小松川線(25・29・38系統)	錦糸堀(墨田区)	水神森・浅間前
城東電気軌道→東京都電	83・一ノ江線(26系統)	東荒川(江戸川区)	一ノ江
東京都電	84・葛西橋線(29系統)	境川(江東区)	北砂・南砂
王子電気軌道→東京都電	85・荒川線(27系統)	王子駅前(北区)	(路線変更)
王子電気軌道→東京都電	86・赤羽線(27系統)	王子駅前(北区)	神谷橋・志茂
玉川電気鉄道→東京都電	87・天現寺橋線(8・34系統)	渋谷橋(渋谷区)	並木橋・広尾
玉川電気鉄道→東京都電	88・中目黒線(8系統)	渋谷橋(渋谷区)	恵比寿駅前
西武軌道→東京都電	89・高円寺線(14系統)	新宿駅前(新宿区)	中野坂上・鍋屋横丁
西武軌道→東京都電	89・荻窪線(14系統)	高円寺一丁目(杉並区)	杉並車庫前
東京都営トロリーバス	101系統	今井(江戸川区)	亀戸駅前・業平橋
東京都営トロリーバス	102系統	池袋駅前(豊島区)	新宿三丁目・渋谷駅東口
東京都営トロリーバス	103系統	池袋駅前(豊島区)	王子駅前・百花園
東京都営トロリーバス	104系統	池袋駅前(豊島区)	王子駅前・浅草雷門
上野懸垂線	動物園内モノレール	東園(台東区)	

終点駅(区名)	キロ数(含推計)	軌間	開業(全通)日	休廃(全廃)日
矢来下(新宿区)	1.5	1372	1928(S03)/12/11	1944(S19)/10/05
矢来下(新宿区)	1.6	1373	1948(S23)/01/01	1971(S46)/03/18
池袋駅前(豊島区)	1.8	1372	1939(S14)/04/01	1969(S44)/10/26
大塚駅前(豊島区)	2.9	1372	1913(T02)/04/05	1971(S46)/03/18
上野広小路(台東区)	1.8	1372	1808(M41)/04/12	1971(S46)/03/18
文京区役所前(文京区)	1.3	1372	1909(M42)/12/30	1971(S46)/03/18
文京区役所前(文京区)	3.9	1372	1918(T07)/06/26	1968(S43)/09/29
高田馬場駅前(新宿区)	0.9	1372	1949(S24)/12/11	1968(S43)/09/29
文京区役所前(文京区)	3.1	1372	1908(M41)/04/12	1968(S43)/03/31
御茶ノ水(千代田区)	1.1	1372	1905(M38)/04/05	1944(S19)/05/05
四谷三光町(新宿区)	4.1	1372	1914(T03)/05/07	1970(S45)/03/27
新宿駅前(新宿区)	0.6	1372	1914(T03)/05/07	1953(S28)/06/01
新宿駅前(新宿区)	4.4	1372	1949(S24)/04/01	1970(S45)/03/27
新宿駅前(新宿区)	0.9	1372	1903(M36)/12/29	1949(S24)/04/01
日比谷公園(千代田区)	1.9	1372	1903(M36)/11/01	1968(S43)/09/29
渋谷駅前(渋谷区)	5.3	1372	1922(T11)/05/29	1968(S43)/03/22
渋谷駅前(渋谷区)	0.4	1372	1911(M44)/08/03	1922(T11)/05/29
北青山一丁目(港区)	1.8	1372	1907(M40)/10/25	1969(S44)/10/26
飯田橋(千代田区)	2.4	1372	1905(M38)/08/12	1970(S45)/03/27
市ケ谷見附(新宿区)	1.2	1372	1920(T09)/09/19	1967(S42)/12/10
市ケ谷見附(新宿区)	1.2	1372	1920(T09)/09/19	1970(S45)/03/27
半蔵門(千代田区)	0.6	1372	1905(M38)/12/29	1970(S45)/03/27
九段上(千代田区)	1.8	1372	1907(M40)/07/06	1970(S45)/03/27
九段上(千代田区)	0.5	1372	1907(M40)/07/06	1930(S05)/04/17
上野駅前(台東区)	2.2	1372	1929(S04)/09/25	1972(S47)/11/12
万世橋(千代田区)	0.2	1372	1903(M36)/11/25	1929(S04)/08/10
上野駅前(台東区)	0.2	1372	1903(M36)/11/25	1929(S04)/09/24
本所一丁目(墨田区)	2.3	1372	1905(M38)/03/18	1971(S46)/03/18
三ノ輪橋車庫(台東区)	3.3	1372	1921(T10)/03/31	1969(S44)/10/26
雷門(台東区)	2.1	1372	1904(M37)/03/18	1971(S46)/03/18
南千住(荒川区)	2.8	1372	1921(T10)/03/26	1971(S46)/03/18
千住大橋(足立区)	3.5	1372	1929(S04)/09/24	1969(S44)/10/26
千住四丁目(足立区)	3.5	1372	1928(S03)/07/16	1968(S43)/02/25
本所吾妻橋(墨田区)	2.5	1372	1929(S04)/09/25	1972(S47)/11/12
車坂町(台東区)	0.4	1372	1904(M37)/03/18	1929(S04)/09/24
田原町(台東区)	2.0	1372	1904(M37)/03/18	1906(M39)/08/03
駒形橋(台東区)	0.2	1372	1929(S04)/12/01	1930(S05)/12/22
福神橋(墨田区)	4.0	1372	1958(S33)/04/25	1972(S47)/11/12
吾妻橋一丁目(墨田区)	0.3	1372	1907(M40)/04/16	1929(S04)/09/12
業平橋駅前(墨田区)	0.2	1372	1924(T13)/03/02	1931(S06)/09/03
東向島三丁目(墨田区)	2.1	1372	1950(S25)/12/25	1969(S44)/10/26
錦糸町駅前(江東区)	2.0	1372	1949(S24)/11/01	1971(S46)/03/18
錦糸町駅前(江東区)	0.4	1372	1928(S03)/12/08	1949(S24)/11/01
両国駅前(墨田区)	0.3	1372	1923(T04)/11/01	1968(S43)/03/31
両国橋(墨田区)	0.2	1372	1923(T12)/--/頃	1929(S04)/--/頃
錦糸堀(墨田区)	2.1	1372	1918(T07)/06/12	1972(S47)/11/12
東陽公園前(江東区)	3.0	1372	1958(S33)/05/29	1972(S47)/11/12
住吉町二丁目(江東区)	3.6	1372	1948(S23)/07/09	1971(S46)/03/18
緑一丁目(墨田区)	2.6	1372	1930(S05)/03/01	1944(S19)10/05/
亀住町(江東区)	0.5	1372	1904(M37)/05/15	1930(S05)/03/01
東陽公園前(江東区)	2.9	1372	1928(S03)/06/03	1972(S47)/11/12
勝鬨橋東詰(中央区)	2.4	1372	1946(S21)/04/16	1972(S47)/11/12
東陽公園前(江東区)	4.1	1372	1927(S02)/03/08	1972(S47)/11/12
西荒川(江戸川区)	3.6	1372	1926(T15)/03/01	1972(S47)/11/12
今井橋(江戸川区)	3.2	1372	1925(T14)/12/31	1952(S27)/05/20
葛西橋(江戸川区)	1.3	1372	1944(S19)/05/05	1968(S43)/09/30
荒川区役所前(荒川区)	1.8	1372	1913(T02)/04/01	1928(S03)/11/20
赤羽(北区)	4.1	1372	1932(S07)/12/01	1972(S47)/11/12
天現寺橋(港区)	2.5	1372	1924(T13)/05/21	1969(S44)/10/26
中目黒(目黒区)	1.4	1372	1927(S02)/03/29	1967(S42)/12/10
高円寺一丁目(杉並区)	3.9	1067	1926(T15)/09/15	1963(S38)/11/30
荻窪駅前(杉並区)	3.5	1067	1922(T10)/08/26	1963(S38)/11/30
上野公園(台東区)	15.5	—	1952(S27)/05/20	1968(S43)/09/30
品川駅前(港区)	17.3	—	1956(S31)/09/21	1968(S43)/03/31
亀戸駅前(江東区)	14.9	—	1957(S32)/01/21	1968(S43)/03/31
馬道一丁目(台東区)	12.9	—	1958(S33)/09/18	1968(S43)/03/31
西園(台東区)	0.3	—	1957(S32)/12/17	2019(R01)/10/21

【大手私鉄(系)営線＝付替・路線変更等を含む】

事業者(起業者→廃止時)	路線名(仮称含)	起点駅(区市名)	径由地・理由
小田原急行鉄道→小田急電鉄	小田原線	新宿(新宿区)	(地下化)
小田原急行鉄道→小田急電鉄	小田原線	東北沢(世田谷区)	(地下化)
京浜電気鉄道	本線	雑色(大田区)	(路線変更)
京浜電気鉄道	本線	北品川(品川区)	(終点駅廃止・路線変更)
京浜電気鉄道	本線	大森海岸(品川区)	(専用軌道化)
京浜電気鉄道	本線	大森町(大田区)	(専用軌道化)
京浜電気鉄道	本線	雑色(大田区)	(専用軌道化)
京浜電気鉄道	海岸線(大森支線)	八幡(品川区)	(品川乗入で廃止)
京浜電気鉄道	穴守線①	穴守稲荷(大田区)	(ループ線廃止)
京浜電気鉄道	穴守線②	蒲田(大田区)	(ループ線廃止)
京浜電気鉄道→京急電鉄	穴守線②	大鳥居(大田区)	(稲荷橋〜穴守間単線化)
京浜電気鉄道→京急電鉄	穴守線③	稲荷橋(大田区)	(米軍接収休止後廃止)
京浜電気鉄道→京急電鉄	空港線①	穴守稲荷(大田区)	(地下化)
京浜電気鉄道→京急電鉄	空港線②	糀谷(大田区)	(地下化)
京浜電気鉄道→京急電鉄	空港線③	天空橋(大田区)	(地下化)
京王電気軌道→京王電鉄	京王線	新宿追分(新宿区)	(駅を新ビルに移設)
京王電気軌道→京王電鉄	京王線	笹塚(渋谷区)	(地下化)
京王電気軌道→京王電鉄	京王線	初台(渋谷区)	(専用軌道化)
京王電気軌道→京王電鉄	京王線	京王新宿(新宿区)	(専用軌道化)
京王電気軌道→京王電鉄	京王線	京王新宿(新宿区)	(地下区間延長)
帝都電鉄→京王電鉄	井の頭線	渋谷(渋谷区)	(駅改良-西側移設)
京成電気軌道→京成電鉄	押上線	荒川(墨田区)	(路線変更・高架化)
京成電気軌道→京成電鉄	白鬚線	向島(墨田区)	長浦・玉ノ井
京成電気軌道→京成電鉄	押上線	押上(墨田区)	(押上駅地下化)
東京モノレール	東京モノレール線	整備場(大田区)	(路線変更)
東京モノレール	東京モノレール線	天空橋(大田区)	(路線変更)
東武鉄道	伊勢崎線(付替)	牛田(足立区)	放水路変更で路線変更
東武鉄道	伊勢崎線(付替)	北千住(足立区)	放水路変更で路線変更
東武鉄道	啓志線	上板橋(板橋区)	(旅客)
東武鉄道	大師線	大師前(足立区)	(駅手前移設)
池上電気鉄道→目黒蒲田電鉄	新奥沢線	雪ケ谷(大田区)	諏訪分
東京急行電鉄(東横百貨店等)	渋谷ロープウェイ(子供専用。遊園地線)	東横百貨店ビル(渋谷区)	※法令上非鉄道
目黒蒲田電鉄→東急電鉄	多摩川線(目蒲線)	矢口渡(大田区)	(池上線と合流・路線変更)
玉川電気鉄道→東急電鉄	溝ノ口線	二子玉川(世田谷区)	(専用軌道化)
玉川電気鉄道→東急電鉄	砧線	二子玉川(世田谷区)	中耕地・吉沢
玉川電気鉄道→東急電鉄	玉川線(現田園都市線)	渋谷(渋谷区)	(地下化)
目黒蒲田電鉄→東急電鉄	多摩川線	多摩川(大田区)	(ルート変更)
目黒蒲田電鉄→東急電鉄	目黒線	西小山(品川区)	(地下化)
目黒蒲田電鉄→東急電鉄	池上線	戸越銀座(品川区)	(地下化)
目黒蒲田電鉄→東急電鉄	目黒線	目黒(目黒区)	(地下化)
目黒蒲田電鉄→東急電鉄	目黒線	洗足(目黒区)	(地下化)
目黒蒲田電鉄→東急電鉄	目黒線	奥沢(世田谷区)	(地下化)
目黒蒲田電鉄→東急電鉄	目黒線	矢口渡(大田区)	(路線変更)
目黒蒲田電鉄→東急電鉄	大井町線	北千束(大田区)	
東京横浜電鉄→東急電鉄	東横線	都立大学(目黒区)	(地下化)
東京横浜電鉄→東急電鉄	東横線	渋谷(渋谷区)	(地下化)

【独立系営線】

事業者(起業者→廃止時)	路線名(仮称含)	起点駅(区市名)	径由地・理由
品川馬車鉄道	品川馬車鉄道線	新橋(港区)	(東京馬車鉄道に合併)
千住馬車鉄道	千住馬車鉄道線	千住茶釜橋(足立区)	越ケ谷(埼玉県)
千住馬車鉄道→草加馬車鉄道	草加馬車鉄道線	千住茶釜橋(足立区)	(旧千住馬車鉄道を引継)
帝釈人車鉄道→京成電気軌道	帝釈人車鉄道線	柴又帝釈天(葛飾区)	(京成電軌が買収後に廃止)
東京馬車鉄道	東京馬車鉄道線	新橋(港区)	(東京電車鉄道に改称)

【貨物線】

【国有鉄道線】

事業者(起業者→廃止時)	路線名(仮称)	起点駅(区市名)	径由地等
鉄道省→日本国有鉄道	赤羽発所引込線	赤羽駅(北区)	
鉄道省→JR東日本	(旧国鉄)	飯田橋駅(千代田区)	(構外側線)
帝国鉄道省	東海道線	品川駅(港区)	
鉄道院	矢口発所引込線	蒲田駅(大田区)	
鉄道省→日本国有鉄道(現JR東日本)	中央卸売市場線	汐留駅(港区)	(貨物線)
鉄道省→日本国有鉄道(現JR東日本)	東海道線(汐留貨物線)	新橋駅(港区)	(新旧駅連絡線)
鉄道省→日本国有鉄道(現JR東日本)	芝浦線	汐留駅(港区)	
鉄道院→日本国有鉄道(現JR東日本)	(大汐線)	汐留(港区)	※実質廃止
鉄道院(現JR東日本)	(大汐線)	浜松町(港区)	※休止線

終点駅(区名)	キロ数(含推計)	軌間	開業(全通)日	休廃(全廃)日
南新宿(新宿区)	0.8	1067	1927(S02)/04/01	1964(S39)/02/17
世田谷代田(世田谷区)	1.7	1067	1927(S02)/04/01	2019(H31)/03/16
川崎(神奈川県)	1.2	1435	1902(M35)/09/01	1906(M39)/10/01
高輪(港区)	0.7	1372	1925(T14)/03/11	1933(S08)/04/01
平和島(大田区)	0.9	1372	1901(M34)/02/01	1904(M37)/05/08
梅屋敷(大田区)	0.7	1372	1901(M34)/02/01	1906(M39)/10/01
京急川崎(神奈川県)	2.4	1372	1901(M34)/02/01	1906(M39)/10/01
大森停車場前(大田区)	0.7	1435←1372←1435	1901(M34)/02/01	1937(S12)/03/08
穴守(大田区)	0.2	1435←1372←1435	1902(M35)/06/28	1913(T02)/12/31
蒲田(大田区)	0.1	1435←1372←1435	1906(M39)/09/—	1923(T12)/04/01
稲荷橋(大田区)	1.5	1435←1372←1435	1945(S20)/09/27	1952(S27)/11/01
穴守(大田区)	0.8	1435←1372←1435	1902(M35)/06/28	1971(S46)/01/24
羽田空港(大田区)	1.2	1435←1372←1435	1902(M35)/06/28	1993(H05)/04/01
穴守稲荷(大田区)	5.6	1435←1372←1435	1902(M35)/06/28	1997(H09)/11/23
羽田空港(大田区)	4.2	1435←1372←1435	1956(S31)/04/20	1993(H05)/04/01
新宿追分(新宿区)	0.2	1372	1915(T04)/05/30	1927(S02)/10/28
初台先(渋谷区)	2.6	1372	1915(T03)/06/11	1983(S58)/07/17
幡ヶ谷(渋谷区)	1.0	1372	1913(T02)/11/11	1936(S11)/09/頃
新町付近(渋谷区)	1.0	1372	1914(S03)/11/19	1963(S38)/04/01
笹塚(渋谷区)	0.9	1372	1914(S04)/05/01	1983(S58)/07/17
渋谷(渋谷区)	0.1	1372	1908(S03)/08/01	1997(H09)/12/28
京成立石(葛飾区)	2.3	1372	1912(T01)/11/03	1922(T11)/06/05
白鬚(墨田区)	1.4	1372	1928(S03)/04/07	1936(S11)/03/01
曳舟(墨田区)	1.1	1372	1912(T01)/11/03	1959(S34)/11/30
羽田(大田区)	1.3	跨座式	1964(S39)/09/17	1993(H05)/09/27
新整備場(大田区)	1.5	跨座式	1993(H05)/09/27	2010(H22)/10/21
鐘ヶ淵(墨田区)	1.8	1067	1902(M35)/04/01	1923(T12)/07/01
西新井(足立区)	4.2	1067	1899(M32)/08/27	1923(T12)/07/01
グラントハイツ(練馬区)	6.3	1067	1947(S12)/12/06	1959(S34)/07/22
旧大師前(足立区)	0.1	1067	1931(S06)/12/20	1968(S43)/12/01
新奥沢(世田谷区)	1.4	1067	1928(S03)/10/05	1935(S10)/11/01
玉川電鉄ビル(渋谷区)	0.7	—	1951(S26)/08/25	1953(S28)/08/頃
蒲田(大田区)	1.6	1067	1923(T12)/11/01	1945(S20)/06/01
溝ノ口(神奈川県)	2.0	1067←1372	1927(S02)/07/15	1969(S44)/05/10
砧本村(世田谷区)	2.2	1372	1924(T13)/03/01	1969(S44)/05/10
二子玉川(世田谷区)	9.1	1372←1067	1907(M40)/08/11	1969(S44)/05/10
蒲田(大田区)	-	1067	1923(T12)/11/01	1946(S21)/05/31
大岡山(大田区)	1.7	1067	1923(T12)/03/11	1967(S42)/02/26
旗の台(品川区)	1.5	1067	1927(S02)/08/28	1989(H01)/04/01
不動前(目黒区)	0.7	1067	1923(T12)/03/11	1996(H08)/06/02
奥沢(世田谷区)	0.9	1067	1923(T12)/03/11	1996(H08)/06/02
沼部(大田区)	2.0	1067	1923(T12)/03/11	2000(H12)/10/頃
蒲田(大田区)	0.7	1067	1923(T12)/03/11	1945(S20)/08/14
緑ヶ丘(目黒区)	1.5	1067	1928(S03)/10/10	1996(H08)/06/02
新丸子(神奈川県)	1.8	1067	1927(S02)/08/28	2000(H12)/12/頃
代官山(渋谷区)	1.4	1067	1927(S02)/08/28	2013(H25)/03/16

【大手私鉄(系)営業線＝付替・路線変更等を含む】

終点駅(区市県名)	キロ数(含推計)	軌間	開業(全通)日	休廃(全廃)日
北品川(品川区)	5.2	737	1897(M30)/12/—	1899(M30)/06/19
粕壁(埼玉県)	27.2	750	1893(M26)/06/01	1896(M29)/06/頃
草加町(埼玉県)	27.2	750	1898(M31)/11/03	1900(M33)/02/02
金町(葛飾区)	1.5	610	1899(M32)/12/17	1913(T02)/10/21
浅草橋(台東区)	5.4	1372	1882(M15)/10/25	1899(M32)/06/19

【独立系営業線】

終点駅(区市名)	概キロ	軌間	全通日(概ね)	休廃日(概ね)
赤羽発電所(北区)	1.9	1967	1920(T09)/--/頃	1958(S33)/--/頃
飯田町・貨(千代田区)	0.5	1067	1933(S08)/07/15	1999(H11)/03/22
大井連絡所(品川区)	2.4	1067	1901(M34)/03/15	1911(M44)/11/15
矢口発電所(太田)	1.8	1067	1914(T03)/--/頃	1926(T15)/--/頃
中央卸売市場(中央区)	1.1	1067	1935(S10)/02/11	1984(S59)/02/01
汐留(港区)	1.9	1067	1935(S10)/02/11	1984(S59)/02/01
芝浦(港区)	2.8	1067	1930(S05)/08/01	1985(S60)/03/01
浜松町(港区)	1.9	1067	1914(T03)/12/20	1986(S61)/11/01
東京貨物ターミナル(品川区)	7.1	1067	1914(T03)/12/20	1998(H10)/01/30

【国有鉄道線】

【東京都(府・市)営線】

事業者(起業者→廃止時)	路線名(仮称)	起点駅(区市町名)	径由地等
東京市港湾局→東京都港湾局	芝浦線	汐留駅(港区)	(一時軍用にも)
東京市水道局→東京都水道局	淀橋浄水場線	大久保(新宿区)	(構内分岐線あり)
東京市電気局→東京都交通局	東京市電気局線	大崎駅(品川区)	(後に東京電力)
東京都(中央卸売市場)	千住卸売市場線	北千住駅(足立区)	(現足立市場)
東京都(中央卸売市場)	両国青果市場線	両国駅(墨田区)	
東京都交通局(浅草線)	車両検修場線	西馬込駅(大田区)	
東京都港湾局(東京湾臨港線)	豊洲物揚場線	深川線分岐(江東区)	(分岐線)
東京都港湾局(東京湾臨港線)	日の出線(芝浦線延伸)	芝浦(港区)	
東京都港湾局(東京湾臨港線)	芝浦線	芝浦(港区)	
東京都港湾局(東京湾臨港線)	深川線	越中島(江東区)	(延伸)
東京都港湾局(東京湾臨港線)	晴海線	深川線分岐(江東区)	(分岐線)

【公共事業等引込線】

事業者(起業者→廃止時)	路線名(仮称)	起点駅(区市名)	径由地等
東京鉄道郵便局	郵便局専用線	東京駅(千代田区)	(郵便専用地下線)

【軍用・皇室(帝室)線=旅客兼用を含む】

事業者(起業者→廃止時)	路線名(仮称)	起点駅(区市県名)	径由地等
甲武鉄道→鉄道院	帝室(中央線分岐)	千駄ケ谷駅(渋谷区)	(英照皇太后大喪用)
鉄道院→鉄道省山手線	帝室・原宿葬上殿線	原宿駅(渋谷区)	(昭憲皇太后大喪)
鉄道省	大正天皇葬儀線	代々木駅(渋谷区)	(大正天皇大喪)
鉄道院→鉄道省	中央線支線	青山仮(新宿区)	(明治天皇大喪用)
陸軍省(管理:甲武鉄道)	中央線支線	新宿駅(新宿区)	(陸軍省専用線)
鉄道院→鉄道省	短絡線	大崎駅(品川区)	(軍用敷設)
米軍(進駐軍・GHQ)	羽田飛行場連絡線	国鉄蒲田駅(大田区)	(米軍の羽田空港整備線)
米軍・GHQ(東武鉄道)	啓志線(運行:東武鉄道)	上板橋駅(板橋区)	練馬倉庫(旧第1造兵廠)
陸軍	陸軍兵器支援線分岐線	赤羽駅北側(北区)	(途中分岐線)
陸軍	陸軍射撃場線	戸山ケ原信(新宿区)	
陸軍	陸軍造兵廠軽便線	造兵廠本部(板橋区)	東京砲兵工廠(分岐あり)
陸軍	陸軍造兵廠軽便線	第二陸軍造兵廠本部(板橋区)	(第1造兵廠・王子工場)
陸軍	陸軍軍用線(後の啓志線)	上板橋駅(板橋区)	(後に啓志駅延伸で啓志線)
陸軍(連隊)	陸軍連隊訓練線	中野(中野区)	(部分訓練線)

【私鉄(系)営線】

事業者(起業者→廃止時)	路線名(仮称)	起点駅(区市名)	径由地等
関東酸曹馬車鉄道		王子駅(北区)	(貨物馬車線)
京成電気軌道	廃土運搬線	千住大橋駅(足立区)	(上野線廃土運搬)
玉川電気鉄道	砥線分岐線	大蔵駅(世田谷区)	(砥線分岐・砂利鉄・トロッコ)
東武鉄道	千住貨物線	中千住駅(足立区)	
東京急行電鉄	代田連絡線	世田ヶ谷中原駅(世田谷区)	(戦災対応・短絡線)
玉川電気鉄道→東急電鉄	玉川変電所線	大橋駅(目黒区)	

【企業等線=国有鉄道移行線も】

事業者(起業者→廃止時)	路線名(仮称)	起点駅(区市町村名)	径由地等
恵比寿麦酒	恵比寿麦酒線	恵比寿駅(渋谷区)	(ビール輸送)
カネボウ(鐘淵紡績)	鐘紡工場引込線	南千住駅南(荒川区)	(南千住駅構内分岐)
汽車製造会社	汽車製造所線	越中島駅(江東区)	(小名木川分岐)
隅田川倉庫保税会社	隅田川倉庫線	南千住駅南(荒川区)	(南千住駅構内分岐)
日清紡(東京紡績)	西新井工場引込線	西新井駅手前(足立区)	(旧島田アルミ工場)
日本製鋼線	日本製鋼線赤羽工場線	赤羽駅北部分岐(北区)	
日立製作所	日立製作所亀有工場線	亀有駅(葛飾区)	
三菱重工	三菱重工東京製作所線	丸子信号場(大田区)	
三菱製紙	三菱製紙中川工場線	金町駅(葛飾区)	
東京ガス	東京ガス工場線	南千住(荒川区)	
王子製紙王子工場線	(廃止時・JR北王子線)	田端信号場(北区)	(北王子線)
大日本人造肥料貨物線	(廃止時・国鉄須賀線)	王子駅(北区)	(旧日本鉱業)

【参考：[東京都(市)営交通](系列路線別)】

事業者(起業者→廃止時)	路線名(仮称)	起点駅(区名)	径由地等
東京電車鉄道→東京都電	1系統	品川駅前(港区)	新橋・万世橋
東京市電→東京都電	2系統	三田(港区)	大手町・神保町
東京市電→東京都電	3系統	品川駅前(港区)	赤羽橋・四谷見附
東京都電	4系統	五反田駅前(品川区)	赤羽橋・新橋(港区)
東京市電→東京都電	5系統	目黒駅前(品川区)	御成門・京橋
東京市電→東京都電	6系統	渋谷駅前(渋谷区)	西麻布・虎ノ門
東京市電→東京都電	7系統	四谷三丁目(新宿区)	天現寺橋・泉岳寺前
東京市電(一部玉川電鉄線)→東京都電	8系統	中目黒(目黒区)	渋谷橋・虎ノ門

【東京都(府・市)営線】

終点駅(区市町名)	概キロ	軌間	全通日(概ね)	休廃日(概ね)
芝浦(港区)	2.8	1067	1930(S05)/08/01	1985(S60)/03/01
淀橋浄水場(新宿区)	2.5	1067	1898(M31)/12/01	1965(S40)/03/31
市電気局発電所(品川区)	1.4	1067	1907(M40)/[以前]	1945(S20)/--/
千住卸売市場(足立区)	0.9	1067	1958(S20)/02/11	1960(S35)/--/
両国青果市場(墨田区)	0.2	1067	1960(S35)/[ころ]	1984(S59)/--/
馬込車両検修場(大田区)	0.7	1067	1968(S43)/10/24	2007(H19)/03/31
豊洲物揚場(江東区)	1.5	1067	1959(S34)/03/30	1985(S60)/01/16
日の出埠頭(港区)	1.6	1067	1965(S40)/04/01	1985(S60)/03/01
芝浦埠頭(港区)	1.1	1067	1961(S36)/04/01	1986(S61)/01/13
豊洲石炭埠頭(江東区)	8.0	1067	1953(S28)/07/20	1986(S61)/01/13
晴海埠頭(中央区)	10.4	1067	1955(S32)/12/17	1989(H01)/02/10

終点駅(区市名)	概キロ	軌間	全通日(概ね)	休廃日(概ね)
東京鉄道郵便局(千代田区)	0.2	1067	1915(T04)/05/23	1940(S15)/—/頃

【軍用・皇室(帝室)線＝旅客兼用を含む】

終点駅(区市県名)	概キロ	軌間	全通日(概ね)	休廃日(概ね)
青山停車場(新宿区)	0.6	1067	1897(M30)/02/02	1897(M30)/02/03
葬上殿(渋谷区)	0.6	1067	1914(T03)/05/24	1914(T03)/05/24
新宿御苑(新宿区)	0.3	1067	1927(S02)/02/07	1927(S02)/02/09
千駄ヶ谷(渋谷区)	-	1067	1912(T01)/09/13	1912(T01)/09/15
青山軍用停車場(新宿区)	6.4	1067	1894(M27)/09/23	--?
大井連絡所(品川区)	1.4	1067	1894(M27)/08/01	1916(T05)/04/16
大鳥居(大田区)	1.1	1067	1945(S20)/11/25	1952(S27)/03/頃
グラントハイツ(練馬区)	6.3	1067	1946(S21)/03/25	1959(S34)/07/22
造兵廠兵器補給廠(北区)	1.7	1067	1908(M41)/--/頃	1945(S20)/--/
射撃場(新宿区)	0.3	1067	1874(M15)/[以降]	1945(S20)/--/
同廠堀船倉庫(北区)	10.0	750	1906(M39)/09/頃	1945(S20)/--/
第二陸軍造兵廠倉庫(板橋区)	7.2	750	1906(M39)/09/頃	1950(S25)/05/15
第1造兵廠構内(練馬区)	2.8	1067	1943(S19)/--/頃	1959(S34)/07/22
井荻(杉並区)	5.8	1067	1929(S04)/[以前]	1945(S20)/--/

【私鉄(系)営線】

終点駅(区市名)	概キロ	軌間	全通日(概ね)	休廃日(概ね)
関東酸曹王子工場(北区)	2.5	508	1902(M30)/--/頃	1926(T15)/--/頃
町屋(荒川区)	1.6	1435	1935(S10)/06/01	1943(S18)/10/頃
多摩川原(世田谷区)	0.4	—	1924(T13)/--/頃	1939(S14)/06[頃]
千住貨物駅(足立区)	0.6	1067	1935(S10)/11/01	1987(S62)/05/01
代田二丁目駅(世田谷区)	1.5	1067	1945(S20)/06/頃	1953(S28)/09/30
玉電変電所(目黒区)	1.5	1372	1904(M37)/[以前]	1969(S44)/05/10

【企業等線＝国有鉄道移行線も】

終点駅(区市町村名)	概キロ	軌間	全通日(概ね)	休廃日(概ね)
恵比寿麦酒製造所(渋谷区)	0.8	1067	1901(M34)/02/25	1906(M39)/10/30
鐘紡工場(墨田区)	1.6	1067	1965(S40)/--/頃	1976(S51)/--/頃
汽車製造東京製作所(江東区)	0.7	1067	1901(M34)/--/頃	1965(S40)/--/頃
隅田川倉庫保税会社(足立区)	1.0	1067	1907(M40)/--/頃	1930(S05)/--/頃
日清紡西新井工場(足立区)	0.8	1067	1929(S04)/--/頃	1967(S42)/--/頃
日本製鋼工場(北区)	2.1	1067	1955(S30)/--/頃	1955(S30)/--/頃
亀有工場(葛飾区)	1.6	1067	1943(S18)/10/頃	1974(S49)/04/頃
三菱重工東京製作所(大田区)	1.5	1067	1949(S24)/12/頃	1955(S30)/06/頃
三菱製紙中川工場(葛飾区)	1.8	1067	1949(S24)/05/頃	2003(H15)/03/23
東京ガス工場(荒川区)	1.4	1067	1965(S40)/--/頃	1976(S51)/--/頃
北王子(北区)	4.0	1067	1926(T15)/07/22	2014(H26)/07/01
須賀駅(北区)	2.5	1067	1926(T15)/09/23	1971(S46)/03/01

終点駅(区名)	キロ数	軌間	開業(全通)日	休廃(全廃)日
上野駅前(台東区)	10.9	1372	1903(M36)/11/25	1972(S47)/11/12
東洋大学前(文京区)	9.4	1372	1910(M43)/04/30	1967(S42)/12/10
飯田橋(千代田区)	10.3	1372	1903(M38)/08/06	1967(S42)/12/10
銀座二丁目(中央区)	10.0	1372	1903(S38)/08/02	1967(S42)/12/10
永代橋(中央区)	10.2	1372	1920(T09)/07/11	1967(S42)/12/10
新橋(港区)	6.1	1372	1925(T14)/06/06	1967(S42)/12/10
品川駅前(港区)	8.3	1372	1919(T08)/09/13	1969(S44)/12/26
築地(中央区)	10.1	1372	1927(S02)/03/29	1967(S42)/12/10

事業者(起業者→廃止時)	路線名(仮称)	起点駅(区名)	径由地等
東京都電	9系統	渋谷駅前(渋谷区)	虎ノ門・築地
東京市電→東京都電	10系統	渋谷駅前(渋谷区)	四谷見附・九段下
東京市電→東京都電	11系統	新宿駅前(新宿区)	四谷見附・日比谷公園
東京市電→東京都電	12系統	新宿駅前(新宿区)	市ケ谷見附・須田町
東京市電→東京都電	13系統	新宿駅前(新宿区)	東大久保・万世橋
西武軌道→東京都電	14系統	新宿駅前(新宿区)	鍋屋横丁・杉並車庫前
東京都電	15系統	高田馬場駅前(新宿区)	飯田橋・日本橋
東京都電	16系統	大塚駅前(豊島区)	上野広小路
東京市電→東京都電	17系統	池袋駅前(豊島区)	水道橋・呉服橋
東京都電	18系統	志村坂上(板橋区)	新庚申塚・水道橋
東京市電→東京都電	19系統	王子駅前(北区)	上富士前・万世橋
東京市電→東京都電	20系統	江戸川橋(文京区)	上富士前・上野公園
東京市電→東京都電	21系統	千住四丁目(足立区)	三ノ輪橋・岩本町
東京市電→東京都電	22系統	南千住(足立区)	浅草・日本橋
東京都電	23系統	福神橋(墨田区)	吾妻橋・門前仲町
東京都電	24系統	福神橋(墨田区)	浅草・上野駅前
城東電気軌道(部分)→東京都電	25系統	西荒川(江戸川区)	浅草橋
城東電気軌道(部分)→東京都電	26系統	東荒川(江戸川区)	松江・一ノ江
王子電気軌道→東京都電	27系統	三ノ輪橋(荒川区)	王子駅前
東京都電	28系統	錦糸町駅前(墨田区)	洲崎
城東電気軌道(部分)→東京都電	29系統	葛西橋(江戸川区)	錦糸堀・浅草橋
東京都電	30系統	東向島三丁目(墨田区)	浅草・上野駅前
城東電気軌道→東京都電	31系統	三ノ輪橋(荒川区)	蔵前・小伝馬町
東京市電→東京都電	33系統	四谷三丁目(新宿区)	六本木・御成門
玉川電気鉄道(部分)→東京都電	34系統	渋谷駅前(渋谷区)	天現寺橋・赤羽橋
東京市電→東京都電	35系統	巣鴨車庫前(豊島区)	神保町・大手町
東京市電→東京都電	36系統	錦糸町駅前(墨田区)	森下町・茅場町
東京市電→東京都電	37系統	三田(港区)	日比谷公園・上野ほろ工事
東京市電→東京都電	38系統	錦糸堀車庫前(墨田区)	東陽町公園前
東京市電→東京都電	39系統	早稲田(新宿区)	江戸川橋・上野広小路
東京市電→東京都電	40系統	神明町車庫前(文京区)	上野公園・日本橋
東京都電	41系統	志村橋(板橋区)	板橋本町・新庚申塚

※主な引用資料＝官報、鉄道院(省)年報、地方鉄道・軌道一覧、国立公文書館、東京都公文書館、国鉄百年史、各社社史、朝日新聞・読売新聞、
　「鉄道ピクトリアル」「鉄道旅行地図帳」「鉄道廃線跡を歩く」ほか

【東京23区未成線一覧】

明治時代

会社名	起点	終点	出願・計画日等	
赤坂高架鉄道	内幸町(千代田区)	千駄ヶ谷(渋谷区)	1896(M29)/06/02(出願)	
浅草高架鉄道	両国(墨田区)	千束町(台東区)	1896(M29)/06/13(出願)	
浅草鉄道	浅草公園(台東区)	石橋(栃木県)	一?(出願)	
浅草鉄道	千束2丁目(台東区)	大桑(栃木県)	1897(M30)/04/08(出願)	
吾妻鉄道	本所(墨田区)	土浦(茨城県)	一?(出願)	
池上鉄道	雪ヶ谷(大田区)	白金(港区)	1896(M29)/08/22(出願)	
池上鉄道	板橋(板橋区)	羽田村(大田区)	1896(M29)/08/22(出願)	
浦浜鉄道	早稲田村(新宿区)	神奈川駅(神奈川県)	一?(出願)	
永代船橋鉄道	深川(江東区)	船橋(千葉県)	一?(出願)	
王子電気鉄道	高田(豊島区)	新宿3丁目(新宿区)	一?(出願)	
葛飾鉄道	洲崎付近(江東区)	船橋(千葉県)	1897(M30)/04/19(出願)	
川越鉄道	東村山(東村山市)	中野(中野区)	1912(M45)/04/08(出願)	
関東鉄道	芝(港区)	小田原(神奈川県)	1895(M28)/04/12(出願)	
京越鉄道	池袋(豊島区)	川越(埼玉県)	一?(出願)	
京西軽便鉄道	大崎(品川区)	調布(世田谷区)	一?(出願)	
近山鉄道	深川(江東区)	木津(千葉県)	1896(M29)/12/27(出願)	
京成電気軌道	本所(墨田区)	成田(千葉県)	一?(出願)	
京浜電気鉄道	大森(大田区)	池上(大田区)	1912(M45)/01/--(出願)	
京浜電気鉄道	信濃町(新宿区)	程ヶ谷(神奈川県)	一?(出願)	
京浜電気鉄道	芝赤羽橋(港区)	横浜(神奈川県)	1895(M28)/12/26(出願)	
京浜電気鉄道	三田小山町(港区)	横浜(神奈川県)	1897(M30)/08/16(出願)	
京浜電気鉄道	羽田(大田区)	大師(神奈川県)	1902(M35)/--/頃(出願)	
京浜電気鉄道	品川町(品川区)	青山南(渋谷区)	1907(M40)/12/24(出願)	
京浜電気鉄道	品川町(品川区)	白金猿町(港区)	1903(M41)/12/--(出願)	
京浜電気鉄道	白金猿町(港区)	青山南(渋谷区)	1903(M41)/12/--(出願)	
京浜電気鉄道	青山南(渋谷区)	千駄ヶ谷(渋谷区)	1908(M41)/07/28(出願)	
京浜電気鉄道	蒲田(大田区)	池上(大田区)	1908(M41)/03/--(出願)	

終点駅(区名)	キロ数	軌間	開業(全通)日	休廃(全廃)日
浜町中ノ橋(中央区)	11.5	1372	1948(S23)/07/09	1968(S43)/09/29
須田町(千代田区)	9.6	1372	1930(S05)/04/17	1968(S43)/09/29
月島通(中央区)	8.7	1372	1923(T12)/07/29	1967(S42)/02/25
両国駅前(墨田区)	10.0	1372	1922(T11)/04/10	1970(S45)/03/27
水天宮前(中央区)	9.2	1372	1929(S49/09/24	1970(S45)/03/27
荻窪駅前(杉並区)	7.4	1067	1926(T15)/09/15	1963(S38)/11/30
茅場町(中央区)	9.3	1372	1949(S24)/12/01	1968(S43)/09/29
錦糸町駅前(墨田区)	10.0	1372	1949(S24)/11/01	1971(S46)/03/18
数寄屋橋(中央区)	9.8	1372	1939(S14)/04/01	1969(S44)/10/26
神田橋(千代田区)	12.4	1372	1944(S19)/10/05	1967(S42)/08/31
通三丁目(中央区)	9.6	1372	1923(T12)/04/15	1971(S46)/03/18
須田町(千代田区)	9.5	1372	1928(S03)/12/11	1971(S46)/03/18
水天宮前(中央区)	9.0	1372	1928(S03)/07/16	1969(S44)/10/26
新橋(港区)	8.7	1372	1921(T10)/03/26	1971(S46)/03/18
月島通(中央区)	8.7	1372	1958(S33)/04/25	1972(S47)/11/12
須田町(千代田区)	6.9	1372	1958(S33)/04/25	1972(S47)/11/12
日比谷公園(千代田区)	10.4	1372	1942(S17)/02/01	1968(S43)/09/29
今井橋(江戸川区)	3.2	1372	1942(S17)/02/01	1972(S47)/11/12
赤羽(北区)	10.1	1372	1927(S02)/12/15	1927(S26)/05/20
都庁前(千代田区)	8.7	1372	1930(S05)/09/03	1972(S47)/11/12
須田町(千代田区)	8.8	1372	1944(S19)/05/05	1972(S47)/11/12
須田町(千代田区)	6.8	1372	1950(S25)/12/25	1969(S44)/10/26
都庁前(千代田区)	7.4	1372	1921(T10)/08/01	1969(S44)/10/26
浜松町一丁目(港区)	5.6	1372	1924(T13)/12/01	1969(S44)/10/26
金杉橋(港区)	6.3	1372	1924(T13)/05/21	1969(S44)/10/26
西新橋一丁目(港区)	8.6	1372	1920(T09)/05/26	1967(S42)/02/25
築地(中央区)	6.3	1372	1948(S23)/07/09	1971(S46)/03/18
千駄木二丁目(文京区)	9.4	1372	1929(S04)/08/10	1967(S42)/12/10
日本橋(中央区)	9.7	1372	1928(S03)/06/03	1972(S47)/11/12
厩橋(台東区)	7.2	1372	1918(T07)/06/28	1968(S43)/09/29
銀座七丁目(中央区)	8.6	1372	1921(T10)/09/16	1967(S42)/12/10
巣鴨車庫前(豊島区)	8.3	1372	1955(S30)/06/10	1966(S41)/05/28

【参考：【東京都(市)営交通】(系列路線別)】

免許・特許・却下日等	失効日等	備考
1898(M31)/06/09(却下)	—	
1898(M31)/06/09(却下)	—	
1897(M30)/05/17(却下)	—	〃
1898(M31)/06/10(却下)	—	日光進出線。大桑は現日光市。
1897(M30)/05/15(却下)	—	
1898(M31)/06/09(却下)	—	池上電鉄とは別会社
1898(M31)/06/09(却下)	—	飛行場ではなく潮干狩・競馬場等が目途
1897(M30)/05/14(却下)	—	神奈川駅は横浜市神奈川区にあった東海道線の駅
1897(M30)/05/14(却下)	—	
1912(M45)/07/18(特許)	1924(T13)/09/12(失効)	現都電荒川線。新宿延伸構想
1898(M31)/06/09(却下)	—	洲崎は花街でにぎわった地域
1913(T02)/05/頃(却下)	—	中央線・武蔵野鉄道(現西武池袋線)と競合で却下
1896(M29)/04/--(却下)	—	軌道線
1903(M36)/12/28(却下)	—	
1912(M45)/04/13(特許)	1915(T04)/12/13(失効)	調布は現田園調布付近
1898(M31)/06/08(却下)	—	木津は現木更津市付近
1897(M30)/05/15(却下)	—	1945年・京成電鉄と改称
?	—	武蔵電鉄との競願で撤退
1897(M30)/05/14(却下)	—	現保土ヶ谷で昔は程ヶ谷と称した
1898(M31)/06/09(却下)	—	
1898(M31)/06/10(却下)	—	
1902(M35)/--/頃(特許)	?(失効)	大師は川崎大師
1908(M41)/06/19(特許)	1908(M41)/12/--(取下)	当初の青山線で目黒方面経由
1910(M43)/06/18(特許)	1928(S03)/07/20(失効)	青山線で目黒経由から白金猿町ヘルート変更
1910(M43)/06/18(特許)	1926'(T15)/09/03(失効)	青山線のルート変更も品川発と失効時期に差異
1910(M43)/10/30(特許)	1927(T02)/09/09(失効)	青山線、中央線・千駄ヶ谷駅方面への延伸線
1910(M43)/06/--(取下)	—	

会社名	起点	終点	出願・計画日等	
京浜鉄道	品川(港区)	横浜市(神奈川県)	―?(出願)	
京浜鉄道	信濃町(新宿区)	戸部(神奈川県)	―?(出願)	
京浜電車	汐留(港区)	横浜(神奈川県)	1895(M28)/04/18(出願)	
毛武鉄道	小石川(文京区)	足利(栃木県)	1895(M28)/08/13(出願)	
江東鉄道	越中島(江東区)	木下(千葉県)	1895(M28)/12/19(出願)	
江東鉄道	洲崎(江東区)	船橋(千葉県)	―?(出願)	
江東鉄道	赤羽(北区)	越中島(江東区)	1897(M30)/06/12(出願)	
甲武馬車鉄道	新宿(新宿区)	羽村(羽村市)	1884(M17)/04/22(出願)	
甲武馬車鉄道	新宿(新宿区)	八王子(八王子市)	1885(M18)/05/25(出願)	
小金井電気軌道	高田馬場(豊島区)	田無(西東京市)	1896(M29)/--/--(出願)	
国有鉄道	東京(未定)	京都(京都府)	1869(M02)/12/12(出願)	
甲武鉄道	四ツ谷(新宿区)	四ツ谷(新宿区)	1893(M26)/07/--(出願)	
甲武鉄道	四ツ谷(新宿区)	烏森(港区)	1897(M30)/05/31(出願)	
甲武鉄道	四ツ谷(新宿区)	有楽町(千代田区)	1899(M32)/12/13(出願)	
佐倉鉄道	越中島(江東区)	佐倉(千葉県)	1895(M28)/12/26(出願)	
品川鉄道	品川(港区)	八王子(八王子市)	1898(M31)/10/04(出願)	
渋谷急行電鉄	松原(世田谷区)	高円寺(杉並区)	1901(M43)/05/--(出願)	
渋谷急行電鉄	駒場(目黒区)	多摩川(大田区)	1901(M43)/06/--(出願)	
城東高架鉄道	中央駅(千代田区)	下王子門町(台東区)	1896(M29)/07/15(出願)	
城東鉄道	業平橋付近(墨田区)	成田町(千葉県)	1897(M30)/10/12(出願)	
城東電気軌道	亀戸(江東区)	吾妻(墨田区)	1907(M40)/12/24(出願)	
城東電気軌道	上今井(江戸川区)	下今井(江戸川区)	―?(出願)	
城東電気軌道	西荒川(江東区)	東荒川(江戸川区)	―?(出願)	
城東電気軌道	大島町4(江東区)	大島町(江東区)	1912(M45)/12/10(出願)	
城東電気軌道	住吉(江東区)	大島町2(江東区)	1912(M45)/04/--(出願)	
城東電気軌道	亀戸(江東区)	大島(江東区)	1908(M41)/03/--(出願)	
城南延長鉄道	世田谷(世田谷区)	八王子(八王子市)	1900(M33)/12/13(出願)	
城南高架鉄道	新宿(新宿区)	四ツ谷(新宿区)	1896(M29)/05/30(出願)	
城南鉄道	三田(港区)	世田谷(世田谷)	1896(M29)/09/--(出願)	
城南鉄道	麻布二ノ橋(港区)	広尾天現寺(渋谷区)	1896(M29)/--/--(出願)	
城北高架鉄道	中央駅(東京駅)	板橋(板橋区)	1896(M29)/07/29(出願)	
千住軽便電気鉄道	千住(足立区)	川口(埼玉県)	―?(出願)	
千住電気鉄道	千住(足立区)	大宮(埼玉県)	―?(出願)	
千住鉄道	千住(足立区)	栗橋(埼玉県)	1895(M28)/04/29(出願)	
総州鉄道	東京(未定)	銚子(千葉県)	1887(M20)/12/24(出願)	
大師軽便鉄道	大森(大田区)	池上村(大田区)	―?(出願)	
大師軽便鉄道	大森(大田区)	大師河原(神奈川県)	―?(出願)	
多摩川鉄道	品川(港区)	溝ノ口(神奈川県)	1895(M28)/12/20(出願)	
玉川鉄道	玉川(世田谷区)	川越(埼玉県)	1897(M30)/03/29(出願)	
秩父鉄道	日暮里(荒川区)	秩父(埼玉県)	1895(M28)/12/09(出願)	
中央三国鉄道	新宿(新宿区)	大宮(埼玉県)	―?(出願)	
中央武蔵鉄道	目白(豊島区)	飯能(埼玉県)	―?(出願)	
中武鉄道	万世橋(千代田区)	高崎(群馬県)	1895(M28)/04/26(出願)	
常武鉄道	押上(墨田区)	川島(埼玉県)	―?(出願)	
東海電気鉄道	雪ケ谷(大田区)	信濃町(新宿区)	1905(M38)/11/17(出願)	
東海電気鉄道	高輪南(港区)	国府津(神奈川県)	1905(M38)/11/17(出願)	
東海電気鉄道	大崎(品川区)	松田(神奈川県)	―?(出願)	
東海電気鉄道	本所(墨田区)	瑞穂(江東区)	―?(出願)	
東京高架電気鉄道	品川(港区)	千住大橋(足立区)	1906(M39)/12/10(出願)	
東京高架電気鉄道	新宿(新宿区)	本所(墨田区)	1906(M39)/12/10(出願)	
東五鉄道	赤坂・福寺町(港区)	五日市町(五日市町)	1897(M30)/03/29(出願)	
東上鉄道	大塚辻町(文京区)	池袋(豊島区)	1903(M36)/12/23(出願)	
東総鉄道	越中島(江東区)	船橋(千葉県)	―?(出願)	
東野鉄道	千住(足立区)	小山(栃木県)	―?(出願)	
東葉鉄道	深川(江東区)	船橋(千葉県)	―?(出願)	
東京海岸鉄道	越中島(江東区)	新銭座(港区)	1897(M30)/07/02(出願)	
東京高架鉄道	飯田町(千代田区)	小梅(墨田区)	1896(M29)/04/28(出願)	
東京市外鉄道	新橋(港区)	川口(埼玉県)	1897(M30)/03/27(出願)	
東京市電	恵比寿長者丸(品川区)	大森(大田区)	―?(出願)	
東京市電	本所(墨田区)	秋葉原(千代田区)	1903(M36)/03/31(告示)	
東京市電	品川(港区)	上野(台東区)	1903(M36)/03/31(告示)	
東京市電	板橋(板橋区)	小石川(文京区)	1903(M36)/03/31(告示)	
東京市電	渋谷(渋谷区)	小山町(港区)	1903(M36)/03/31(告示)	
東京市電	新宿(新宿区)	万世橋(千代田区)	1903(M36)/03/31(告示)	
東京市電	北千住(足立区)	越中島(江東区)	1903(M36)/03/31(告示)	
東京市電	上野(台東区)	南千住(荒川区)	1903(M36)/03/31(告示)	
東京市電	月島通8(中央区)	月島通(中央区)	―?(出願)	
東京市電	亀戸天神橋(江東区)	亀戸駅(江東区)	―?(出願)	
東京市電	押上(墨田区)	錦糸堀(墨田区)	―?(出願)	

免許・特許・却下日等	失効日等	備考
1897(M30)/05/17(却下)	—	京浜電鉄とは別会社
1900(M33)/10/25(却下)	—	戸部は現横浜市西区の駅
1897(M30)/05/14(却下)	—	
1898(M31)/01/17(取下)	1899(M22)/05/--(解散)	
1896(M29)/04/--(却下)	—	「木下」は「きおろし」の読み 現印西市
1897(M30)/05/14(却下)	—	
1898(M31)/06/10(却下)	—	
1885(M18)/05/25(変更)	—	後に終点を八王子に変更も馬車鉄道では未成
1886(M19)/11/10(特許)	1886(M19)/12/14(失効)	馬車鉄道では未成。後に蒸気線切替え、
—?	—	
—?	(東海道沿線への建設に変更)	政府計画公布。山岳地工事不能で変更
—?	(現JR中央線の前身鉄道)	現中央線前身会社。東京市内環状線
1898(M31)/12/01(却下)	—	烏森は現新橋駅。蒸気噴煙で反対多く却下
1900(M33)/05/18(却下)	—	都心進出線
1896(M29)/04/--(却下)	—	
1902(M35)/03/22(却下)	—	「却下」でなく「取下」説も
1908(M41)/06/--(却下)	—	帝都電鉄を経て現京王電鉄
1908(M41)/06/--(却下)	—	
1898(M31)/06/09(却下)	—	下平ェ門町は東京市浅草区にあった町名
1898(M31)/06/09(却下)	—	業平橋は現とうきょうスカイツリー駅付近
1908(M41)/06/19(特許)	'— ?	1942年に東京市電が買収
1911(M44)/03/07(特許)	1918(T07)/11/14(失効)	
1911(M44)/03/07(特許)	1936(S11)/03/28(失効)	江戸川で分離していた両駅を結ぶ計画線
1913(T02)/02/03(免許)	1934(S09)/11/11(失効)	町内循環線
1913(T02)/05/--(免許)	—?	
1010(M43)/06/--(取下)	—	旅客自動車の増加で却下
1903(M36)/12/28(却下)	—	1911年に軽便鉄道へ変更
1898(M31)/06/10(却下)	—	
1898(M31)/10/--(仮免)	—	麻生二橋〜天現寺橋間に変更
1898(M31)/10/05(免許)	1912(T01)/12/10(譲渡)	1912年に武蔵電鉄へ譲渡
1898(M31)/06/09(却下)	—	中央駅は現東京駅
1911(M44)/10/18(特許)	1916(T05)/05/02(失効)	
1897(M30)/05/15(却下)	—	
1896(M29)/04/--(却下)	—	栗橋は現久喜市
1888(M21)/01/25(却下)	—	
1897(M30)/05/14(却下)	—	
1897(M30)/05/14(却下)	—	大師河原は川崎市の地名
1896(M29)/--/--(却下)	—	
1897(M30)/05/17(却下)	—	
1896(M29)/04/--(却下)	—	
1897(M30)/--/--(却下)	—	
1897(M30)/05/14(却下)	—	
1896(M29)/04/--(却下)	—	
1897(M30)/05/14(却下)	—	川島は大宮の北西部にある町
1906(M39)/01/31(取下)	—	武蔵電鉄と合併し取下
1906(M39)/01/31(却下)	—	武蔵電鉄と合併し取下
1907(M40)/09/01(特許)	'— ?	
1910(M43)/09/01(特許)	'— ?	瑞穂は江東区の旧地名
1913(T02)/04/--(却下)	—	
1913(T02)/04/--(却下)	—	
1897(M30)/05/15(却下)	—	
1912 (T01)/11/16(免許)	1912(T01)/11/30(変更)	現東武東上線。起点駅を池袋に変更で距離短縮
1897(M30)/05/14(却下)	—	
1897(M30)/05/15(却下)	—	
1897(M30)/05/17(却下)	—	
1898(M31)/06/09(却下)	—	免許後に東武鉄道に譲渡
1898(M31)/06/09(却下)	—	小梅は墨田区向島にあった地名
1898(M31)/06/09(却下)	—	
1911(M44)/07/31(特許)	1945(S20)/01/10(失効)	天現寺〜大森間の残存線
—	—	1903年東京市告示
—	—	1903年東京市告示
—	—	1903年東京市告示
—	—	1903年東京市告示
—	—	1903年東京市告示
—	—	1903年東京市告示
—	—	1903年東京市告示
1911(M44)/07/31(特許)	1945(S20)/01/10(失効)	免許時は東京市、失効時は東京都
1911(M44)/07/31(特許)	'1945(S20)/01/10(失効)	免許時は東京市、失効時は東京都
1911(M44)/07/31(特許)	1945(S20)/01/10(失効)	免許時は東京市、失効時は東京都

会社名	起点	終点	出願・計画日等	
東京市電	天神町(新宿区)	高田豊川町(豊島区)	―?(出願)	
東京市電	浅草松富町(台東区)	西鳥越町(台東区)	―?(出願)	
東京市電	弁天町(新宿区)	伝馬町(中央区)	―?(出願)	
東京市電	南千住踏切手前(荒川区)	南千住8(荒川区)	―?(出願)	
東京市電	三田2(港区)	白金志田町(港区)	―?(出願)	
東京市電	早稲田(新宿区)	目白駅(豊島区)	―?(出願)	
東京市内鉄道	新橋(港区)	四ツ谷(新宿区)	1896(M29)/08/22(出願)	
東京市内鉄道	中洲町(中央区)	秋葉原(千代田区)	1896(M29)/08/22(出願)	
東京市内鉄道	本所(墨田区)	千束町(台東区)	1896(M29)/08/22(出願)	
東京城北鉄道	牛込(新宿区)	本所(墨田区)	1896(M29)/06/20(出願)	
東京地下電気鉄道	品川(港区)	浅草(台東区)	1906(M39)/12/06(出願)	
東京地下電気鉄道	銀座(中央区)	新宿(新宿区)	1906(M39)/12/06(出願)	
東京中央高架鉄道	二葉町(板橋区)	四ツ谷(新宿区)	1896(M29)/05/21(出願)	
東京中央鉄道	大番町(新宿区)	渋谷(渋谷区)	1896(M29)/10/07(出願)	
東京鉄道	越中島(江東区)	黒磯(栃木県)	1895(M28)/12/--(出願)	
東京鉄道	信濃町(新宿区)	横浜・真金(神奈川県)	1897(M30)/05/28(出願)	
東京鉄道	仲ノ町(新宿区)	荻窪(杉並区)	1896(M29)/07/25(出願)	
東京電気地下鉄道	高輪(港区)	浅草(台東区)	1906(M39)/12/06(出願)	
東京電気地下鉄道	銀座(中央区)	新宿(新宿区)	1906(M39)/12/06(出願)	
東京波止場鉄道	越中島(江東区)	船橋(千葉県)	1897(M30)/10/12(出願)	
東京府内鉄道	赤羽橋(港区)	渋谷(渋谷区)	1896(M29)/10/19(出願)	
東京湾高架鉄道	小石川(文京区)	越中島(江東区)	―?(出願)	
東武鉄道	亀戸(江東区)	越中島(江東区)	1895(M28)/05/17(出願)	
東武鉄道	亀戸(江東区)	越中島(江東区)	1897(M30)/09/13(出願)	
東武鉄道	本所(墨田区)	足利(栃木県)	1895(M28)/04/06(出願)	
業平鉄道	業平町(墨田区)	水海道(茨城県)	―?(出願)	
業平鉄道	業平町(墨田区)	小山(栃木県)	―?(出願)	
南北中央鉄道	東京(未定)	新潟(新潟県)	1902(M35)/08/--(出願)	
日本興業鉄道	富坂町(文京区)	高崎(群馬県)	1896(M29)/--/--(出願)	
日本電気鉄道	府中(府中市)	内藤新宿(新宿区)	1905(M38)/12/12(出願)	
日本電気鉄道	渋谷(渋谷区)	野田(千葉県)	―?(出願)	
日本電気鉄道	蒲田(大田区)	立川(立川市)	1905(M38)/12/12(出願)	
八平軽便電気鉄道	富坂町(文京区)	足利(栃木県)	1888(M21)/03/--(出願)	
羽田軽便鉄道	羽田(大田区)	大師河原(神奈川県)	―?(出願)	
羽田軽便鉄道	大森(大田区)	羽田稲荷(大田区)	―?(出願)	
東成鉄道	業平橋付近(墨田区)	銚子港本城(千葉県)	―?(出願)	
日京高架鉄道	新橋(港区)	下平右ェ門町(台東区)	1896(M29)/07/17(出願)	
武相循環鉄道	青山(港区)	北町(神奈川県)	―?(出願)	
武相循環鉄道	世田谷(世田谷区)	飯能(埼玉県)	―?(出願)	
深川鉄道	越中島(江東区)	水海道(茨城県)	―?(出願)	
武甲鉄道	新宿(新宿区)	青梅(青梅市)	1886(M19)/12/16(出願)	
武州鉄道	荻窪(杉並区)	飯能(埼玉県)	1894(M27)/--/--(出願)	
武相中央鉄道	青山(渋谷区)	小田原(神奈川県)	1895(M28)/03/05(出願)	
武東鉄道	赤羽(北区)	杉戸(埼玉県)	―?(出願)	
澤西鉄道	上富坂町(文京区)	飯田町(千代田区)	1896(M29)/07/17(出願)	
澤西鉄道	千住大橋(足立区)	新宿(新宿区)	1896(M29)/07/17(出願)	
堀之内軌道	鍋屋横丁町(中野区)	中野駅(中野区)	1896(M29)/07/07(出願)	
堀之内軌道	鍋屋横丁(中野区)	堀之内妙法寺(杉並区)	1896(M29)/07/07(出願)	
堀之内軌道	井荻村(杉並区)	井荻村(杉並区)	?	
堀之内電気鉄道	新宿(新宿区)	内藤新宿元1丁目	1897(M30)/08/07(出願)	
堀之内電気鉄道	新宿(新宿区)	所沢(埼玉県)	1897(M30)/08/07(出願)	
堀之内電気鉄道	角筈(新宿区)	田無村(西東京市)	――	
都鉄道	新銭座町(港区)	八王子(八王子市)	1897(M30)/03/29(出願)	
都鉄道	浜松町(港区)	八王子(八王子市)	1897(M30)/07/02(出願)	
武蔵興業鉄道	芝区赤羽(港区)	与瀬(神奈川県)	1897(M30)/--/--(出願)	
武蔵興業鉄道	荻窪(杉並区)	飯能(埼玉県)	1896(M29)/09/21(出願)	
武蔵電気鉄道	新銭座町(港区)	立川(立川市)	―?(出願)	
武蔵電気鉄道	碑文谷(目黒区)	新宿(新宿区)	1908(M41)/06/12(出願)	
武蔵電気鉄道	調布(大田区)	蒲田(大田区)	1906(M39)/--/--(出願)	
武蔵電気鉄道	広尾天現寺(港区)	平沼(神奈川県)	1907(M40)/05/25(出願)	
武蔵電気鉄道	蒲田(大田区)	下沼部(大田区)	1907(M40)/05/25(出願)	
武蔵電気鉄道	広尾(渋谷区)	平沼町(神奈川県)	1906(M39)/--/--(出願)	
武蔵電気鉄道	目黒(目黒区)	新宿(新宿区)	1906(M39)/--/--(出願)	
武蔵電気鉄道	祐天寺(目黒区)	新宿(新宿区)	1911(M44)/--/--(出願)	
武蔵電気鉄道	調布(大田区)	蒲田(大田区)	1906(M39)/--/--(出願)	
武蔵鉄道	目白(豊島区)	飯能(埼玉県)	―?(出願)	
武蔵鉄道	芝区赤羽(港区)	与瀬(神奈川県)	1896(M29)/04/20(出願)	
武蔵電気鉄道	内藤新宿(新宿区)	八王子(八王子市)	1906(M39)/08/18(出願)	
武蔵電気鉄道	蒲田(大田区)	国領(調布市)	1906(M39)/08/18(出願)	

免許・特許・却下日等	失効日等	備考
1911(M44)/07/31(特許)	'1945(S20)/01/10(失効)	免許時は東京市、失効時は東京都
1911(M44)/07/31(特許)	1945(S20)/01/10(失効)	免許時は東京市、失効時は東京都
1911(M44)/07/31(特許)	'1945(S20)/01/10(失効)	免許時は東京市、失効時は東京都
1911(M44)/07/31(特許)	1945(S20)/01/10(失効)	免許時は東京市、失効時は東京都
1911(M44)/07/31(特許)	'1945(S20)/01/10(失効)	免許時は東京市、失効時は東京都
1911(M44)/07/31(特許)	'1945(S20)/01/10(失効)	免許時は東京市、失効時は東京都
1898(M31)/06/10(却下)	—	
1898(M31)/06/10(却下)	—	
1898(M31)/06/10(却下)	—	
1898(M31)/06/09(却下)	—	
1912(T02)/--/--(却下)	—	本線。東京初の地下鉄構想
1912(T02)/--/--(却下)	—	支線。福沢諭吉の婿養子・福沢桃介発起
1898(M31)/06/09(却下)	—	
1898(M31)/06/09(却下)	—	大番町は現信濃町駅付近
1897(M30)/05/14(却下)	—	
1898(M31)/06/09(却下)	—	
1898(M31)/06/10(却下)	—	仲ノ町は市ケ谷付近
1913(T02)/04/--(却下)	—	本線
1913(T02)/04/--(却下)	—	支線
1898(M31)/06/09(却下)	—	
1898(M31)/06/10(却下)	—	
1897(M30)/07/09(却下)	—	
1896(M29)/12/01(取下)	—	第1期・越中島線。国防上で取下げ
1900(M33)/06/30(特許)	1910(M43)/08/--(失効)	第2期越中島線。新橋延伸構想も。免許返上
1897(M30)/09/03(特許)	'— ?	小山〜足利間未成
1897(M30)/05/14(却下)	—	
1897(M30)/05/15(却下)	—	
— ?	—	
1903(M36)/12/28(却下)	—	東上鉄道の前身会社
?	—	1906年に武蔵電軌と改称
1907(M40)/03/01(却下)	—	
1910(M43)/09/21(改称)	—	後の武蔵電気軌道
1910(M43)/10/24(特許)	1913(T02)/11/29(失効)	一般鉄道から軽便に切替
1897(M30)/05/15(却下)	—	大師河原は川崎市の地名
1897(M30)/05/15(却下)	—	羽田稲荷は旧島内(現空港内)の穴守稲荷神社参詣線
1897(M30)/06/09(却下)	—	
1898(M31)/06/09(却下)	—	
1897(M30)/05/17(却下)	—	北町は現横浜市瀬谷区付近
1897(M30)/05/17(却下)	—	
1895(M28)/05/17(却下)	—	
1887(M20)/01/30(取下)	—	甲武鉄道(現JR中央線)のライバル鉄道会社
1898(M31)/--/--(却下)	—	
1907(M40)/05/06(特許)	1908(M41)/03/02(失効)	
1897(M30)/05/15(却下)	—	
1898(M31)/06/09(却下)	—	
1898(M31)/06/09(却下)	—	
1897(M30)/08/07(取下)	—	後の西武軌道
1897(M30)/08/07(取下)	—	後の西武軌道。妙法寺への参詣線
1897(M30)/12/08(特許)	?	2kmの短距離も都心進出
1897(M30)/12/08(特許)	—	市内は東京市運行
1897(M30)/12/08(特許)	1900(M33)/07/14(取下)	荻窪〜田無間の延伸線。西武軌道へ譲渡。
1900(M33)/12/08(特許)	1925(T14)/03/23(失効)	旧堀之内軌道。路線を荻窪〜所沢間短縮
1897(M30)/05/15(却下)	—	新銭座町は現浜松町駅付近
1898(M31)/06/09(却下)	—	
1897(M30)/--/--(却下)	—	与瀬は現相模湖駅付近
1896(M29)/06/09(却下)	—	終点・長岡(瑞穂町)説も
1897(M30)/--/--(却下)	—	新銭座町は現浜松町駅付近
1912(T01)/11/22(免許)	1917(T06)/05/--(失効)	新宿支線。仮免取得も地価高騰で断念
1911(M44)/01/09(免許)	1917(T06)/05/14(失効)	期限内未竣工(後の東京横浜電鉄)
1911(M44)/01/09(免許)	1917(T06)/05/14(失効)	後に目蒲電鉄。1910年5月16日仮免
1911(M44)/01/08(免許)	'— ?	
1911(M44)/01/09(免許)	1917(T06)/05/14(失効)	期限内未竣工(後の東京横浜電鉄)
1913(T02)/11/22(免許)	1917(T06)/05/14(失効)	期限内未竣工(後の東京横浜電鉄)
1912(M45)/05/--(免許)	1917(T06)/05/--(失効)	
1911(M44)/01/09(免許)	1923(T12)/07/22(失効)	
1897(M30)/--/--(却下)	—	
1897(M30)/05/15(却下)	—	与瀬は現相模湖駅付近
1907(M40)/06/25(特許)	—(引継)	日本電気から京王電軌に改称し引継
1911(M44)/01/08(特許)	1917(T06)/05/14(引継)	日本電気から京王電軌に改称し引継

会社名	起点	終点	出願・計画日等	
武蔵野鉄道	西巣鴨(豊島区)	滝野川(北区)	一?(出願)	
武蔵野鉄道	池袋(豊島区)	新宿(新宿区)	一?(出願)	
武蔵野電気軌道	内藤新宿(新宿区)	千人町(八王子市)	一?(出願)	
目黒玉川電気鉄道	品川(港区)	立川(立川市)	一?(出願)	
目黒玉川電気鉄道	池袋(豊島区)	川越(埼玉県)	1897(M30)/--/--(出願)	
柳島鉄道	押上(墨田区)	水海道(茨城県)	一?(出願)	
横浜鉄道	東京(不明)	新潟(新潟県)	1896(M29)/--/--(出願)	
両川電気鉄道	品川(港区)	立川(立川市)	一?(出願)	
両武鉄道	千住(足立区)	蓮田(埼玉県)	一?(出願)	

◆大正時代

会社名	起点	終点	出願・計画日等	
池上電気鉄道	目黒(大田区)	大森(大田区)	1912(T01)/12/28(出願)	
池上電気鉄道	目黒駅(品川区)	荏原中延(大田区)	1912(T01)/12/28(出願)	
池上電気鉄道	戸越(品川区)	三軒茶屋(世田谷区)	一?(出願)	
池上電気鉄道	五反田(品川区)	白金猿町(港区)	1926(T15)/05/--(出願)	
池上電気鉄道	品川町(品川区)	玉川(世田谷区)	1926(T15)/05/19(出願)	
池上電気鉄道	品川町(品川区)	大崎町(品川区)	1926(T15)/07/23(出願)	
池袋電気鉄道	池袋(豊島区)	大塚駅前(豊島区)	一?(出願)	
池袋電気鉄道	池袋(豊島区)	護国寺前(文京区)	一?(出願)	
池袋電気鉄道	雑司ヶ谷(豊島区)	下戸塚(新宿区)	一?(出願)	
印旛電気鉄道	東平井(江東区)	安食(千葉県)	一?(出願)	
荏原電気鉄道	大井町(品川区)	駒沢(世田谷区)	一?(出願)	
恵比寿電気鉄道	渋谷(渋谷区)	玉川(世田谷区)	1926(T15)/08/08(出願)	
王子電気軌道	王子(北区)	三河島(荒川区)	一?(出願)	
王子電気軌道	高田(豊島区)	滝野川(北区)	一?(出願)	
王子電気軌道	西巣鴨(豊島区)	大塚(豊島区)	一?(出願)	
王子電気軌道	高田(豊島区)	三河島(荒川区)	一?(出願)	
王子電気軌道	王子町(北区)	岩渕町(北区)	一?(出願)	
王子電気軌道	三河島(荒川区)	南千住(荒川区)	一?(出願)	
王子電気軌道	三河島(荒川区)	白鬚橋(墨田区)	一?(出願)	
王子電気軌道	鬼子母神(豊島区)	江古田(中野区)	一?(出願)	
王子電気軌道	野方(中野区)	新宿(新宿区)	一?(出願)	
大井電気軌道	大井町駅(品川区)	三軒茶屋(世田谷区)	一?(出願)	
大森電気鉄道	入新井(大森)	羽田穴守(大田区)	1926(T15)/01/27(出願)	
尾久電気鉄道	田端(北区)	尾久町(北区)	1926(T15)/11/27(出願)	
小田原急行鉄道	内藤新宿(新宿区)	大塚町(豊島区)	1919(T08)/01/08(出願)	
小田原急行鉄道	大崎町(品川区)	狛江村(狛江市)	一?(出願)	
小田原急行鉄道	碑衾村(目黒区)	座間村(神奈川県)	一?(出願)	
小田原急行鉄道	田端駅付近(北区)	日光駅付近(栃木県)	一?(出願)	
小田原急行鉄道	高田馬場(新宿区)	狛江村(狛江市)	1926(T15)/--/--(出願)	
関東電気鉄道	王子(北区)	野田町(千葉県)	1926(T15)/05/06(出願)	
関東鉄道	南千住(荒川区)	鳩ケ谷(埼玉県)	一?(出願)	
京浦電気鉄道	巣鴨(豊島区)	浦和(埼玉県)	一?(出願)	
京埼電気鉄道	板橋(板橋区)	浦和(埼玉県)	一?(出願)	
京大電気鉄道	万世橋(千代田区)	大宮(埼玉県)	一?(出願)	
京宮電気軌道	板橋(板橋区)	大宮(埼玉県)	一?(出願)	
京北電気軌道	大塚駅(豊島区)	志村(板橋区)	一?(出願)	
筑波高速度鉄道	梅島(足立区)	筑波山(茨城県)	一?(出願)	
京成電気軌道	請地(墨田区)	浅草材木町(台東区)	一?(出願)	
京成電気軌道	寺島村(墨田区)	浅草茶屋(台東区)	一?(出願)	
京成電気軌道	日暮里(荒川区)	白鬚(墨田区)	一?(出願)	
京成電気軌道	荒川大橋(墨田区)	上野下車坂(台東区)	一?(出願)	
京成電気軌道	千住大橋(足立区)	青砥(葛飾区)	一?(出願)	
京成電気軌道	請地(墨田区)	浅草花川戸(台東区)	一?(出願)	
京成電気軌道	千住大橋(足立区)	坂町(台東区)	一?(出願)	
京成電気軌道	白鬚(墨田区)	三ノ輪橋(荒川区)	1917(T06)/08/11(出願)	
京成電気軌道	向島寺島町(墨田区)	同村馬場(墨田区)	一?(出願)	
京成電気軌道	請地(墨田区)	浅草花川戸(台東区)	1926(T15)/03/--(出願)	
京成電気軌道	寺島町(墨田区)	南千住町(荒川区)	1926(T15)/08/12(出願)	
京浜電気鉄道	五反田(品川区)	田町(港区)	1926(T15)/05/17(出願)	
京浜電気鉄道	大森(大田区)	鶴見(神奈川県)	一?(出願)	
京浜電気鉄道	高輪南町(港区)	渋谷村青山(渋谷区)	一?(出願)	
京浜電気鉄道	品川(港区)	目黒(品川区)	一?(出願)	
京浜電気鉄道	大森(大田区)	生見尾村(神奈川県)	一?(出願)	
京浜電気鉄道	高輪南町(港区)	高輪南町(港区)	一?(出願)	
京浜電気鉄道	高輪南町(港区)	白銀猿町(港区)	一?(出願)	
京浜電気鉄道	白銀猿町(港区)	青山南7(港区)	一?(出願)	

免許・特許・却下日等	失効日等	備考
1911(M44)/10/18(免許)	'— ?	現西武池袋線の敷設会社
?	1926(M45)/07/20(失効)	旅客自動車の増加で失効
1907(M40)/06/25(特許)	—	1910年に京王電軌と改称
1897(M30)/--/--(却下)	—	
?	—	
1897(M30)/05/14(却下)	—	
?	—	
1897(M30)/05/15(却下)	—	
1897(M30)/05/15(却下)	—	

免許・特許・却下日等	失効日等	備考
1914(T03)/04/08(免許)	1930(S05)/07/03(失効)	用地未取得・住民反対で失効
1914(T03)/04/08(免許)	1925(T14)/04/--(失効)	本線。目黒→五反田へ変更
1920(T09)/03/19(免許)	1924(T13)/09/02(失効)	
1926(T15)/12/06(特許)	1934(S09)/09/19(失効)	蒲田～五反田間延伸線。京浜電鉄と相互乗入計画
1927(S02)/12/16(免許)	—?	目黒蒲田電鉄が買収
1942(S17)/02/16(特許)	—?	
1918(T07)/05/01(特許)	1920(T09)/06/21(失効)	武蔵野鉄道へ免許譲渡
1921(T10)/07/01(特許)	1937(S12)/08/13(失効)	武蔵野鉄道へ免許譲渡
'1926(T10)/11/02(特許)	—?	武蔵野鉄道へ免許譲渡
1926(T10)/11/02(特許)	1936(S11)/05/28(失効)	東京成芝電鉄からの譲受も取下げ
'1926(T10)/11/02(特許)	'1936(S11)/05/28(失効)	軽便鉄道
1926(T15)/04/19(却下)	—	
1921(T10)/11/03(特許)	—?	1942年に会社を東京市電が買収
1915(T04)/11/05(特許)	1918(T07)/11/14(失効)	1943年に会社を東京市電が買収
1921(T10)/07/01(特許)	1924(T13)/03/03(失効)	1944年に会社を東京市電が買収
1915(T04)/03/25(免許)	1926(T15)/05/04(失効)	1945年に会社を東京市電が買収
1915(T04)/03/25(免許)	1927(S02)/05/04(失効)	1946年に会社を東京市電が買収
1915(T04)/03/25(免許)	1930(S05)/--/--(失効)	旅客自動車の増加で却下
1921(T10)/12/24(特許)	1936(S11)/04/15(失効)	
1913(T02)/12/10(却下)	—	武蔵野鉄道と近接で却下
1914(T03)/03/07(特許)	'— ?	
1920(T09)/03/17(却下)	—	目蒲電鉄・東京山手急行電鉄と競合で却下
1929(S04)/07/02(却下)	—	東京湾電鉄と競願で却下
1928(S03)/06/09(却下)	—	
1920(T09)/03/17(免許)	1924(T13)/08/29(失効)	地下鉄線、震災を理由に失効
1926(T15)/12/27(却下)	—	1941年・小田急電鉄と改称
1926(T15)/12/27(却下)	—	碑衾は「ひぶすま」と読み現自由ケ丘駅付近
1926(T15)/12/27(却下)	—	旧小田急は日光にも食指
'1926(T15)/12/27(却下)		
1928(S03)/06/09(却下)	—	
1920(T09)/03/17(免許)	'— ?	軌道線
1926(T15)/01/06(却下)	—	大宮電鉄と競願で却下
1924(T13)/03/31(特許)	1936(S11)/05/28(失効)	
1926(T15)/04/19(却下)	—	
1920(T09)/03/17(特許)	1924(T13)/09/02(失効)	成業困難で却下
1920(T09)/03/17(特許)	1924(T13)/09/02(失効)	
1926(T15)/03/12(免許)	1931(S06)/12/15(失効)	旧筑波高速免許線。日暮里～梅島間免許線を京成に譲渡
1913(T02)/06/26(特許)	1920(T09)/06/21(失効)	浅草線②。再出願。請地は廃駅
1913(T02)/06/26(特許)	1920(T09)/06/21(失効)	浅草線。上野から浅草に変更
1913(T02)/06/26(特許)	1920(T09)/06/21(失効)	
1915(T04)/09/14(特許)	1920(T09)/06/21(失効)	第1回目都心乗入線
1918(T07)/12/24(特許)	1920(T09)/06/21(失効)	旧筑波線
1918(T07)/12/24(特許)	1920(T09)/06/21(失効)	浅草線①、初出願
1918(T07)/12/24(特許)	1920(T09)/06/21(失効)	上野乗入線。半年後取下浅草乗入線に変更
1918(T07)/12/24(特許)	1920(T09)/06/21(失効)	京成の都心進出計画線(白鬚線延伸線)
1924(T13)/04/29(特許)	1960(S35)/06/08(失効)	同村内
1926(T15)/07/--(却下)	—	浅草線③。再出願。請地は1947年まであった駅
1942(S17)/02/16(却下)	—	
1928(S03)/07/--(免許)	'— ?	地上・高架式併用線
1924(T13)/02/08(?)	—	
1923(T12)/07/19(免許)	1930(S05)/10/24(失効)	
1926(T15)/11/20(免許)	1936(S11)/06/16(譲渡)	旅客自動車の増加で却下
1917(T06)/10/30(免許)	1936(S11)/09/25(失効)	「うみおむら」と読み、現横浜市鶴見区にあった村
1921(T10)/07/01(免許)	1939(S14)/01/07(失効)	
1920(T09)/03/17(免許)	1940(S15)/04/27(失効)	
1913(T02)/06/26(特許)	1945(S20)/01/10(失効)	

京浜電気鉄道	蒲田(大田区)	池上(大田区)	一?(出願)
京浜電気鉄道	品川(港区)	大手町(千代田区)	一?(出願)
京浜電気鉄道	品川(港区)	五反田(品川区)	一?(出願)
京浜電気鉄道	品川(港区)	芝・汐留川(港区)	一?(出願)
京浜電気鉄道	青山南7(港区)	千駄ヶ谷町(渋谷区)	一?(出願)
京浜電気鉄道	大森(大田区)	池上(大田区)	一?(出願)
京北電気鉄道	砂町(江東区)	岩淵町(北区)	一?(出願)
京北電気鉄道	上野山下(台東区)	鹿沼(栃木県)	一?(出願)
京成電気鉄道(無軌条)	錦糸町(江東区)	日暮里(荒川区)	一?(出願)
高架単軌鉄道	上野公園(台東区)	浅草六区(台東区)	1924(T13)/02/08(出願)
高尾山電気軌道	高田町(豊島区)	砂川村(立川市)	1919(T08)/02/03(出願)
江東電気軌道	浅草馬道(台東区)	流山(千葉県)	1926(T15)/10/30(出願)
小金井電気鉄道	上戸塚(新宿区)	田無町(西東京市)	一?(出願)
小金井電気鉄道	上戸塚(新宿区)	高田(豊島区)	一?(出願)
小金井電気鉄道	上戸塚(新宿区)	大久保百人町(新宿区)	一?(出願)
小金井電気鉄道	野方町(中野区)	囲町(中野区)	一?(出願)
五反田電車	五反田(品川区)	品川・御殿山(品川区)	1926(T15)/05/15(出願)
渋谷電気軌道	渋谷(渋谷区)	千駄ヶ谷駅(渋谷区)	1926(T15)/07/29(出願)
渋谷急行電鉄	渋谷(渋谷区)	東村山(東村山市)	1923(T12)/11/16(出願)
下総急行電鉄	西平井町(江東区)	関宿(千葉県)	1926(T15)/10/01(出願)
城西電気軌道	中渋谷(渋谷区)	市電下板橋電停(板橋区)	1926(T15)/10/30(出願)
城東電気軌道	大島町2(江東区)	大島町7(江東区)	1913(T02)/--/--(出願)
城東電気軌道	亀戸水神(江東区)	寺島町大畑(墨田区)	1913(T02)/07/09(出願)
城東電気軌道	小松川2(江戸川区)	西小松川1(江戸川区)	1914(T03)/02/14(出願)
城東電気軌道	瑞江(江戸川区)	浦安(千葉県)	1914(T03)/02/--(出願)
城東電気軌道	瑞江町上今井(江戸川区)	瑞江町前野(江戸川区)	1914(T03)/02/--(出願)
城東電気軌道	本村町(江東区)	大島町4(江東区)	1912(T01)/12/28(出願)
城東電気軌道	瑞江村上平井(江戸川区)	下平井(江戸川区)	1913(T02)/04/30(出願)
城東電気軌道	西平井(江東区)	西平井(江東区)	1914(T03)/02/23(出願)
城東電気軌道	亀戸(江東区)	寺島町(墨田区)	1926(T15)/05/24(出願)
城東電気軌道	亀戸(江東区)	南千住(荒川区)	1926(T15)/05/26(出願)
城東電気軌道	境川(江東区)	葛西橋(江戸川区)	1915(T04)/03/--(出願)
常東急行電気鉄道	田端駅(北区)	土浦駅(茨城県)	1926(T15)/05/06(出願)
常東急行電気鉄道	滝野川(北区)	野田町(千葉県)	1926(T15)/09/22(出願)
常北電気鉄道	王子町十条(北区)	赤塚(板橋区)	1915(T04)/03/--(出願)
巣鴨大宮電鉄	巣鴨(豊島区)	大宮(埼玉県)	1926(T15)/12/22(出願)
鈴木辰五郎	砧本村(世田谷区)	狛江村(世田谷区)	1917(T06)/05/10(出願)
西武軌道	淀橋(新宿区)	川越(埼玉県)	1917(T06)/05/10(出願)
西武急行鉄道	戸塚(早稲田)	立川駅(立川市)	1939(T14)/04/10(出願)
西武鉄道(旧)	西武新宿(新宿区)	国鉄新宿駅(新宿区)	1917(T06)/07/--(出願)
西武鉄道(旧)	下落合(新宿区)	国鉄新宿駅(新宿区)	1918(T07)/01/--(出願)
西武鉄道(旧)	中野(中野区)	東村山(東村山市)	1919(T08)/02/03(出願)
西武鉄道(旧)	角筈(新宿区)	立川町(立川市)	1919(T08)/02/03(出願)
西武鉄道(旧)	淀橋(新宿区)	浅間山(府中市)	1918(T07)/05/--(出願)
西武鉄道(旧)	高田馬場(新宿区)	早稲田(新宿区)	1919(T08)/01/08(出願)
西武鉄道(旧)	荻窪(杉並区)	田無(西東京市)	1921(T10)/12/28(出願)
西武鉄道(旧)	吉祥寺(武蔵野市)	井荻村(杉並区)	1919(T08)/01/08(出願)
西武鉄道(旧)	国分寺(国分寺市)	淀橋町(新宿区)	1919(T08)/01/08(出願)
西武鉄道(旧)	高田町(豊島区)	箱根ケ崎(瑞穂町)	1918(T07)/12/17(出願)
西武鉄道(旧)	高田馬場(新宿区)	早稲田(新宿区)	1926(T15)/02/18(出願)
相武電気鉄道	渋谷(渋谷区)	愛川(神奈川県)	1923(T12)/--/--(出願)
総武電気鉄道	日本橋上槇町(中央区)	船橋町(千葉県)	1926(T15)/09/28(出願)
村山軽便鉄道	箱根ケ崎(瑞穂町)	戸塚村(新宿区)	1913(T02/12/14(出願)
大東電気鉄道	三河島町(荒川区)	西新井村(足立区)	1926(T15)/06/08(出願)
大東京鉄道	巣鴨(豊島区)	大宮(埼玉県)	1926(T15)/06/15(出願)
金町電気鉄道	三河島(荒川区)	西新井(足立区)	1926(T15)/06/08(出願)
高尾山電気軌道	砂川村(立川市)	高田町(豊島区)	1919(T08)/02/03(出願)
高尾山電気軌道	明神町(八王子市)	高田町(豊島区)	1919(T08)/02/03(出願)
立新電気鉄道	新宿(新宿区)	立川(立川市)	1926(T15)/06/02(出願)
田端電気鉄道	田端駅(北区)	越ケ谷(埼玉県)	1926(T15)/06/01(出願)
多摩川急行鉄道	下北沢(世田谷区)	武蔵野村(武蔵野市)	1926(T15)/01/17(出願)
多摩川急行鉄道	渋谷(渋谷区)	谷保(国立市)	1926(T15)/01/17(出願)
玉川電気鉄道	砧本村(世田谷区)	狛江村(世田谷区)	1925(T14)/05/30(出願)
玉川電気鉄道	四ツ谷(新宿区)	新宿(新宿区)	1920(T09)/03/22(出願)
玉川電気鉄道	目黒(品川区)	品川(港区)	1920(T09)/04/27(出願)
筑波高速鉄道	日暮里(荒川区)	筑波山(茨城県)	1920(T09)/09/10(出願)
筑波高速鉄道	梅島(足立区)	松戸・国分(千葉県)	1926(T15)/08/--(出願)
常武鉄道	越中島(江東区)	土浦(茨城県)	1926(T15)/05/15(出願)
帝都電鉄	駒込(豊島区)	洲崎・西平井(江東区)	1920(T09)/09/10(出願)
改正鉄道敷設法	天王寺アイル(品川区)	東京貨物(神奈川県)	1920(T09)/09/10(法律)

1913(T02)/06/26(特許)	1945(S20)/01/10(失効)	大森〜池上間に変更
1918(T07)/12/24(特許)	1945(S20)/01/10(失効)	大手町線。地上・高架式併用線
1922(T11)/07/04(特許)	1945(S20)/01/10(失効)	地上・高架式併用線
1922(T11)/07/04(特許)	1945(S20)/01/10(失効)	新橋延長線。地上・高架式併用線
1917(T06)/10/30(免許)	1947(S22)/03/--(失効)	
1926(T15)/01/06(特許)	1960(S35)/06/08(失効)	
1924(T13)/02/08(免許)	1932(S07)/07/01(失効)	
1924(T13)/02/08(免許)	1932(S07)/07/01(失効)	東武鉄道等と競合で却下
―?(却下)	―	
1932(S07)/07/01(取下)	―	モノレール併用線。出願取下げ
	1914(T13)/08/31(失効)	
1931(S06)/04/07(却下)	―	市電特許線と合致で却下
1915(T04)/03/25(特許)	1919(T08)/05/04(譲渡)	武蔵野鉄道へ出願権を譲渡
1915(T04)/05/20(免許)	1935(S10)/08/22(譲渡)	武蔵野鉄道へ出願権を譲渡
1914(T03)/12/20(免許)	1941(S16)/05/03(譲渡)	武蔵野鉄道へ出願権を譲渡
1921(T10)/12/09(免許)	―(譲渡)	囲町は綱吉が犬を囲っていたの町名。現中野駅北側
1934(S09)/03/31(却下)	―	処分留保のうえ却下。短距離で営業困難
1928(S03)/06/09(却下)	―	資産・信用で成業困難
1923(T12)/12/03(却下)		後の帝都電鉄構想
1930(S05)/11/05(却下)	―	西平井は字洲崎を有する町名
1934(S09)/05/05(却下)	―	経営困難の恐れで却下
'― ?	'― ?	大島第2支線
1914(T03)/09/14(取下)	1939(S14)/01/07(失効)	失効時は東京地下鉄道
1916(T05)/01/24(却下)	1924(T13)/08/31(失効)	
1915(T05)/03/--(特許)	1918(t07)/11/14(失効)	
1915(T05)/03/--(特許)	1928(S03)/07/20(失効)	
1914(T03)/04/08(免許)	1930(S05)/07/03(失効)	大島第1支線
1914(T03)/03/10(却下)	―	東荒川〜今井間の残存線
1921(T10)/12/24(免許)	1936(S11)/04/15(失効)	西平井は花街・洲崎のことで、花街内の循環路線か
1942(S17)/02/16(却下)	―	旅客自動車の増加で却下
1942(S17)/02/16(却下)	―	〃
1919(T08)/05/04(免許)	―(失効)	
1928(S03)/06/09(却下)		
1928(S03)/06/09(却下)		
1921(T10)/08/--(免許)	―?	
1926(T15)/06/02(却下)	―	
1917(T06)/10/30(免許)	―?	玉川電鉄と競合で却下
1917(T06)/10/30(免許)	1936(S11)/10/03(失効)	
'― ?	―	西武鉄道出願線と類似で却下
1919(T08)/01/07(免許)	1924(T13)/12/--(失効)	国鉄・新宿駅への乗入路線
1920(T09)/01/06(免許)	'― ?	国鉄・新宿駅への乗入路線(地下鉄)
1920(T09)/03/17(免許)	1924(T13)/08/31(失効)	
1920(T09)/03/17(免許)	1924(T13)/08/31(失効)	国立駅への経由ルートに変更
1920(T09)/03/17(免許)	1924(T13)/09/--(失効)	立川線。国分寺・立川への延伸計画線
1920(T09)/03/17(免許)	1925(T14)/06/27(取下)	村山線延伸線、市電・早稲田へ連絡。起業廃止届
1923(T12)/03/23(特許)	1927(S02)/05/02(失効)	荻窪〜新宿間の西武軌道に接続
1920(T09)/03/17(免許)	1927(S02)/05/04(失効)	井荻は現西武新宿線
1920(T09)/03/17(免許)	―?	立川線、終点を浅利田山から延伸
1924(T13)/08/08(却下)	―	高田町は目白駅。終点を高田馬場駅に変更
--(免許)	1948(S23)/09/20(取下)	東京市電計画線で早稲田変更
―(取下)	―	関東大震災で取下げ
1929(S04)/05/16(失効)	―	
1915(T04)/02/08(変更)		終点を戸塚村から吉祥寺に変更
1928(S03)/06/09(失効)	―	
1926(T15)/04/19(免許)	1935(S10)/08/03(失効)	
1928(S03)/06/09(却下)		
1920(T09)/03/17(免許)	1924(T13)/08/31(失効)	分岐線。高田町は目白駅。
1920(T09)/03/17(免許)	1924(T13)/08/31(失効)	
'1926(T15)/09/27(却下)	―	西武鉄道と類似路線で却下
1928(S03)/06/09(却下)	―	
1926(T15)/06/02(却下)	―	支線
1926(T15)/06/09(却下)	―	本線
1929(S04)/07/02(免許)	1952(S27)/06/04(失効)	砧支線延伸線。砂利鉄も旅客便乗
1926(T15)/04/19(却下)	―	1938年に東京横浜電鉄(現東急電鉄)へ合併
1932(S07)/03/09(却下)		
―?(却下)	―	関東大震災で却下
1929(S04)/06/03(免許)	―	免許を京成電軌に譲渡
1897/05/15(却下)	―	
?	1936(S11)/04/27(失効)	旧東京山手急行線
?	―	※鉄道敷設法

会社名	起点	終点	出願・計画日等	
改正鉄道敷設法	大崎(品川区)	松田(神奈川県)	1920(T09)/09/10(法律)	
田園都市会社	碑衾(目黒区)	大崎町(品川区)	1920(T09)/09/10(出願)	
東海電気鉄道	芝(港区)	伊勢佐木町(神奈川県)	1920(T09)/09/10(出願)	
東京電気鉄道	大井町(品川区)	洲崎(江東区)	1920(T09)/12/05(出願)	
東大電気鉄道	万世橋(千代田区)	大宮町(埼玉県)	1920(T09)/12/20(出願)	
東京大宮電気鉄道	西巣鴨(豊島区)	大宮(埼玉県)	1926(T15)/06/15(出願)	
東京外円鉄道	淀橋(新宿区)	小金井(小金井市)	1921(T14)/12/26(出願)	
東京外円鉄道	池袋(豊島区)	下練馬(練馬区)	1921(T14)/12/26(出願)	
東京外円鉄道	新宿(新宿区)	吉祥寺(武蔵野市)	1921(T14)/12/26(出願)	
東京外円鉄道	三鷹(三鷹市)	吉祥寺(武蔵野市)	1921(T14)/12/26(出願)	
東京外円鉄道	目黒駅(品川区)	玉川(世田谷区)	1921(T14)/12/26(出願)	
東京外円鉄道	大森(大田区)	西平井町(江東区)	1921(T14)/12/26(出願)	
東京外周鉄道	岩淵(北区)	砂町(江東区)	1921(T14)/12/26(出願)	
東京外周鉄道	板橋(板橋区)	志村(板橋区)	1921(T14)/12/26(出願)	
東京外周鉄道	西巣鴨(豊島区)	下練馬(練馬区)	1921(T14)/12/26(出願)	
東京軌道	北品川宿(品川区)	亀戸町(江東区)	1922(T11)/01/31(出願)	
東京軌道	戸塚(新宿区)	和田堀之内村(杉並区)	1922(T11)/01/31(出願)	
東京軌道	笹塚(渋谷区)	東長崎(豊島区)	1926(T15)/07/05(出願)	
東京軽便地下鉄道	新橋(港区)	品川(港区)	1917(T06)/07/18(出願)	
東京軽便地下鉄道	上野車坂(台東区)	南千住(荒川区)	1917(T06)/07/18(出願)	
東京郊外電気鉄道	石神井(練馬区)	中丸(板橋区)	1922(T11)/10/02(出願)	
東京郊外電気鉄道	角筈(新宿区)	下戸塚(新宿区)	1922(T11)/07/08(出願)	
東京郊外電気鉄道	渋谷町(渋谷区)	巣鴨(豊島区)	1922(T11)/10/20(出願)	
東京郊外電気鉄道	蒲田(大田区)	大塚(豊島区)	1922(T11)/07/--(出願)	
東京郊外電気鉄道	角筈(新宿区)	目白(豊島区)	1922(T11)/10/20(出願)	
東京郊外電気鉄道	渋谷(渋谷区)	目白(豊島区)	1922(T11)/11/10(出願)	
渋谷急行電鉄	渋谷(渋谷区)	東村山(東村山市)	1923(T12)/11/16(出願)	
渋谷急行電鉄	渋谷(渋谷区)	東村山(東村山市)	1925(T14)/05/28(出願)	
東京高架鉄道	落合町(新宿区)	神田橋(千代田区)	1923(T12)/--/--(出願)	
東京高架鉄道	新宿(新宿区)	三宅坂(千代田区)	1923(T12)/--/--(出願)	
東京高架鉄道	宮益坂(渋谷区)	東京駅(千代田区)	1923(T12)/--/--(出願)	
東京高架鉄道	四谷見附(新宿区)	赤坂見附(港区)	1922(T11)/12/26(出願)	
東京高速電気鉄道	淀橋(新宿区)	高井戸(杉並区)	1926(T15)/07/05(出願)	
東京高速電気鉄道	新宿(新宿区)	京橋(中央区)	1926(T15)/12/15(出願)	
東京高速電気鉄道	五反田(品川区)	西巣鴨(豊島区)	1926(T15)/12/15(出願)	
東京高速電気鉄道	戸塚町(新宿区)	井荻(杉並区)	1926(T15)/12/15(出願)	
東京高速電気鉄道	大塚(豊島区)	五反田(品川区)	1926(T15)/12/15(出願)	
東京高速電気鉄道	目黒(品川区)	巣鴨(豊島区)	1926(T15)/12/15(出願)	
東京高速鉄道	池袋(豊島区)	洲崎(江東区)	1923(T12)/--/--(出願)	
東京高速鉄道	新橋(港区)	東京駅前(千代田区)	1923(T12)/--/--(出願)	
東京高速鉄道	巣鴨(豊島区)	万世橋(千代田区)	1923(T12)/--/--(出願)	
東京高速鉄道	平河町(千代田区)	小田原(神奈川県)	1923(T12)/--/--(出願)	
東京高速鉄道	日比谷(千代田区)	渋谷(渋谷区)	1923(T12)/--/--(出願)	
東京高速鉄道	新宿(新宿区)	大塚(豊島区)	1923(T12)/--/--(出願)	
東京高速鉄道	目黒(品川区)	押上(墨田区)	1923(T12)/--/--(出願)	
東京高速鉄道	日比谷(千代田区)	新宿追分(新宿区)	1923(T12)/--/--(出願)	
東京高速鉄道	日比谷(千代田区)	上野(台東区)	1923(T12)/02/17(出願)	
東京高速鉄道	日比谷(千代田区)	池袋(豊島区)	1923(T12)/02/17(出願)	
東京市営地下鉄	虎ノ門(港区)	新橋(港区)	1924(T13)/01/14(出願)	
東京市営地下鉄	五反田(品川区)	押上(墨田区)	1923(T12)/06/30(出願)	
東京市営地下鉄	渋谷(渋谷区)	巣鴨(豊島区)	1923(T12)/06/30(出願)	
東京市営地下鉄	角筈(新宿区)	砂町(江東区)	1923(T12)/04/28(出願)	
東京市営地下鉄	恵比寿(目黒区)	下板橋(板橋区)	1923(T12)/03/26(出願)	
東京市営地下鉄	築地(中央区)	古村井(墨田区)	1923(T12)/03/20(出願)	
東京市営地下鉄	目黒(品川区)	南千住(荒川区)	1923(T12)/06/15(出願)	
東京市営地下鉄	池袋(豊島区)	洲崎(江東区)	1923(T12)/04/28(出願)	
東京市営地下鉄	渋谷(渋谷区)	月島(中央区)	1923(T12)/04/--(出願)	
東京市営地下鉄	池袋(豊島区)	大島町(江東区)	1923(T12)/02/23(出願)	
東京市営地下鉄	平塚(品川区)	北千住(足立区)	1923(T12)/03/20(出願)	
東京市電	新宿(新宿区)	巣鴨(豊島区)	1923(T12)/11/21(出願)	
東京市電	渋谷(渋谷区)	大塚(豊島区)	1923(T12)/08/01(出願)	
東京市電	新宿(新宿区)	葵橋(港区)	1923(T12)/07/12(出願)	
東京市電	品川御殿山(品川区)	亀戸水神(江東区)	1923(T12)/08/15(出願)	
東京市電	原宿(渋谷区)	桜田門(千代田区)	1923(T12)/08/15(出願)	
東京市電	芝区金杉(港区)	芝区月見(港区)	1923(T12)/10/10(出願)	
東京市電	品川八ツ山(品川区)	押上(墨田区)	1923(T12)/11/16(出願)	
東京市電	高田千登勢(豊島区)	池袋(豊島区)	1923(T12)/12/18(出願)	
東京市電	池袋(豊島区)	洲崎(江東区)	1923(T12)/11/07(出願)	
東京市電	目黒(品川区)	千住(足立区)	1923(T12)/11/07(出願)	

免許・特許・却下日等	失効日等	備考
?	—	※鉄道敷設法
?	—	東京横浜電鉄へ譲渡。現大井町線
?	—	
?	—	後の東京山手急行電鉄(山手急行で免許)
1921(T10)/02/15(免許)	—(免許譲渡)	
1926(T15)/04/19(免許)	1930(S05)/10/16(譲渡)	免許を大東京鉄道に譲渡
1922(T11)/01/31(特許)	—	〃
1924(T13)/06/30(却下)	—	支線
1923(T12)/04/--(却下)	—	本線
?	—	
?	—	
?	—	
1925(T14)/09/25(免許)	1929(S04)/07/--(引継)	
1927(S02)/12/--(免許)	1929(S04)/07/--(引継)	返付。瓦斯軌道。武蔵水電と競合
1934(S09)/05/05(却下)	—	帝都電鉄に接近線
1919(T08)/11/17(免許)	1941(S16)/07/15(譲渡)	1920年に東京地下鉄道と改称
1919(T08)/11/17(免許)	—(失効)	浅草～品川間線の支線
?	—	練馬支線
1923(T12)/12/03(却下)	—	半環状線
1923(T12)/12/27(免許)	—?	南北線
1924(T13)/11/--(却下)	—	
1934(S09)/05/05(却下)	—	東西線ルート変更
1924(T13)/05/05(免許)	1932(S07)/07/26(取下)	
- ?(却下)	—	東京郊外電鉄が引継
1928(S03)/--/--(免許)	—?	3回出願も却下。吉祥寺～東村山間(失効)
1924(T13)/03/--(免許)	1924(T13)/--/--(譲渡)	他線と競合
—(免許)	1924(T13)/03/--(譲渡)	
—(免許)	1924(T13)/03/--(譲渡)	
?	—	
1928(S03)/05/10(却下)	—	新宿線
1928(S03)/05/10(却下)	—	
1928(S03)/05/10(却下)	—	
1928(S03)/05/10(却下)	—	高田線
1928(S03)/05/10(却下)	—	
1928(S03)/05/10(却下)	—	外環線
'— ?	'— ?	
'— ?	'— ?	
'— ?	'— ?	
^- ?(免許)	(部分失効)	小田原急行鉄道が引継ぎ。平河町～新宿間失効
^- ?(免許)	1924(T13)/03/--(譲渡)	地下鉄・高架併用。後の小田原急行鉄道
^- ?(免許)	1924(T13)/03/--(譲渡)	地下鉄。4出願線をまとめて当区間に修正で免許
^- ?(免許)	1924(T13)/03/--(譲渡)	
^- ?(免許)	1924(T13)/03/--(譲渡)	地下鉄・高架併用。後の小田原急行鉄道
1925(T14)/09/25(特許)	'— ?	地下鉄・高架併用。後の小田原急行鉄道
1925(T14)/09/25(特許)	'— ?	地下鉄・高架併用。後の小田原急行鉄道
^- ?(免許)	1924(T13)/09/04(失効)	市営初の地下鉄。震災で失効
----(T--)/--/--(免許)	----(T--)/--/--(取下)	地下鉄。帝都復興計画線
----(T--)/--/--(免許)	----(T--)/--/--(取下)	1931年12月に東京高速鉄道へ譲渡
1923(T12)/10/--(却下)	—	
1924(T13)/06/30(却下)	—	
^- ?(免許)	—	
1925(T14)/12/25(却下)	—	
1923(T12)/11/21(特許)	—?(取下)	
1923(T12)/07/--(却下)	—	
—?	—	
—?	—	平塚は荏原郡(現品川区)の旧村名
1924(T13)/11/--(特許)	—	
1926(T15)/12/02(免許)	1940(S15)/10/02(返付)	
1921(T10)/08/20(却下)	—	
1922(T11)/01/31(却下)	—	旅客自動車の増加で却下
1924(T13)/07/10(却下)	—	
1925(T14)/09/24(却下)	—	旅客自動車の増加
'1926(T15)/04/19(却下)	—	1920年東京市区改正条例
'1926(T15)/04/19(免許)	—?	1921年東京市区改正条例
'1927(S02)/04/19(却下)	—	1922年東京市区改正条例
'1927(S02)/04/19(却下)	—	1919東京市内外交通調査会提案。地下鉄

会社名	起点	終点	出願・計画日等	
東京市電	東京駅北口(千代田区)	丸の内1(千代田区)	1923(T12)/11/07(出願)	
東京市電	浅草(台東区)	向島(墨田区)	1923(T12)/11/07(出願)	
東京市電	大塚(豊島区)	万世橋(千代田区)	1923(T12)/11/07(出願)	
東京市電	目黒(品川区)	新橋(港区)	1923(T12)/08/25(出願)	
東京市電	池袋(豊島区)	越中島(江東区)	1923(T12)/11/13(出願)	
東京市電	築地3(中央区)	南小田原町(中央区)	1924(T13)/09/04(出願)	
東京市電	南茅場町内(中央区)	南茅場町内(中央区)	1924(T13)/10/13(出願)	
東京市電	市ケ谷八幡町(新宿区)	市ケ谷本村町(新宿区)	1925(T14)/01/08(出願)	
東京市電	芝浦2(港区)	西芝浦4(港区)	1925(T14)/01/08(出願)	
東京市電	錦町3(中央区)	西鳥越町(台東区)	1925(T14)/01/08(出願)	
東京市電	南小田原町(中央区)	本八丁堀(中央区)	1925(T14)/01/08(出願)	
東京市電	月島西河岸通(中央区)	月島通7(中央区)	1924(T13)/11/13(出願)	
東京市電	木挽町4(中央区)	元大坂町(中央区)	1924(T13)/11/22(出願)	
東京市電	霊岸町(江東区)	千田町(江東区)	1925(T14)/01/08(出願)	
東京市電	雑司ヶ谷町(豊島区)	高田豊川町(豊島区)	1924(T13)/12/04(出願)	
東京市電	浅草聖天町(台東区)	坂本1(中央区)	1924(T13)/12/25(出願)	
東京市電	麻布一ツ橋(港区)	霞町(港区)	1924(T13)/11/--(出願)	
東京市電	柳島(墨田区)	亀戸4(江東区)	1924(T13)/11/07(出願)	
東京市電	一ツ橋通(千代田区)	九段中坂下(千代田区)	1924(T13)/11/13(出願)	
東京市電	駒込坂下町(豊島区)	三ノ輪橋手前(荒川区)	1925(T14)/--/--(出願)	
東京市電	東京駅北口(千代田区)	丸ノ内(千代田区)	?	
東京市電	南千住踏切際(荒川区)	三ノ輪橋(荒川区)	1925(T14)/--/--(出願)	
東京循環鉄道	滝野川(北区)	南千住(荒川区)	1924(T13)/01/12(出願)	
東京循環鉄道	高輪南(港区)	上野桜ケ岡(台東区)	1923(T12)/12/18(出願)	
東京循環鉄道	北品川(品川区)	西平井(江東区)	1923(T12)/12/18(出願)	
東京循環鉄道	大崎(品川区)	野沢(世田谷区)	1924(T13)/--/--(出願)	
東京循環鉄道	渋谷(渋谷区)	松沢(世田谷区)	1924(T13)/--/--(出願)	
東京循環鉄道	平塚(大田区)	矢口(大田区)	1924(T13)/--/--(出願)	
東京循環鉄道	高田(豊島区)	野方(中野区)	1923(T12)/03/28(出願)	
東京単軌鉄道	相川(江東区)	北千住駅(足立区)	1924(T13)/01/14(出願)	
東京電気鉄道	千住町(足立区)	野田町(千葉県)	1924(T13)/03/--(出願)	
東京電気鉄道	千住町(足立区)	浦和町(埼玉県)	1924(T13)/02/18(出願)	
東京鉄道	目黒(品川区)	新橋(港区)	一?(出願)	
東京鉄道	戸塚(早稲田)	和田堀之内(杉並区)	1022(T11)/01/31(出願)	
東京鉄道	野方町(中野区)	淀橋(新宿区)	1924(T13)/09/04(出願)	
東京鉄道	吾妻町(墨田区)	吾妻町(墨田区)	1924(T13)/04/10(出願)	
東京鉄道	目黒(品川区)	押上(墨田区)	1924(T13)/04/10(出願)	
東京鉄道	池袋(豊島区)	洲崎(江東区)	1924(T13)/04/10(出願)	
東京鉄道	千住町(足立区)	野田町(千葉県)	1924(T13)/04/10(出願)	
東京鉄道	大崎(品川区)	平塚(大田区)	1924(T13)/04/10(出願)	
東京鉄道	巣鴨(豊島区)	万世橋(千代田区)	1924(T13)/04/12(出願)	
東京鉄道	五反田(品川区)	向島(墨田区)	1924(T13)/04/--(出願)	
東京鉄道	池袋(豊島区)	洲崎(江東区)	1924(T13)/05/26(出願)	
東京鉄道	内藤新宿(新宿区)	洲崎(江東区)	1924(T13)/05/26(出願)	
東京鉄道	原宿(渋谷区)	巣鴨(豊島区)	1924(T13)/08/09(出願)	
東京鉄道	砂町(江東区)	大井町(品川区)	1924(T13)/08/09(出願)	
東京鉄道	目白(豊島区)	池袋(豊島区)	1924(T13)/08/09(出願)	
東京鉄道	碑衾(目黒区)	渋谷(渋谷区)	1924(T13)/06/07(出願)	
東京鉄道	渋谷(渋谷区)	南千住町(荒川区)	1924(T13)/04/24(出願)	
東京鉄道	上板橋(板橋区)	巣鴨(豊島区)	1924(T13)/06/30(出願)	
東京電気軌道	入新井(大田区)	赤羽町(北区)	1924(T13)/09/04(出願)	
東京成芝電気鉄道	洲崎(江東区)	成田(千葉県)	1925(T14)/01/18(出願)	
東京南郊電鉄	品川駅前(港区)	国領町(調布市)	1926(T15)/09/01(出願)	
東京日光電気鉄道	巣鴨(豊島区)	日光町(栃木県)	1925(T14)/02/27(出願)	
東京山手急行電鉄	大井町(品川区)	神明町(荒川区)	1925(T14)/02/28(出願)	
東京山手急行電鉄	大井町(品川区)	西平井(江東区)	1926(T15)/09/--(出願)	
東京横浜電鉄	祐天寺(目黒区)	平沼(神奈川県)	1925(T14)/03/26(出願)	
東京横浜電鉄	祐天寺(目黒区)	広尾天現寺(渋谷区)	1925(T14)/03/26(出願)	
東京横浜電鉄	砧本村(世田谷区)	狛江村(狛江市)	1925(T14)/03/07(出願)	
東京横浜電鉄	代官山付近(渋谷区)	新宿(新宿区)	1925(T14)/04/--(出願)	
東京横浜電鉄	祐天寺(目黒区)	新宿(新宿区)	1925(T14)/04/--(出願)	
東京湾電気鉄道	池上・本門寺前(大田区)	川崎大師前(神奈川県)	1926(T15)/12/01(出願)	
東京地下鉄道	三田(港区)	池上(大田区)	1925(T14)/05/06(出願)	
東京地下鉄道	淀橋町(新宿区)	上野(台東区)	1925(T14)/05/06(出願)	
東京地下鉄道	渋谷(渋谷区)	大塚(豊島区)	1925(T14)/05/06(出願)	
東京地下鉄道	池袋(豊島区)	洲崎(江東区)	1925(T14)/05/06(出願)	
東京地下鉄道	尾張町(中央区)	日本橋(中央区)	1925(T14)/05/06(出願)	
東京地下鉄道	五反田(品川区)	亀戸(江東区)	1925(T14)/05/06(出願)	
東京地下鉄道	目黒(品川区)	浅草(台東区)	1925(T14)/04/30(出願)	

免許・特許・却下日等	失効日等	備考
'1927(S02)/04/19(却下)	—	市電
'1927(S02)/04/19(却下)	—	地下鉄。1919年東京市内外交通調査会答申
1927(S02)/04/19(却下)	—	地下鉄。1920年東京市内外交通調査会答申
1927(S02)/12/20(免許)	—?	地下鉄。1921年東京市内外交通調査会答申
1929(S04)/10/16(却下)	—	地下鉄。1922年東京市内外交通調査会答申
^-?(免許)	—(失効)	戦中で失効
1919(T08)/05/16(免許)	—?	戦中で失効
1926(T15)/05/--(免許)	—(失効)	戦中で失効
1926(T15)/05/--(免許)	—(失効)	戦中で失効
1926(T15)/05/--(免許)	—(失効)	戦中で失効
1926(T15)/05/--(免許)	—(失効)	戦中で失効
1942(S17)/02/16(免許)	—(失効)	戦中で失効
1942(S17)/02/16(免許)	—(失効)	戦中で失効
1926(T15)/05/--(免許)	1931(06)/12/--(譲渡)	戦中で失効
1926(T15)/04/19(免許)	—(失効)	戦中で失効
1926(T15)/04/19(免許)	—(失効)	戦中で失効
1926(T15)/04/--(免許)	—(失効)	戦中で失効
1942(S17)/02/16(免許)	—(失効)	戦中で失効
1942(S17)/02/16(免許)	—(失効)	戦中で失効
----(T--)/--/--(免許)	—(失効)	戦中で失効
1924(T13)/03/31(特許)	1936(S11)/05/08(失効)	
^-?(免許)	—(失効)	戦中で失効
1926(T15)/11/20(免許)	1934(S09)/04/30(失効)	戦中で失効
'1926(T15)/04/19(免許)	—(失効)	戦中で失効
'1926(T15)/04/19(免許)	—(失効)	
'1926(T15)/04/19(免許)	—(失効)	
1929(S04)/10/26(却下)	—	
1929(S04)/10/26(却下)	—	
1935(S10)/06/17(却下)	—	
^-?(免許)	1924(T13)/09/04(失効)	モノレール。舟業者の反対で却下
—?	'— ?	野田線
1925(T14)/09/24(却下)	—	浦和線
1920(T09)/03/17(免許)	1924(T13)/09/04(失効)	
1920(S02)/07/--(引継)	?	
1926(T15)/04/19(却下)	—	大震災で却下
1926(T15)/04/19(却下)	—	大震災で却下
1926(T15)/04/19(却下)	—	大震災で却下
1926(T15)/04/19(却下)	—	大震災で却下
1926(T15)/04/19(却下)	—	大震災で却下
1926(T15)/04/19(却下)	—	大震災で却下
1925(T14)/01/29(免許)	1924(T13)/09/05(変更)	大震災で失効
1926(T15)/02/18(免許)	1937(S12)/09/04(失効)	大震災で失効
—?(免許)	—?(失効)	大震災で失効
1924(T13)/05/26(免許)	—?(失効)	大震災で失効
1925(T14)/04/16(免許)	—?(失効)	大震災で失効
1925(T14)/04/16(却下)	—	大震災で却下
1925(T14)/04/16(却下)	—	大震災で却下
1925(T14)/04/16(却下)	—	大震災で却下
1926(T15)/04/19(却下)	—	大震災で却下
—?(却下)	—	大震災で却下
—?	—	東京鉄道線失効で出願
1926(T15)/12/27(免許)	1933(S08)/03/29(失効)	印旛電鉄(後の成田急行)に譲渡
1926(T15)/12/16(却下)	—	3か月で却下
1925(T14)/04/16(却下)	—	却下処分に裁判で免許取得も失効
1927(S02)/04/19(却下)	—	
1927(S02)/04/19(免許)	1940(S15)/04/27(失効)	第2山手線構想
1934(S09)/03/06(却下)	—	平沼は旧横浜駅。1942年に東京急行電鉄と改称
1934(S09)/03/06(却下)	—	地下鉄道。東横線渋谷乗換えで不要に
1929(S04)/07/02(免許)	1952(S27)/06/04(失効)	砧線延伸線。玉川電鉄からの免許取得も未成
1926(T15)/12/02(免許)	1928(S03)/08/08(取下)	
1926(T15)/06/--(却下)	—	
1929(S04)/07/02(却下)	—	鶴見臨海鉄道と競合で却下
1925(T14)/05/16(免許)	'— ?	池上～馬込間免許も取得
1925(T14)/05/16(免許)	'— ?	〃
1925(T14)/05/16(免許)	'— ?	東京鉄道線失効で出願
1925(T14)/05/16(免許)	'— ?	
1925(T14)/05/16(免許)	'— ?	
1925(T14)/05/16(免許)	'— ?	武蔵電鉄線失効で出願
1926(T15)/12/28(免許)	1940(S15)/10/02(譲渡)	武蔵電鉄線失効で出願

会社名	起点	終点	出願・計画日等	
東京地下鉄道	新橋(港区)	品川(港区)	1917(T06)/07/18	
東京地下鉄道	亀戸水神(江東区)	向島(墨田区)	1925(T14)/05/16(出願)	
東武鉄道	鹿浜(足立区)	上板橋(板橋区)	1922(T11)/11/10(出願)	
東武鉄道	大師前(足立区)	鹿浜(足立区)	1922(T11)/11/10(出願)	
都南電気軌道	大崎町(品川区)	矢口村(大田区)	1926(T15)/04/30(出願)	
都南電気軌道	大井駅(品川区)	池上町(大田区)	1926(T15)/04/30(出願)	
中武電気鉄道	小岩村(江戸川区)	立川村(立川市)	1926(T15)/09/21(出願)	
中武電気鉄道	池上(大田区)	大宮(埼玉県)	1926(T15)/03/17(出願)	
成田急行鉄道	東平井(江東区)	安食(千葉県)	1925(T14)/06/26(出願)	
南武高速度電鉄	渋谷(渋谷区)	奥沢(世田谷区)	1925(T14)/07/04(出願)	
南郊高速度電鉄	上野毛(世田谷区)	奥沢(世田谷区)	1926(T15)/04/16(出願)	
南郊高速度電鉄	渋谷(渋谷区)	玉川(世田谷区)	1926(T15)/04/16(出願)	
日本ウェアウェイ開発	大手町(千代田区)	三鷹(三鷹市)等	―?	
日本電気鉄道	品川(港区)	大阪府野田村(大阪府)	1925(T14)/07/28(出願)	
日本電気鉄道	品川(港区)	大阪(大阪府)	1925(T14)/09/22(出願)	
日本電気鉄道	渋谷(渋谷区)	大阪(大阪府)	1925(T14)/10/01(出願)	
東神電気鉄道	品川(港区)	神奈川駅(神奈川県)	1925(T14)/10/30(出願)	
東越電気軌道	巣鴨(豊島区)	川越(埼玉県)	1926(T15)/10/30(出願)	
東埼電気鉄道	板橋町(板橋区)	浦和町(埼玉県)	1925(T14)/11/12(出願)	
東総電気鉄道	日暮里町(荒川区)	岩井村(茨城県)	1926(T15)/05/06(出願)	
東浜電気鉄道	大井町(品川区)	矢口村(大田区)	1926(T15)/09/01(出願)	
北武電気鉄道	日暮里町(荒川区)	野田町(千葉県)	1926(T15)/09/14(出願)	
堀之内電気鉄道	中野町(中野区)	世田谷(世田谷区)	1925(T14)/11/12(出願)	
宮都電気鉄道※	巣鴨(豊島区)	大宮(埼玉県)	1925(T14)/12/08(出願)	
武蔵鉄道	内藤新宿(新宿区)	吉祥寺(武蔵野市)	1926(T15)/10/15(出願)	
武蔵水電	新宿(新宿区)	吉祥寺(武蔵野市)	1921(T10)/05/03(出願)	
武蔵電気鉄道	二ノ橋(港区)	赤羽河岸(港区)	1913(T02)/04/30(出願)	
武蔵電気鉄道	渋谷(渋谷区)	扇町(神奈川県)	1925(T14)/12/08(出願)	
武蔵電気鉄道	祐天寺(目黒区)	有楽町(千代田区)	1926(T15)/05/--(出願)	
武蔵電気鉄道	目黒(品川区)	玉川村(世田谷区)	―?(出願)	
武蔵電気鉄道	中野(中野区)	笹塚(渋谷区)	1925(T14)/08/10(出願)	
武蔵電気鉄道	祐天寺(目黒区)	広尾(港区)	1917(T06)/05/10(出願)	
武蔵電気鉄道	渋谷(渋谷区)	高島町(神奈川県)	1917(T06)/05/10(出願)	
武蔵電気鉄道	碑衾(目黒区)	駒沢(世田谷区)	1925(T14)/12/26(出願)	
武蔵電気鉄道	上目黒・祐天寺(目黒区)	新宿(新宿区)	1925(T14)/12/26(出願)	
武蔵電気鉄道	蒲田(大田区)	新宿(新宿区)	1925(T14)/12/26(出願)	
武蔵電気鉄道	天現寺(港区)	有楽町(千代田区)	1925(T14)/12/26(出願)	
武蔵電気鉄道	広尾(港区)	二ノ橋(港区)	1912(T01)/12/09(出願)	
武蔵電気鉄道	渋谷(渋谷区)	有楽町(千代田区)	1925(T14)/12/26(出願)	
武蔵電気鉄道	広尾(港区)	田町(港区)	1926(T15)/04/23(出願)	
武蔵電気鉄道	祐天寺(目黒区)	有楽町(千代田区)	1926(T15)/--/--(出願)	
武蔵電気鉄道	渋谷(渋谷区)	東京駅(千代田区)	1926(T15)/09/03(出願)	
武蔵電気鉄道	調布(大田区)	蒲田(大田区)	1917(T06)/05/07(出願)	
武蔵電気鉄道	戸塚(新宿区)	所沢(埼玉県)	1926(T15)/10/30(出願)	
武蔵電気鉄道	上目黒(目黒区)	有楽町(千代田区)	1914(T03)/02/14(出願)	
武蔵電気鉄道	上目黒(目黒区)	有楽町(千代田区)	1917(T06)/12/22(出願)	
武蔵電気鉄道	上目黒(目黒区)	有楽町(千代田区)	1918(T07)/05/18(出願)	
武蔵電気鉄道	上目黒(目黒区)	有楽町(千代田区)	1918(T07)/11/02(出願)	
武蔵電気鉄道	渋谷(渋谷区)	有楽町(千代田区)	1924(T13)/08/30(出願)	
武蔵電気鉄道	渋谷(渋谷区)	中野(中野区)	1926(T15)/08/10(出願)	
武蔵野鉄道	下戸塚(新宿区)	練馬栗山大門(練馬区)	―?(出願)	
武蔵野鉄道	池袋(豊島区)	鳩ヶ谷(埼玉県)	―?(出願)	
武蔵野鉄道	高田(池袋駅前)	中野(中野区)	―?(出願)	
武蔵野鉄道	野方町(中野区)	吉祥寺(武蔵野市)	―?(出願)	
武蔵野鉄道	野方村(中野区)	江古田(中野区)	1926(T15)/12/--(出願)	
武蔵野鉄道	池袋(豊島区)	大塚駅前(豊島区)	1927(T02)/--/--(出願)	
武蔵野鉄道	高田町(豊島区)	西巣鴨(豊島区)		
武蔵野電気軌道	下戸塚(新宿区)	川越市(埼玉県)	1926(T15)/--/--(出願)	
村山軽便鉄道	井荻村(杉並区)	吉祥寺(武蔵野市)	1920(T09)/12/17(出願)	
堀之内電気鉄道	中野(中野区)	世田谷(世田谷区)	1925(T14)/11/13(出願)	
目黒蒲田電鉄	目黒(品川区)	京橋槇町(中央区)	―?(出願)	
目黒郊外電気鉄道	大崎・目黒駅(品川区)	等々力村(世田谷区)	1926(T15)/08/23(出願)	
目黒玉川電気鉄道	目黒(品川区)	玉川村(世田谷区)	―?(出願)	
目黒玉川電気鉄道	碑衾(目黒区)	駒沢(世田谷区)	―?(出願)	
目黒玉川鉄道	碑衾(目黒区)	駒沢(世田谷区)	―?(出願)	
立新電気鉄道	新宿(新宿区)	立川(立川市)	1926(T15)/09/27(出願)	
大和自動車交通	北品川(品川区)	東陽町(江東区)	―?(出願)	
大和自動車交通	北品川(品川区)	東陽町(江東区)	―?(出願)	

免許・特許・却下日等	失効日等	備考
1919(T08)/11/17(免許)	1941(S16)/07/15(譲渡)	東京軽便地下鉄道を改称
1928(S03)/05/19(免許)	― ?	旧城東電軌線から譲受
1924(T13)/05/05(特許)	1937(S12)/06/23(失効)	西板線。用地買収地に常盤台住宅造成
1924(T13)/05/05(特許)	1932(S07)/07/26(失効)	西板線。大師線(西新井～大師前間)延伸線
1928(S03)/05/30(却下)	―	起終点未定(荏原郡内)
1928(S03)/05/30(却下)	―	
?	―	
1926(T15)/04/19(却下)		
----(T--)/--/--(免許)	#VALUE!	印旛電鉄から譲受も返付
1942(S17)/02/16(特許)	― ?	
1926(T15)/10/19(却下)	―	支線
1926(T15)/10/19(却下)	―	本線
?	?	モノレール計画
1942(S17)/02/16(却下)	―	第1回目出願。20年間も出願
1926(T15)/08/10(却下)	―	第6回目(最終)出願
1927(S02)/04/19(免許)	1941(S16)/05/14(変更)	第7回目出願(起点駅・渋谷に変更)
1926(T15)/04/19(却下)	―	省線・京浜電鉄と競合
1930(S05)/11/12(却下)	―	武蔵野鉄道・西武鉄道と並行で却下
1942(S17)/02/16(却下)	―	
1928(S03)/06/09(却下)	―	
1928(S03)/05/19(却下)	―	
1928(S03)/06/09(免許)	1932(S07)/02/15(譲渡)	1932年に免許を大東京鉄道へ譲渡
1942(S17)/02/16(却下)	―	東京山手急行と競願
1942(S17)/02/16(却下)	―	
1927(S02)/06/15(却下)	―	
1921(T10)/05/24(取下)		西武軌道線と並行
1914(T03)/03/10(却下)	―	
1942(S17)/02/16(却下)	―	
1926(T15)/12/06(免許)	1934(S09)/09/19(失効)	
1926(T15)/04/19(免許)	1935(S10)/08/22(失効)	
1926(T15)/08/10(取下)	―	
1917(T06)/10/30(免許)	1936(S11)10/03(起廃)	
1917(T06)/10/30(免許)	1916(T05)/05/10(失効)	
1926(T15)/04/19(却下)	―	
1926(T15)/04/19(免許)	1936(S11)/09/25（失効)	碑文谷～新宿間線の再出願。東京横浜電鉄で失効
1926(T15)/04/19(免許)	―?	支線
1926(T15)/04/19(免許)	―?	地下鉄。数回も出願で免許取得も震災で失効
1913(T02)/02/03(免許)	1934(S09)/11/11(失効)	城南鉄道から譲受。後の東京横浜電鉄
1926(T15)/05/--(却下)	―	震災のため失効
1929(S04)/10/15(却下)	―	
―	―	有楽町線。再願。地下鉄。大震災で失効
1934(S09)/02/14(却下)	―	関東大震災で未成。後に東急電鉄出願
1917(T06)/10/30(免許)	1922(T11)/09/19(失効)	
1931(S06)/11/12(却下)	―	武蔵野鉄道等と並行
1916(T05)/01/24(却下)	―	
1918(T07)/03/30(却下)	―	
1918(T07)/07/22(却下)	―	
1918(T07)/03/17(免許)	―?	4回目で免許取得
1925(T15)/06/27(却下)	―	
1929(S04)/10/26(却下)	―	
1919(T08)/01/07(免許)	1920(T09)/08/29(引継)	1924年8月に小金井電鉄から出願権譲受後に見直し
1920(T09)/03/17(免許)	1924(T13)/09/02(失効)	軌道。鳩ヶ谷線、経営不可能で取下げ。市営に譲渡
1921(T10)/08/26(免許)	1926(T15)/05/--(失効)	中野線。軌道。市営に譲渡
1914(T03)/04/08(免許)	1930(S05)/05/08(失効)	中野線
1926(T15)/04/19(免許)	1936(S11)/01/23(取下)	練馬線の分岐線。市営に譲渡
----(S--)/--/--(却下)	―	1924年に池袋電鉄から申請権譲受
1925(T14)/03/03(特許)	?	後の西武鉄道
―(?)		
―	1924(T13)/--/--(譲渡)	西武鉄道へ譲渡
1929(S04)/10/26(却下)	―	
1924(T13)/11/14(免許)	―?(失効)	
1929(S04)/01/22(却下)	―	経営不安で却下
1926(T15)/04/19(特許)	1935(S10)/08/22(失効)	
1929(S04)/05/20(特許)	1935(S10)/08/22(失効)	
1926(T15)/11/20(特許)	1934(S09)/06/08(失効)	
(却下)	―	トロリーバス
(却下)	―	トロリーバス

◆昭和戦前

会社名	起点	終点	出願・計画日	
池上電気鉄道	新奥沢(世田谷区)	国分寺(国分寺市)	1927(S02)/06/04(出願)	
池上電気鉄道	日本橋・下槙町(中央区)	城辺河岸(中央区)	1929(S04)/12/09(出願)	
池上電気鉄道	大崎・袖ケ浦(品川区)	南千住(荒川区)	1929(S04)/12/09(出願)	
上野懸垂電車鉄道	上野駅(台東区)	上野動物園(台東区)	1928(S03)/11/02(出願)	
東京横浜電鉄	羽田町(大田区)	池上(大田区)	1928(S03)/08/08(出願)	
東京横浜電鉄	羽田町(大田区)	川崎市(神奈川県)	1928(S03)/08/08(出願)	
大森電気鉄道	入新井(大田区)	日吉(神奈川県)	1930(S05)/09/01(出願)	
金町電気鉄道	金町(葛飾区)	荻窪(杉並区)	1927(S02)/11/05(出願)	
金町電気鉄道	荻窪(杉並区)	鶴見(神奈川県)	1927(S02)/11/05(出願)	
鎌倉急行電気鉄道	玉川村(世田谷区)	新宿(新宿区)	1928(S03)/01/25(出願)	
鎌倉急行電気鉄道	渋谷駅前(渋谷区)	鎌倉(神奈川県)	1928(S03)/01/25(出願)	
環状電気軌道	洲崎(江東区)	御殿山(品川区)	1938(S13)/10/16(出願)	
京成電気軌道	青砥(葛飾区)	松戸(千葉県)	一?(出願)	
京成電気軌道	青砥(葛飾区)	松戸(千葉県)	一?(出願)	
京成電気軌道	千住(足立区)	栗原町(足立区)	一?(出願)	
京成電気軌道	千住大橋(足立区)	西新井(足立区)	一?(出願)	
京浜地下鉄道	品川(港区)	新橋(港区)	1936(S11)/12/24(出願)	
京浜地下鉄道	品川(港区)	浦賀(神奈川県)	一	
京浜電気鉄道	大崎町(品川区)	高島町(神奈川県)	1928(S03)/03/13(出願)	
京浜電気鉄道	京浜蒲田(大田区)	五反田(品川区)	一?(出願)	
京浜電気鉄道	荏原中延(大田区)	池上(大田区)	一?(出願)	
京浜無軌道電車	北品川(品川区)	神奈川駅前(神奈川県)	1928(S03)/10/02(出願)	
国有鉄道(弾丸列車)	東京(?区)	下関(山口県)	1940(S15)/03/--(構想)	
鈴木三郎助他	北品川(品川区)	神奈川駅前(神奈川県)	1927(S02)/10/02(出願)	
渋谷急行電鉄	松原(世田谷区)	高円寺(杉並区)	1928(S03)/05/--(出願)	
隅田川電気鉄道	日暮里(荒川区)	吾妻町(墨田区)	1928(S03)/03/26(出願)	
西武鉄道(旧)	沼袋(中野区)	東長崎(豊島区)	1945(S20)/02/15(出願)	
西武鉄道(旧)	護国寺(文京区)	秋葉原駅(千代田区)	1928(S03)/09/12(出願)	
西武鉄道(旧)	角筈(新宿区)	国立(国立市)	1929(S04)/--/--(出願)	
西武鉄道(旧)	淀橋(新宿区)	立川町(立川市)	1927(S02)/04/--(出願)	
西武鉄道(旧)	下落合(新宿区)	国鉄新宿駅前(新宿区)	1935(S10)/09/20(出願)	
西武鉄道(旧)	高田馬場(新宿区)	新宿(新宿区)	1937(S12)/09/04(出願)	
大東京鉄道←金町電鉄	荻窪(杉並区)	大宮(埼玉県)	1927(S02)/11/05(出願)	
大東京鉄道←金町電鉄	荻窪(杉並区)	金町(葛飾区)	1927(S02)/11/05(出願)	
大東京鉄道←金町電鉄	荻窪(杉並区)	鶴見(神奈川県)	1927(S02)/11/05(出願)	
大東京鉄道←金町電鉄	尾久町(北区)	尾久町(北区)	一?(出願)	
大東京鉄道←金町電鉄	日暮里(荒川区)	越ケ谷(埼玉県)	一?(出願)	
大東京鉄道←金町電鉄	日暮里(荒川区)	野田(千葉県)	一?(出願)	
大東京鉄道←金町電鉄	淀橋町(新宿区)	中新井(埼玉県)	1928(S03)/07/06(出願)	
多摩鉄道	渋谷(渋谷区)	府中(府中市)	一?(出願)	
中央急行電鉄	杉並村(杉並区)	大宮町(埼玉県)	1929(S04)/05/--(出願)	
中央急行電鉄	荻窪(杉並区)	川越市(埼玉県)	1929(S04)/05/--(出願)	
中央急行電鉄	上練馬(練馬区)	西巣鴨(豊島区)	1929(S04)/05/--(出願)	
中央急行電鉄	杉並村(杉並区)	横浜市(神奈川県)	1929(S04)/05/--(出願)	
中央急行電鉄	杉並村(杉並区)	淀橋町(新宿区)	1929(S04)/05/--(出願)	
筑波高速鉄道	千住(足立区)	本田町(葛飾区)	一?(出願)	
筑波高速鉄道	日暮里(荒川区)	筑波山(茨城県)	一?(出願)	
筑波高速鉄道	田端(北区)	筑波山(茨城県)	1928(S03)/06/--(出願)	
筑波高速鉄道	日暮里(荒川区)	上野(台東区)	一?(出願)	
筑波高速鉄道	南千住(荒川区)	野田(千葉県)	一?(出願)	
鶴見臨港鉄道	大森(大田区)	浜川崎(川崎)	一?(出願)	
東京山手急行電鉄	駒込(豊島区)	西平井(江戸川区)	1926(T15)/09/--(出願)	
東京山手急行電鉄	大井町(品川区)	駒込(豊島区)	1936(S11)/01/23(出願)	
東京横浜電鉄	自由ヶ丘(目黒区)	成城学園(世田谷区)	一?(出願)	
東京横浜電鉄	蒲田(大田区)	五反田(品川区)	一?(出願)	
東京急行電鉄	泉岳寺(港区)	桐ケ谷(大田区)	一?(出願)	
東京横浜電鉄	自由ヶ丘(目黒区)	成城学園(世田谷区)	一?(出願)	
東京横浜電鉄	多磨村(多磨)	津久井郡川尻(神奈川県)	一?(出願)	
東京横浜電鉄	大井村(大田区)	矢口村(大田区)	一?(出願)	
東京横浜電鉄	東京(?区)	大阪(大阪府)	1939(S14)/--/頃(構想)	
東京鎌倉急行電鉄	新宿(新宿区)	玉川(世田谷区)	1928(S03)/01/25(出願)	
東京鎌倉急行電鉄	渋谷(渋谷区)	鎌倉(神奈川県)	1929(S04)/03/26(出願)	
東京鎌倉高速度電鉄	大崎町(品川区)	鎌倉(神奈川県)	1928(S03)/09/03(出願)	
東京川越電気鉄道	大久保(新宿区)	川越市(埼玉県)	1928(S03)/10/15(出願)	
東京川越電気鉄道	高田馬場(新宿区)	所沢(埼玉県)	1928(S03)/--/--(出願)	
東京山手急行電鉄	渋谷(渋谷区)	東村山(東村山市)	1927(S02)/01/08(出願)	
東京山手急行電鉄	大井町(品川区)	駒込(豊島区)	1936(S11)/01/23(出願)	

免許・特許・却下日等	失効(廃業)日	
1927(S02)/12/16(免許)	1930(S05)/07/01(失効)	新奥沢線延伸線。目蒲電鉄の妨害で未成
1934(S09)/02/14(却下)	—	1934年に東京横浜電鉄へ合併
1934(S09)/02/14(却下)	—	東京高速鉄道・山手急行との競合で却下
1929(S04)/05/17(却下)	—	懸垂式モノレール。「美観を汚す恐れ」で却下
1929(S04)/07/02(却下)	—	
1929(S04)/07/02(却下)	—	後の目蒲電鉄。東京湾鉄道等との競合で却下
1933(S08)/04/02(却下)	—	
1928(S03)/02/27(免許)	1935(S10)/12/29(失効)	大東京鉄道に免許譲渡
1928(S03)/06/30(免許)	1935(S10)/12/29(失効)	大東京鉄道に免許譲渡
1929(S04)/07/02(免許)	'— ?	支線
1929(S04)/07/02(免許)	1935(S10)/07/09(取下)	本線。免許証紛失に伴う免許返納
1942(S17)/04/07(却下)	—	都市計画環状線に競合し却下
1929(S04)/06/03(特許)	'— ?	旧筑波線を特許に切替。1945年に京成電鉄と改称
1933(S08)/03/27(特許)	1936(S11)/06/04(失効)	再出願
1931(S06)/12/11(特許)	1936(S11)/11/11(失効)	
1931(S06)/12/11(特許)	1936(S11)/11/14(失効)	開業線(日暮里～青砥間)残存線
1941(S16)/07/15(譲受)	1940(S15)/07/15(失効)	東京地下鉄道から譲受。営団発足で解散
1941(S16)/07/-(構想)	—	京浜地下道延伸直通線。
1928(S03)/05/19(却下)	—	
1928(S02)/05/--(免許)	'— ?	1948年に京成電鉄と改称
1928(S03)/11/--(免許)	'— ?	
1929(S04)/06/29(却下)	—	無軌条(トロリーバス)
※鉄道省(構想)	1944(S19)/06/-(断念)-	1940年の広軌幹線鉄道(弾丸列車)計画
?(却下)	—	
1930S05)/-7/--(却下)		
1931(S06)/06/09(却下)	—	
'1949(S24)/08/--(却下)	—	
1933(S08)/12/25(却下)	—	
—?	—	新宿～立川間の変更
1927(S02)/04/19(免許)	1941(S16)/--/--(失効)	
1937(S12)/09/04(取下)		国鉄新宿駅へ乗り入れ
1944(S19)/06/--(取下)		国鉄新宿駅乗り入れ断念
1928(S03)/02/27(免許)	1935(S10)/12/29(失効)	支線。旧金町電気鉄道
1928(S03)/02/27(免許)	1935(S10)/05/14(失効)	旧金町電気鉄道
1928(T03)/06/30(免許)	1935(S10)/12/29(失効)	支線。旧金町電気鉄道
1928(S03)/06/09(免許)	1967(S42)/--/--(失効)	
1928(S03)/06/09(免許)	1967(S42)/--/--(失効)	旧北武電気鉄道
1928(S03)/06/09(免許)	1967(S42)/--/--(譲受)	旧北武鉄道免許線を譲受
1930(S05)/11/12(?)	'— ?	中新井は所沢市の地名
'1927(S02)/04/19(却下)	—	
1930(S05)/11/12(却下)	—	
1930(S05)/11/12(却下)	—	
1930(S05)/11/12(却下)	—	
1930(S05)/11/12(却下)	—	
1930(S05)/11/12(却下)	—	
1929(S04)/06/03(免許)	1931(S06)/12/11(失効)	起業廃止
1928(S03)/03/12(免許)	1931(S06)/12/15(譲渡)	免許を京成電軌に譲渡
1929(S04)/02/08(免許)	1931(S06)/12/15(譲渡)	再出願。起点を田端→日暮里に変更。
1929(S04)/02/08(免許)	1933(S08)/03/29(譲受)	日暮里～上野間延伸線免許
1928(S03)/03/-----(?)	—	
1929(S04)/06/29(免許)	1944(19)/11/18(失効)	
1927(S02)/04/19(免許)	1936(S11)/01/23(失効)	東京電気鉄道から東京山手急行へ引継ぎ
1929(S04)/01/23(免許)	1940(S15)/04/27(失効)	当初線のルート変更。帝都電鉄が引継ぎ
1934(S09)/07/28(免許)	1944(S19)/09/18(失効)	1942年に東急電鉄と改称
1928(S03)/05/19(免許)	1958(S33)/02/17(失効)	浅草線と直通構想も
1964(S39)/12/28(免許)	1968(S43)/09/24(失効)	後に地下鉄三田線と直通。桐ケ谷は廃駅
1933(S08)/09/23(免許)	'— ?	後の東急電鉄
1940(S15)/11/20(免許)	1934(S09)/04/30(失効)	
1928(S03)/05/19(?)	—	
	—	東急電鉄・五島慶太の私案。弾丸列車
1929(S04)/07/02(却下)	—	支線
1929(S04)/10/02(却下)	—	本線。鎌倉急行と競合で却下
1929(S04)/10/02(却下)	—	東京鎌倉急行と競願で却下
1930(S05)/11/12(却下)	—	
	—	
1927(S02)/04/19(却下)	—	渋谷～吉祥寺間構想・敷設
	1940(S15)/04/27(失効)	駒込～西平井間取下げ。帝都電鉄に引継ぎ

会社名	起点	終点	出願・計画日	
東京高速電気鉄道	渋谷町(渋谷区)	世田谷町(世田谷区)	1937(S12)/06/15(出願)	
東京高速電気鉄道	四谷見附(新宿区)	赤坂見附(港区)	―?(出願)	
東京西北電気鉄道	池袋(豊島区)	大和田町(埼玉県)	―?(出願)	
東京大師電鉄	池上(大田区)	大崎町(品川区)	1928(S03)/01/04(出願)	
東京市電	請地(墨田区)	浅草(台東区)	―?(出願)	
東京市電	浅草蔵前1(台東区)	石原町1(墨田区)	―?(出願)	
東京都電	三田(港区)	泉岳寺(港区)	―?(出願)	
東京野田急行鉄道	岩淵町(北区)	野田町(千葉県)	1928(S03)/03/13(出願)	
豊島懸垂電車	新宿(新宿区)	豊島園(練馬区)	1929(S04)/05/15(出願)	
東京地下鉄道	三田(港区)	馬込(大田区)	―?(出願)	
東武鉄道	西高島平(板橋区)	和光市(埼玉県)	―?(出願)	
日光急行電気鉄道	南千住(荒川区)	日光(栃木県)	1928(S03)/07/07(出願)	
日東電気鉄道	上野(台東区)	日光(栃木県)	1928(S03)/09/14(出願)	
日本飛行鉄道	淀橋(新宿区)	平塚(神奈川県)	1929(S04)/03/27(出願)	
野田急行電鉄	岩淵町(北区)	野田(千葉県)	―?(出願)	
羽田航空電鉄	蒲田町(大田区)	羽田空港(大田区)	1931(S06)/03/20(出願)	
東神鉄道	恵比寿町(渋谷区)	大磯町(神奈川県)	1928(S03)/08/02(出願)	
武州鉄道	赤羽(北区)	鳩ヶ谷(埼玉県)	1928(S03)/02/01(出願)	
武州鉄道	岩淵町(北区)	鳩ヶ谷(埼玉県)	―?(出願)	
北武電気鉄道	巣鴨(豊島区)	鳩ヶ谷(埼玉県)	―?(出願)	
南武蔵鉄道	碑衾(目黒区)	駒沢(世田谷区)	―?(出願)	
武蔵中央電気鉄道	上り屋敷(豊島区)	音羽・護国寺(文京区)	―?(出願)	
武蔵電気鉄道	祐天寺(目黒区)	有楽町(千代田区)	1926(S03)/09/--(出願)	
武蔵電気鉄道	渋谷(渋谷区)	巣鴨(豊島区)	1928(S03)/09/07(出願)	
武蔵電気鉄道	二ノ橋(港区)	東京駅(千代田区)	1929(S04)/05/28(出願)	
武蔵電気鉄道	祐天寺(目黒区)	駒沢(世田谷区)	1928(S03)/08/25(出願)	
武蔵野鉄道※	池袋(豊島区)	護国寺(文京区)	1938(S13)/07/28(出願)	
武蔵野鉄道	西巣鴨(豊島区)	新宿(新宿区)	―?(出願)	
武蔵野鉄道	池袋(豊島区)	千住(足立区)	1935(S10)/09/20(出願)	
武蔵野鉄道	上り屋敷(豊島区)	護国寺(文京区)	―?(出願)	
武蔵野鉄道	池袋駅前(豊島区)	雑司ヶ谷(豊島区)	1937(S12)/09/04(出願)	
武蔵野鉄道	野方町(中野区)	囲町(中野駅前)	1928(S03)/03/23(出願)	
武蔵野鉄道	池袋(豊島区)	巣鴨(豊島区)	1928(S03)/09/10(出願)	
武蔵野鉄道	東長崎駅(豊島区)	新宿(新宿区)	1933(S08)/02/23(出願)	
武蔵野鉄道	高田(池袋駅前)	下練馬(練馬区)	1928(S03)/05/--(出願)	
武蔵野鉄道	雑司ヶ谷(豊島区)	下戸塚(新宿区)	1928(S03)/05/--(出願)	
武蔵野鉄道	池袋(豊島区)	王子町(北区)	1927(S02)/10/--(出願)	
目黒玉川鉄道	目黒(品川区)	玉川村(世田谷区)	―?(出願)	
早稲田板橋電気軌道	早稲田(新宿区)	板橋駅(板橋区)	―?(出願)	
早稲田電鉄	早稲田電停(新宿区)	岩淵(北区)	―?(出願)	
早稲田電鉄	落合町(新宿区)	中野(中野区)	―?(出願)	
鎌倉急行電気鉄道	渋谷(渋谷区)	鎌倉(神奈川県)	1928(S03)/01/25(出願)	
鎌倉急行電気鉄道	渋谷(渋谷区)	万世橋(千代田区)	1929(S04)/10/22(出願)	

◆昭和戦後

会社名	起点	終点	出願・計画日	
営団地下鉄※	浅草(台東区)	三ノ輪(台東区)	1972(S47)/03/21(答申)	
営団地下鉄	目黒(品川区)	浦和東部(埼玉県)	1972(S47)/03/21(答申)	
営団地下鉄	渋谷(渋谷区)	大橋(目黒区)	1957(S32)/--/--(告示)	
営団地下鉄	大手町(千代田区)	下板橋(板橋区)	1957(S32)/--/--(告示)	
営団地下鉄	池袋(豊島区)	向原(板橋区)	1957(S32)/--/--(告示)	
営団地下鉄	浅草(台東区)	三ノ輪(台東区)	1962(S37)/--/--(答申)	
営団地下鉄	池袋(豊島区)	成増(板橋区)	1962(S37)/--/--(答申)	
営団地下鉄	押上(墨田区)	松戸(千葉県)	1985(S60)/07/11(答申)	
小田急電鉄	南新宿(新宿区)	東京駅(千代田区)	1948(S23)/08/31(出願)	
小田急電鉄	参宮橋(渋谷区)	八重洲口(中央区)	1956(S31)/02/23(出願)	
小田急電鉄	喜多見(世田谷区)	稲城本町(稲城市)	1964(S39)/01/27(出願)	
京王帝都電鉄	南新宿(新宿区)	東京駅前(千代田区)	1947(S22)/06/24(出願)	
京王帝都電鉄	久我山(杉並区)	田無(西東京市)	1948(S23)/12/20(出願)	
京王帝都電鉄	新宿(新宿区)	富士見ヶ丘(杉並区)	1954(S29)/08/10(出願)	
京王帝都電鉄	富士見ヶ丘(杉並区)	西国立(国立市)	1955(S30)/12/27(出願)	
京王帝都電鉄	新宿(新宿区)	両国(墨田区)	1955(S30)/11/18(出願)	
京王帝都電鉄	神楽坂(新宿区)	上野(台東区)	1955(S30)/12/27(出願)	
京成電鉄	上野公園(墨田区)	新宿(新宿区)	1948(S23)/01/31(出願)	
京成電鉄	押上(墨田区)	有楽町(千代田区)	1950(S25)/08/01(出願)	
京成電鉄	押上(墨田区)	錦糸町駅前(墨田区)	1948(S23)/07/25(出願)	
京成電鉄	押上(墨田区)	日暮里(荒川区)	1948(S23)/07/25(出願)	

免許·特許·却下日等	失効(廃業)日	
1928(S03)/05/10(却下)	—	渋谷線
1937(S12)/02/12(却下)	—	
1929(S04)/06/29(免許)	1942(S17)/01/06(失効)	
1928(S03)/05/19(却下)	—	
1931(S06)/07/21(特許)	1947(S22)/12/20(失効)	請地は曳舟駅付近。免許時は東京市、失効時は東京都
1929(S04)/07/17(特許)	1960(S35)/06/08(失効)	免許時は東京市、失効時は東京都
1964(S39)/12/18(免許)	1989(S64)/05/24(失効)	三田線の残存。別途に目黒へ乗り入れ免許も
1928(S03)/06/09(却下)	—	
1931(S06)/04/07(却下)	—	懸垂式モノレール
1928(S03)/05/19(免許)	—?	品川駅進出線
1964(S39)/12/18(免許)	1972(S47)/12/21(部分譲渡)	三田線と東上線の直通構想。高島平～西高島平間は都に譲渡
?	—	
?	—	
1929(S04)/06/29(却下)	—	懸垂式モノレール。小田急と競合
1928(S03)/06/09(却下)	—	
1931(S06)/10/20(却下)	—	懸垂式モノレール。京浜電鉄と競合で却下
1929(S04)/07/02(免許)	—	
1928(S03)/02/01(免許)	1935(S10)/06/03(失効)	
1928(S03)/02/01(免許)	1935(S10)/06/03(失効)	
1928(S03)/06/--(却下)	—	
1929(S04)/05/20(免許)	1935(S10)/08/22(失効)	
1928(S03)/12/27(免許)	1929(S04)/10/25(失効)	池袋南側の支線。森口「未成線を歩く」
1927(S02)/04/19(免許)	1929(S04)/05/(路線変更)	有楽町線·地下式か高架式
1934(S09)/02/14(却下)	—	※後の東急電鉄
1935(S10)/01/17(却下)	—	
?	—	1924/10·東京横浜電鉄と改称
1938(S13)/10/01(却下)	'— ?	※1945年·西武鉄道(現池袋線)に改称
1929(S04)/06/03(特許)	1931(S06)/12/15 (失効)	
1937(S12)/09/04(取下)	—	軌道。千住線、経営不可能で取下げ。市営に譲渡
1928(S03)12/27(特許)	1938(S13)/10/25(譲渡)	上り屋敷駅は現廃駅。特許線は東京市に譲渡
	1944(S19)/06/--(取下)	軌道。高田線、経営不可能で取下げ·市営に譲渡
?	—	〃
1928(S03)/11/06(却下)	—	
1934(S09)/05/11(却下)	—	交通状態から不必要
1930(S05)/07/--(却下)	—	軌道。練馬線、経営不可能で取下げ·市営に譲渡
1930(S05)/07/--(却下)	—	〃
1934(S09)/10/--(却下)	—	軌道。王子線、市営に譲渡
1927(S02)/12/27(特許)	1933(S08)/03/29(失効)	
1927(S02)/04/19(却下)	—	西武鉄道と競願で却下
1927(S02)/04/19(免許)	1935(S10)/08/22(失効)	西武鉄道·山手急行と競願で却下
1929(S04)/06/03(免許)	1935(S10)/08/22(失効)	西武鉄道と競願で却下
1929(S04)/06/29(却下)	'— ?	
1934(S09)/02/14(却下)	—	東京市高速度鉄道と競合で却下

免許·特許·却下日等	失効(廃業)日	
※銀座線延伸計画	※2004年·東京地下鉄(東京メトロ)に改称	1972(S47)都市交通審議会答申も未成
※南北線延伸計画	—	都交審1972(S47)年答申(岩淵～浦和東部間)未成
※銀座線延伸計画	—	1957年·建設省告示東京都都市計画高速鉄道路網
※丸ノ内線延伸計画	—	1957年·建設省告示東京都都市計画高速鉄道路網
※東西線延伸計画	—	1957年·建設省告示東京都都市計画高速鉄道路網
※丸ノ内線延伸計画	—	1962年·東京都都市計画高速鉄道網
※丸ノ内線延伸計画	—	1962年·都市交通審議会答申
※半蔵門線延伸計画	—	半蔵門線。※1985·2000運政審·2016交政審答申
1956(S31)/02/23(取下)	—	地下鉄で東京駅乗入計画も国の意向で取下げ
?(取下)	—	地下鉄、東武と連絡計画
1967(S42)/06/01(免許)	1967(S42)/06/01(取下)	現多摩線の当初計画線。森口「未成線を歩く」、「多摩のあゆみ97」
—	※1998年·京王電鉄に改称	東急時代に出願。取下げ
1958(S33)/12/16(取下)	—	三鷹線、取下げ
1957(S32)/06/--(取下)	—	部分地下鉄
1957(S32)/10/--(取下)	—	
1957(S32)/10/--(取下)	—	両国線。京王線と結ぶ地下鉄
1957(S32)/10/--(取下)	—	
1959(S25)/08/01(取下)	—	
1950(S25)/08/--(取下)	—	地下鉄計画も国の意向を受け取下げ
1950(S25)/10/26(却下)	—	無軌条(トロリーバス)
1950(S25)/10/26(却下)	—	無軌条(トロリーバス)

会社名	起点	終点	出願・計画日	
京浜急行電鉄	品川(港区)	東京駅(千代田区)	1950(S25)/01/26(出願)	
京浜急行電鉄	品川(港区)	八重洲通(中央区)	1956(S31)/02/17(出願)	
大井モノレール	大井町(品川区)	大井ふ頭(品川)区	1972(S47)/07/25(出願)	
日本国有鉄道	市ヶ谷(千代田区)	錦糸町駅(墨田区)	1957(S32)/--/--(国鉄)	
日本国有鉄道	市ヶ谷(千代田区)	西銀座(中央区)	1957(S32)/--/--(国鉄)	
日本国有鉄道	信濃町(新宿区)	錦糸町駅(墨田区)	1957(S32)/--/--(国鉄)	
日本国有鉄道	四ツ谷(新宿区)	東京駅(千代田区)	1957(S32)/--/--(国鉄)	
日本国有鉄道	東京(千代田区)	御茶ノ水(千代田区)	1957(S32)/--/--(出願)	
日本国有鉄道	茅ヶ崎(神奈川県)	東京(千代田区)	1966(S41)/07/15(答申)	
日本国有鉄道	府中本町(府中市)	川崎(神奈川県)	1985(S60)/07/11(答申)	
日本国有鉄道	大宮(埼玉県)	新宿(新宿区)	1970(S45)/05/18(法制)	
日本国有鉄道	東京(千代田区)	新宿等(新宿区)	1964(S39)/06/--(計画)	
新京成電鉄	柴又(葛飾区)	松戸(千葉県)	1956(S31)/01/31(出願)	
西武鉄道	西武新宿(新宿区)	国鉄・新宿駅(新宿区)	1946(S21)/08/--(出願)	
西武鉄道	武蔵境(武蔵野市)	武蔵関(練馬区)	1949(S24)/10/20(出願)	
西武鉄道	西鷺ノ宮(中野区)	富士見台(練馬区)	1950(S25)/01/06(出願)	
西武鉄道	杉並車庫前(杉並区)	多磨墓地(府中市)	1950(S25)/09/15(出願)	
西武鉄道	新宿西口(新宿区)	荻窪北口(杉並区)	1950(S25)/11/01(出願)	
西武鉄道	新宿(新宿区)	立川(立川市)		
西武鉄道(無軌条)	新宿駅西口(新宿区)	荻窪駅北口(杉並区)	1949(S24)/06/03(出願)	
営団地下鉄新線計画	芦花公園(世田谷区)	麻布(港区)	1962(S37)/--/--(答申)	
営団地下鉄新線計画	中村橋(練馬区)	錦糸町(墨田区)	1962(S37)/--/--(答申)	
中央新幹線	新宿(新宿区)	甲府付近(山梨県)	1965(S40)/--/--(国鉄)	
通勤新幹線	東京駅(千代田区)	新空港付近(千葉県)	1965(S40)/--/--(国鉄)	
通勤新幹線	東京駅(千代田区)	水戸(茨城県)	1965(S40)/--/--(国鉄)	
通勤新幹線	東京駅(千代田区)	宇都宮(栃木県)	1965(S40)/--/--(国鉄)	
通勤新幹線	東京駅(千代田区)	高崎(群馬県)	1965(S40)/--/--(国鉄)	
通勤新幹線	東京駅(千代田区)	平塚付近(神奈川県)	1965(S40)/--/--(国鉄)	
都営地下鉄13号線	渋谷(渋谷区)	羽田空港(大田区)	1973(S49)/--/--(答申)	
東京急行電鉄	渋谷(渋谷区)	新宿(新宿区)	1947(S22)/05/16(出願)	
東京急行電鉄	目黒(品川区)	広尾(港区)	1947(S22)/06/24(出願)	
東京急行電鉄	品川(港区)	五反田(品川区)	1949(S24)/--/--(出願)	
東京急行電鉄	泉岳寺(港区)	桐ケ谷(品川区)	ー?(出願)	
東京急行電鉄	世田谷上町(世田谷区)	新玉浄水場(世田谷区)	1948(S23)/08/16(出願)	
東京急行電鉄	渋谷(渋谷区)	東京(千代田区)	1948(S23)/08/31(出願)	
東京急行電鉄	中目黒(目黒区)	東京駅(千代田区)	1948(S23)/08/31(出願)	
東京急行電鉄	南新宿(新宿区)	東京駅(千代田区)	1948(S23)/08/31(出願)	
東京急行電鉄	品川(港区)	新橋(港区)	1948(S23)/08/31(出願)	
東京急行電鉄	五反田(品川区)	品川(港区)	1949(S24)/05/16(出願)	
東京急行電鉄	五反田(品川区)	品川(港区)	1950(S25)/--/--(出願)	
東京急行電鉄	渋谷(渋谷区)	二子玉川(世田谷区)	1956(S31)/07/--(出願)	
東京都営交通	練馬(練馬区)	月島(中央区)	1985(S60)/07/11(答申)	
東京都営交通	二子玉川(世田谷区)	松戸(千葉県)	1985(S60)/07/11(答申)	
東京都営交通	町田方面(町田市)	新百合ヶ丘(神奈川県)	1985(S60)/07/11(答申)	
東京都営地下鉄	下板橋(板橋区)	巣鴨(豊島区)	1956(S31)/08/14(答申)	
東京都営地下鉄	祐天寺(目黒区)	恵比寿(渋谷区)	1956(S31)/08/14(答申)	
東京都営地下鉄	三田(港区)	桐ケ谷(品川区)	1968(S43)/04/10(答申)	
東京都営地下鉄	京成高砂(葛飾区)	小室(千葉県)	1972(S47)/交通審答申	
東京都営地下鉄	東大島(江東区)	印旛日本医大(千葉県)	1972(S47)/交通審答申	
東京都営地下鉄	西馬込(大田区)	神奈川県方面	1985(S60)/07/11(答申)	
東京都営地下鉄	馬込(大田区)	品川(港区)	1985(S60)/07/11(答申)	
東京都営地下鉄	豊洲(江東区)	武蔵野方面	1956(S31)/08/14(答申)	
東京都営地下鉄	西高島平(板橋区)	指扇(埼玉県)	1972(S47)/03/01(答申)	
東京都営地下鉄	光が丘駅(練馬区)	大泉学園町(練馬区)	1988(S63)/(地元発起)	
東京モノレール	新橋(港区)	浜松町(港区)	1959(S34)/10/19(出願)	
東京モノレール	羽田整備場(大田区)	新東ターミナル(大田区)	1985(S60)/06/18(出願)	
東武鉄道	北千住(足立区)	新橋(港区)	1955(S30)/12/24(出願)	
東武鉄道	浜松町(港区)	新橋(港区)	1955(S30)/12/24(出願)	
東武鉄道	北千住(足立区)	東京八重洲(中央区)	1956(S31)/04/01(出願)	
東武鉄道	上板橋(板橋区)	旧啓志(練馬区)	1959(S34)/07/22(購入)	
日本エアウェイ開発	大手町(千代田区)	三鷹(三鷹市)	1961(S36)/03/14(出願)	
日本エアウェイ開発	大手町(千代田区)	五井(千葉県)	1961(S36)/11/--(出願)	
日本エアウェイ開発	蒲田(大田区)	山下公園(神奈川県)	1961(S36)/11/--(出願)	
日本電波塔	浜松町(港区)	東京タワー(港区)	1961(S36)/--/--(出願)	
日本高架電鉄	横浜(神奈川県)	羽田空港(大田区)	1962(S37)/05/07(出願)	
日本高架電鉄	蒲田(大田区)	羽田空港(大田区)	1962(S37)/03/20(出願)	
武蔵野鉄道	池袋(豊島区)	西巣鴨(豊島区)	1946(S21)/08/--(出願)	
山手観光	新橋(港区)	羽田空港(大田区)	1959(S34)/10/19(出願)	
国有鉄道(成田新幹線)	東京駅(千代田区)	成田(千葉県)	1970(S45)/05/18(法制)	

免許・特許・却下日等	失効(廃業)日	
1956(S31)/02/17(取下)	—	地下鉄計画も取下げ
—	—	京成と連絡計画。1956(S31)出願線とは別線。
1982(S57)/01/25(取下)	—	※跨座式モノレール
—	—	1957年・建設省告示東京都市計画高速鉄道路網
—	—	1957年・国鉄東京地区新線整備計画
—	—	1957年・国鉄東京地区新線整備計画
—	—	1957年・国鉄東京地区新線整備計画
—	—	国鉄理事会
—	—	通勤新線。※1966(S41)都交審答申
—	—	武蔵野線。1985年運政審答申も川崎市計画変更で削除
—	—	上越新幹線。1970年新幹線整備法(本来は新宿駅起点)
5方面に計画	—	通勤新線(国鉄第3次長期計画)
1962(S37)/07/16(免許)	1970(S45)/07/--(失効)	柴又線。柴又方面延伸線
1948(S23)/03/29(免許)	1965(S40)/03/29(失効)	国鉄新宿駅乗入線。高田馬場〜西武新宿間敷設。
1958(S33)/10/10(取下)	—	京王電軌軌無線への対抗線
1958(S33)/10/16(取下)	—	新宿・池袋線短絡線構想。西鷺ノ宮駅は廃駅
—	1958(S33)/10/16(取下)	京王電軌軌無線への対抗線
1951(S26)/02/14(却下)	—	無軌条電車(トロリーバス)。敷設後に都に譲渡計画
'1927(S02)/--/--(免許)	1941(S16)/05/14(失効)	
'1951(S26)/04/14(却下)	—	
京王線と相互直通	—	1962年・東京都都市計画高速鉄道路網
西武線と相互直通	—	1962年・東京都都市計画高速鉄道路網
—	—	1965年・日本国有鉄道策定
—	—	1965年・日本国有鉄道策定
—	—	1965年・日本国有鉄道策定
—	—	1965年・日本国有鉄道策定
—	—	1965年・日本国有鉄道策定
—	—	都市交通審議会答申、東京港臨海部鉄道計画調査報告書
1957(S32)/11/--(取下)	—	地下鉄。都の反対で取下げ
1957(S32)/11/--(取下)	—	地下鉄
1957(S32)/--/--(取下)	—	池上線延伸
1964(S39)/12/--(免許)	1968((S43)/07/--(失効)	都市交通審議会答申を受けて
1959(S34)/04/--(取下)	—	
1957(S32)/11/--(取下)	—	
1957(S32)/11/--(取下)	—	地下鉄構想。都反対で取下げ
—	—	
—	—	
—	1957(S32)/11/--(取下)	
—	1957(S32)/11/--(取下)	
—	1968(S43)/09/24(失効)	地下鉄銀座線の新玉川線乗入計画
—	—	1985年・運政審答申(東京8号線部分未成)
—	—	1985年・運政審答申(東京11号線・直通未成)
—	—	1985年・運政審答申(東京9号線直通未成)
—	—	1956年・都市交通審議会答申も未成
—	—	1956年・都市交通審議会答申も未成
—	—	1968年・都市交通審議会答申も三田以西が浅草線と同一ルートで見直し
—	—	1972年・都市交通審議会答申
—	—	1972年・都市交通審議会答申
—	—	1985年・運輸政審答申も2000年同審議会で削除
—	—	1985年・運輸政審答申も2000年同審議会で削除
—	—	1956年・都市交通審議会答申(部分未成)
(三田線延伸計画)	—	1985年・運輸政策審議会答申で削除
(大江戸線延伸計画)	—	東京都広域交通ネットワーク計画で検討
1961(S36)/12/26(免許)	1966(S41)/01/31(失効)	大和観光・日本高架電鉄を受けて敷設も新橋発は失効
1885(S60)/07/24(免許)	—	東京モノレール延伸構想
?(取下)	—	都心直結線併用線。※ルート変更
1960(S35)/12/26(免許)	1966(S41)/01/31(失効)	建設区間短縮
—	1957(S32)/09/30(?)	終点駅変更によるルート変更
(免許)	1985(S40)/--/頃(失効)	旧GHQ啓志線。旅客輸送計画
1961(S36)/08/08(取下)	—	懸垂式モノレール
1967(S42)/01/30(取下)	—	懸垂式モノレール
1967(S42)/01/30(取下)	—	懸垂式モノレール
1968(S43)/--/--(免許)	(取下)	
1963(S38)12/21(免許)	1989(S64)/02/--(失効)	路線免許取得目的
1968(S43)/08/17(取下)	—	跨座敷モノレール
1948(S23)/03/29(免許)	1965(S40)/03/29(取下)	17年後却下。軌道
1961(S36)/01/14(取下)	—	1960年6月に日本高架電と改称し取下
—	1989(S64)/04/01(中断)	成田新幹線。1970年新幹線整備法

◆平成・令和時代

会社名	起点	終点	出願・計画日等	
池袋LRT	池袋駅東口(豊島区)	サンシャイン(豊島区)	2016(H20)/07/--(構想)	
メトロセブン	葛西臨海公園(江戸川区)	赤羽(北区)	2016(H28)/04/20(答申)	
エイトライナー	赤羽(北区)	羽田空港(大田区)	2016(H28)/04/20(答申)	
神奈川県構想	羽田空港(大田区)	成田空港(千葉県)	2009(H21)/--/--(構想)	
江東区LRT	亀戸(江東区)	新木場(江東区)	2015(H27)/07/--(検討)	
江東区ロープウェイ	有明(江東区)	汐留(港区)	2014(H26)/04/16(答申)	
品川地下鉄	都心部	品川(港区)	2016(H28)/04/20(答申)	
JR東海※	品川(港区)	新大阪(大阪)	2011(H23)/05/26(構想)	
JR東日本	新宿(新宿区)	大宮(埼玉県)	1970(S45)/05/18(法律)	
JR東日本	新木場(江東区)	津田沼(千葉県)	2016(H28)/04/20(答申)	
JR東日本	新木場(江東区)	津田沼(千葉県)	2016(H28)/04/20(答申)	
JR東日本	東京駅(千代田区)	三鷹(三鷹)	2016(H28)/04/20(答申)	
JR東日本	田町駅周辺(港区)	羽田空港国内線ターミナル(大田区)	2016(H28)/04/20(答申)	
JR東日本	羽田空港新駅(大田区)	新宿(新宿区)	2021(R03)/01/20(構想)	
JR東日本	羽田空港新駅(大田区)	新木場(江東区)	2021(R03)/01/20(構想)	
JR東日本	羽田空港新駅(大田区)	東京駅(千代田区)	2021(R03)/01/20(構想)	
JR東日本	東京(千代田区)	成田空港(千葉県)	1970(S45)/05/18(法律)	
新蒲蒲線	矢口渡(大田区)	京急蒲田(大田区)	2016(H28)/04/20(答申)	
新金貨物線旅客化	新小岩信号場(江戸川区)	金町駅(葛飾区)	2019(H31)/03/--(構想)	
西武鉄道	上石神井(練馬区)	西武新宿(新宿区)	1993(H05)/04/--(答申)	
第3セクター	白金高輪(港区)	品川(港区)	2019(H31)/04/20(答申)	
つくばエクスプレス	秋葉原(千代田区)	東京駅(千代田区)	2016(H28)/04/20(答申)	
東海道貨物線旅客化	東京テレポート(江東区)	桜木町(神奈川県)	2016(H28)/04/20(答申)	
東海道支線	品川(港区)	桜木町(神奈川県)	2016(H28)/04/20(答申)	
東京都営地下鉄	大泉学園町(練馬区)	東所沢方面(埼玉県)	1997(H09)/-(地元発起)	
東京都営地下鉄	室町(中央区)	日本橋(中央区)	2016(H28)/04/20(答申)	
東京都営地下鉄	光が丘(練馬区)	大泉学園町(練馬区)	2016(H28)/04/20(答申)	
東京都営交通	水沼親水公園(足立区)	鳩ヶ谷(埼玉県)	2016(H28)/04/20(答申)	
東京メトロ	押上(墨田区)	野田市(千葉県)	2015(H27)/07/--(検討)	
東京メトロ	水天宮前(中央区)	松戸(千葉県)	2016(H28)/04/20(答申)	
東京メトロ	池袋(豊島区)	竹ノ塚(足立区)	1998(H10)/06/--(計画)	
東京メトロ	池袋駅(豊島区)	竹ノ塚(足立区)	1998(H10)/06/--(構想)	
東京メトロ	渋谷(渋谷区)	松戸(千葉県)	2000(H12)/01/27(答申)	
東京メトロ	押上(墨田区)	松戸(千葉県)	2015(H27)/07/--(答申)	
東京メトロ	白金高輪(港区)	品川駅(港区)	2016(H28)/04/20(答申)	
東京メトロ	押上(墨田区)	野田市(千葉県)	2016(H28)/04/20(答申)	
東京メトロ	豊洲(江東区)	住吉(江東区)	2016(H28)/04/20(答申)	
東京メトロ	臨海部(中央区)	東京駅(千代田区)	2022(R04)/11/--(答申)	
東京モノレール	浜松町(港区)	東京駅	2016(H28)/04/20(答申)	
京成・京急都心直結線	押上(墨田区)	泉岳寺(港区)	2016(H28)/04/20(答申)	
ゆりかもめ	豊洲(江東区)	新橋(港区)	2016(H28)/04/20(答申)	
ゆりかもめ	豊洲(江東区)	野田市(千葉県)	2016(H28)/04/20(答申)	
ゆりかもめ	羽田空港(大田区)	東京駅(千代田区)	2016(H28)/04/20(答申)	
臨海地域地下鉄	臨海部(中央区)	東京駅(千代田区)	2022(R04)/11/25(答申)	

※主な引用資料＝官報、鉄道院(省)年報、地方鉄道・軌道一覧、国立公文書館、東京都公文書館、国鉄百年史、各社社史、各審議会答申、朝日新聞、
　読売新聞、鉄道ピクトリアル、森口誠之・草町義和・川島令三氏著書など

免許・特許・却下日等	失効日等	備考
―	―	2016年・豊島区構想
―	―	2016年・交通政策審議会答申
―	―	2016年・交通政策審議会答申
―	―	2009年・神奈川県の羽田～成田間リニア新幹線構想
―	―	江東区計画。都広域交通計画も検討
―	―	2014年・江東区構想
―	―	2016年・交通政策審議会答申
※リニア新幹線	―	政府計画
※上越新幹線	1987(S62)/04/01(断念)	1970年・新幹線整備法
(総武線・京葉線新線)	―	総武線・京葉線接続新線。2016年・交通政策審議会答申
―	―	総武線・京葉線接続新線。2016年・交通政策審議会答申
―	―	京葉線延伸。2016年・交通政策審議会答申
―	―	羽田アクセス線。2016年・交通政策審議会答申
(羽田空港アクセス線)	―	2021年・JR東日本発表(西山手ルート)
(羽田空港アクセス線)		2021年・JR東日本発表(臨海部ルート)
(羽田空港アクセス線)		2021年・JR東日本発表(東山手ルート)
	1987(S62)/04/01(断念)	※成田新幹線。1970年の新幹線整備法
―	―	2016年・交通政策審議会答申。通称「蒲蒲線」
―	―	葛飾区等の構想。LRTも。
―	―	1993年・東京都事業計画答申
―	―	2019年・交通政策審議会
※国際展示場駅延伸計画も	―	延伸。2016年・交通政策審議会答申
―	―	2016年・交通政策審議会答申
―	―	2016年・交通政策審議会答申
(大江戸線延伸計画)	―	都市高速鉄道12号線延伸促進協議会
(浅草線延伸計画)	―	浅草線。2016年・交政審答申。
(大江戸線延伸計画)	―	1985・2000年・運政審
―	―	舎人ライナー残存線
(有楽町線延伸計画)	―	東京都広域交通ネットワーク計画で検討
(半蔵門線延伸計画)	―	2016年・交政審答申(押上～松戸間未成)
		1998年の都「広域交通ネットワーク計画」
―	―	1993年・東京都事業計画答申
	自然消滅	1993年・東京都事業計画答申
(南北線延伸計画)	―	東京メトロは東京地下鉄の愛称
(半蔵門線延伸計画)	―	2016年・交政審答申
(半蔵門線延伸計画)	―	
(半蔵門線延伸計画)	―	1985年・都交審答申線
(有楽町線延伸計画)	―	2000年・運輸政策審議会答申
―	―	2022年・東京都事業計画答申
―	―	2016年・交通政策審議会答申
(地下鉄)	―	2016年・交通政策審議会答申
―	―	2016年・交通政策審議会答申
―	―	2016年・交通政策審議会答申
		2016年・運政審新答申。東海道線等との直通運転
―	―	東京都事業計画。2016年・交政審答申

【著者プロフィール】
中村建治(なかむらけんじ)
1946(昭和21)年、山梨県大月市生まれ。明治大学政治経済学部卒。鉄道史学会会員。著書に「消えた!東京の鉄道(廃線)」「東京!消えた鉄道計画(未成線)」「消えた!東京の駅名」(イカロス出版)などの「消えた!東京の鉄道」シリーズ、「中央線誕生」「地下鉄誕生」「日本初の私鉄・日本鉄道の野望～東北線誕生」(交通新聞社)などの「鉄道誕生シリーズ」のほかに「都電荒川線の全記録」(フォト・パブリッシング)など多数。杉並区阿佐ケ谷で月1回の鉄道趣味サークルを運営中。

「東京の廃線・未成線全記録」多摩編　引き続き発売!

◆第1章(廃線編)
・東京市水道局・羽村山口軽便鉄道線(羽村堰～山口貯水池間)／福生砂利軌道線(福生駅～河岸積込所間)／五日市鉄道・立川延長線(立川～拝島間)・岩井支線(武蔵五日市～武蔵岩井間)／京王電軌・御陵線(北野～多摩御陵前間)／武蔵中央電鉄(東八王子駅前～高尾橋間)／中島飛行機東久留米駅構外線(東久留米駅～田無鋳鍛製造所間)・同(田無鋳鍛製造所～武蔵製作所間)・同(武蔵境駅～武蔵製作所間)／中武馬車鉄道(青梅森下～入間川間)／奥多摩湖ロープウエイ(川野～三頭山口間)／西武鉄道国分寺線(村山貯水池前駅)ほか

◆第2章(未成線編)
・多摩都市モノレール箱根ヶ崎線(上北台～箱根ヶ崎間)／同・町田線(八王子～町田間)／小田急電鉄・多摩ニュータウン線(喜多見～多摩センター間)／西武鉄道・多摩ニュータウン線(北多磨～多摩ニュータウン間)／京王電気軌道・国立線(府中～国立間)／西武鉄道・小金井線(多磨～武蔵小金井～玉川上水間)／京王帝都電鉄(吉祥寺～田無間等)／西武鉄道北進線(武蔵境～東伏見～東久留米間)ほか

◆第3章(廃線&未成線編)
・甲武馬車鉄道線(新宿～羽村間)／甲武鉄道新八線(新宿～八王子間)／東京都水道局・小河内線(氷川～水根積卸場間)／西武鉄道・奥多摩観光線(氷川～奥多摩湖畔間)／国鉄・東京競馬場線(国分寺～東京競馬場前間)／西武鉄道・多摩川線延長線(是政～東京競馬場付近間)ほか

◆巻末資料編
・廃線・未成線全路線

東京の廃線・未成線全記録 23区編

発行日	2025年2月3日　第1刷　※定価はカバーに表示してあります。
著者	中村建治
発行人	福原文彦
発行所	株式会社フォト・パブリッシング 〒114-0014　東京都北区田端6-1-1　田端ASUKAタワー17階 TEL.03-4212-3561(代)　FAX.03-4212-3562
発売元	株式会社メディアパル(共同出版者・流通責任者) 〒162-8710　東京都新宿区東五軒町6-24 TEL.03-5261-1171　FAX.03-3235-4645
本文・デザイン・DTP	柏倉栄治
装丁	石井恵理子(株式会社ニイモモクリエイト)
印刷所	株式会社サンエー印刷

この印刷物は環境に配慮し、地産地消・輸送マイレージに配慮したライスインキを使用しているバイオマス認証製品です。

ISBN978-4-8021-3502-3 C0026

本書の内容についてのお問い合わせは、上記の発行元(フォト・パブリッシング)編集部宛てのEメール (henshuubu@photo-pub.co.jp) または郵送・ファックスによる書面にてお願いいたします。